刘敏◎著

适度普惠型社会福利制度

中国福利现代化的探索

中国社会科学出版社

图书在版编目（CIP）数据

适度普惠型社会福利制度：中国福利现代化的探索/刘敏著.
—北京：中国社会科学出版社，2015.4
ISBN 978-7-5161-5899-9

Ⅰ.①适…　Ⅱ.①刘…　Ⅲ.①社会福利制度—研究—中国
Ⅳ.①D632.1

中国版本图书馆 CIP 数据核字(2015)第 069684 号

出 版 人　赵剑英
责任编辑　李庆红
责任校对　周晓东
责任印制　王　超

出　　版　中国社会科学出版社
社　　址　北京鼓楼西大街甲 158 号（邮编 100720）
网　　址　http：//www.csspw.cn
发 行 部　010-84083635
门 市 部　010-84029450
经　　销　新华书店及其他书店

印　　刷　北京市大兴区新魏印刷厂
装　　订　廊坊市广阳区广增装订厂
版　　次　2015 年 4 月第 1 版
印　　次　2015 年 4 月第 1 次印刷

开　　本　710×1000　1/16
印　　张　14
插　　页　2
字　　数　237 千字
定　　价　45.00 元

内容摘要

在福利现代化的道路上，西方发达国家选择的是福利主义路线，而我国一直并将继续沿着中国特色民生主义的道路前进。伴随我国从“唯GDP”时代迈入“改善民生”的新时期，建立与中等发展水平相适应的适度普惠型社会福利制度，不再是一个遥远的社会理想，而是已成为民生“中国梦”的组成部分。从必要性看，这是经济发展的必然结果，社会公平的现实需求，民生建设的重任，全面建成小康社会的应有之义。从可行性看，跨入中等收入国家行列的经济发展水平，位居世界第二的财政收支规模，快速积累的民生基础条件，为建立中等水平的中国特色民生社会奠定了坚实的基础。

本书从福利现代化的角度探讨适度普惠型社会福利建设的五个基本议题——为什么要构建适度普惠型社会福利制度、构建什么样的适度普惠型社会福利制度、如何评估适度普惠型社会福利发展水平、构建适度普惠型社会福利制度进展如何、中国特色适度普惠型社会福利发展路径何在，在阐明中国特色适度普惠型社会福利要义的基础上，建立适度普惠型社会福利制度评价指标，对近年来我国探索适度普惠型社会福利的主要进展、经验成效、存在的问题与误区以及改进路径等重大议题进行比较系统的研究，以北京、上海、江苏、广东、深圳等发达地区为例，探讨中国特色民生治理创新的经验样本。

首先，阐明了中国特色适度普惠型社会福利要义，提出了福利现代化的中国道路命题。构建适度普惠型社会福利制度不是推行“福利主义”，更不是走西方福利国家的发展路线，而是要适应经济发展和改善民生的需要，建立与中等发展水平相契合的中国特色适度普惠型社会福利制度。适度福利、弱者优先、基本保障、全民共享是“中国特色”的要义所在。弱者优先甚于全民普惠，基本保障甚于全面保障，机会均等甚于结果平等，兼顾经济效率与社会公平，这是中国特色民生主义迥异于西方发达国家福利主义的价值取向。

其次，构建了适度普惠型社会福利制度评价指标，为评估普惠型社会福利制度建设进展成效提供了参考标尺。从覆盖面指标、保障度指标、规模性指标、包容性指标四个方面构建了普惠型社会福利制度评价指标，发现近年来我国总体福利水平不断提高，覆盖面、保障度、规模性和包容性等大部分福利指标值处于上升态势，但总体福利支出水平和普惠化程度还不高，提出从“增支、扩面、提标”三个方面做大“福利蛋糕”，从“充权、均化、共享”三个方面分好“福利蛋糕”，实现福利主功能从事后补救到事前预防、从弱者优先到适度普惠、从维持生存到促进发展的转变，最终达致福利善治，实现福利现代化。

再者，考察了构建适度普惠型社会福利制度的总体情况，提出了中国特色增量式福利发展路径。对近年来我国探索建立适度普惠型社会福利制度的主要进展、经验成效、面临的问题以及改进路径等重要议题进行了比较系统的研究，并以北京、上海、江苏、广东、深圳等沿海发达地区为例，探讨中国特色民生治理创新的“经验样本”，提出改变粗放式福利发展策略，走以质量效益为主的增量式福利发展之路，切实解决重福利投入而轻福利绩效、重福利规模而轻福利质量、泛民生化的倾向以及由此导致的福利分配不公、权利不等的问题。

最后，提出了阶梯式普惠型社会福利发展模式。分析了当前社会福利建设存在的忽视现实国情、误读普惠含义、重投入轻绩效、陷入泛民生化等误区，提出阶梯式普惠型社会福利发展模式，将福利普惠化供给与阶梯化供给相结合，依次照顾贫弱群体的生存性需求、工作人口的安全性需求和有需要公民的发展性需求，逐步构建层次有别、功能互补、相互支持、多重保障的阶梯式普惠型社会福利体系，通过福利善治建构经济与福利之间的良性互动关系，最大化发挥福利所蕴含的智力生产与社会投资的长期效应，建设中国特色民生社会。

目 录

第一章　导论

在很大程度上，我国已经从“唯GDP时代”迈入“改善民生”的新时代，建立与社会主义市场经济体制相适应、与经济社会发展水平相适合的适度普惠型社会福利制度，已经成为我国社会福利发展乃至社会民生建设的重要任务。在全面改善民生的新时代，建立适度普惠型社会福利制度大有可为，适应了中国福利现代化的方向。从必要性看，这是经济发展的必然结果，社会公平的现实需求，民生建设的重要任务，也是全面建成小康社会的应有之义。从可行性看，经济发展迈入中等收入国家水平，位居世界第二的财政收支规模，经过近十余年快速积累的民生基础条件，为建立中等水平的中国特色民生社会乃至福利社会提供了坚实的基础。

一　问题的提出

伴随我国经济快速发展和民生需求不断增长，特别是在我国经济总量跃居世界第二、人均国民收入达到中等收入国家水平、整体发展迈入全面建设小康社会的阶段之后，我国社会福利制度正面临从“补缺型”向“适度普惠型”的战略转变，建立与经济社会发展水平相适应、与中等收入水平相适合的中国特色适度普惠型社会福利制度，已经成为我国社会福利发展乃至社会民生建设的重要任务。2007年，国家民政部提出建立“适度普惠型社会福利制度”的设想，在全国范围内“推动社会福利由补缺型向适度普惠型转变”，由此拉开了全国各地积极探索建立适度普惠型社会福利制度的序幕。2011年“推动社会福利由补缺型向适度普惠型转变，逐步提高国民福利水平”先后被写入我国《国民经济和社会发展“十二五”规划纲要》和全国《民政事业发展第十二个五年规划》，这标志着探索建立适度普惠型社会福利制度开始上升为国家层面的社会政策发展目标。近年来，北京、上海、广东、江苏、安徽、辽宁、山西、湖南、海南、陕西、青海、宁夏等十余个省、自治区和直辖市提出要率先构建与经济社会发展水平相适应的适度普惠型社会福利制度，在此过程中，一系列重要民生福利新理念、新政策、新做法先后落地，并成为加强和改善民生的重要突破口，构成了中国特色民生建设的重要经验。

2012 年 11 月 15 日，习近平总书记在十八届中央政治局常委首次与中外记者见面会上说："我们的人民热爱生活，期盼有更好的教育、更稳定的工作、更满意的收入、更可靠的社会保障、更高水平的医疗卫生服务、更舒适的居住条件、更优美的环境，期盼着孩子们能成长得更好、工作得更好、生活得更好。人民对美好生活的向往，就是我们的奋斗目标。"这段话讲的都是民生福利的核心内容——人民生活水平、教育、就业、收入、社会保障、医疗卫生服务、居住条件、人居环境等，这是对中国民生建设要义的高度概括，也是对中国特色"民生社会"乃至"福利社会"的形象论述。从民生建设的角度看，我国已经从"唯 GDP 时代"迈入"改善民生"的新时代，建立与社会主义市场经济体制相适应、与经济社会发展水平相适合的中国特色福利社会，不再是一个遥远的社会理想，而是已成为民生"中国梦"的重要组成部分。在此背景下，建立适度普惠型社会福利制度，不仅是我国民生建设的重要任务，也是建设中国特色民生社会的必由之路，为中国福利现代化指明了方向和路径。可以预见，伴随总体民生福利水平不断提高和基本公共服务均等化推进，我国社会福利制度正在朝一个更平等、更包容的福利体系的方向发展。①

二　适度普惠型社会福利：何以可为？

为什么要发展适度普惠型社会福利？建立适度普惠型社会福利制度有何意义？或者说，适度普惠型社会福利何以何为？在某种程度上，"民生"是福利的中国特色表述，建立适度普惠型社会福利制度，就是建设中国特色民生社会乃至福利社会。伴随我国经济规模跃居世界第二，迈入中

① ［丹麦］托尼·赛奇：《中国社会福利政策：迈向社会公民权》，周凤华译，《华中师范大学学报》（人文社会科学版）2012 年第 4 期。

等收入国家行列以后，建立与中等收入水平相适应的适度普惠型社会福利制度必将大有可为。放眼先进国家的发展经验，这是经济发展的必然结果；立足中国现实国情，这是社会公平的现实需求、民生建设的重要任务，也是全面建成小康社会的应有之义。

（一）经济发展的必然结果

经济发展的最终目的就是为了提高人民日益增长的物质和文化需求，也就是说为了改善民生福利和提高人民福祉水平。无论是福利经济理论还是发达国家的发展经验都表明，经济发展到一定阶段，就会经历一个“福利起飞期”，即福利投入从少到多、福利水平从低到高的民生快速改善期。例如，英国在20世纪40年代后半期实现了向福利国家的起飞，日本在20世纪70年代中期实现了向福利国家的起飞，韩国在20世纪90年代后半期实现了福利快速增长，由此可见福利国家的“福利起飞”大多是在经济发展的黄金期完成的。[①] 过去在相当长的一段历史时期内，我国更多地关注经济发展尤其是GDP增长而相对忽视民生改善，更多地关注经济效率而相对忽视社会公平，这导致作为民生核心要义的“社会福利”在一定程度上被忽视，社会福利滞后于经济发展。对此，民政部副部长窦玉沛认为，“当前我国确实存在社会福利滞后于经济发展的问题。因为我国经济这些年是快速的发展，在社会福利方面不论是从认识上到投入上，都存在一些亟待解决的问题。”[②] 当然，在经济发展的早期阶段，走“低福利增长”甚至“无福利增长”的道路，节衣缩食牺牲一定的民生福利，换取更快的经济增长，尽快做大“经济蛋糕”，这有一定的历史合理性，西方发达国家的发展历史也经历了这样的阶段。但是，随着我国经济发展水平稳步提高和民生改善需求的不断增长，特别是在我国经济规模跃居世界第二，迈入中等收入国家行列以后，就必须适时突破“唯经济论”和“唯GDP论”，加强和改善民生福利，提高人民福祉水平，实现从“低福利增长”到“适度福利增长”的转变。

实际上，社会福利和经济发展并不必然是此消彼长的对立关系，而是可以成为相互促进的共生关系。无论是梅志里（J. Midgley）的发展型社会政策理论，还是古柏（P. Taylor - Gooby）所倡导的新福利主义，抑或

① ［日］武川正吾：《福利国家的社会学：全球化、个体化与社会政策》，李莲花、李永晶、朱珉译，商务印书馆2011年版，第211—218页。

② 窦玉沛：《社会福利由补缺型向适度普惠型转变》，《公益时报》2007年10月23日。

是吉登斯（Giddens，A.）所提出的社会投资国家模式，都表明适度的福利投入、合理的福利水平、积极的福利导向，可以成为有效的人力投资和社会投资，有助于实现包容性经济增长（inclusive economic growth），提高国民的人力资本、劳动技能和社会资本，提升人们参与经济和社会活动的能力，最终提高经济社会发展质量和国家竞争力。适当的社会福利投入，可以创造有效内需，促进集体消费，让经济发展更具可持续性，让社会进步更具包容性。例如，作为欧洲福利国家的典范，瑞典将社会投资策略融入社会福利政策，创造了较为充分的就业机会，实现了可持续的经济发展，同时维持了高度的社会凝聚力，成为全球最具竞争力和活力的知识经济体之一。[①] 由此可见，改善民生绝不仅仅是单纯的福利问题，也是攸关经济社会进步的发展问题。建立适度普惠型社会福利制度，不仅是民生工程，也是发展工程；不仅是经济发展到一定水平的必然结果，也是经济向更高质量、更高水平发展的有力助推器。

（二）社会公平的现实需求

经过三十余年的高速增长，我国经济发展取得举世瞩目的成绩，但贫富悬殊依然严重，收入分配不公的问题依然突出。按照2012年12月西南财经大学中国家庭金融调查发布的研究报告，2010年中国家庭的基尼系数为0.61，超过了世界上多数国家的水平。按照2013年国家统计局公布的数据，2012年我国的基尼系数为0.474。根据2014年7月北京大学中国社会科学调查中心发布的《中国民生发展报告2014》，近20年来我国贫富悬殊不断扩大，1995年我国家庭净财产的基尼系数为0.45，2002年增加到0.55，2012年达到0.73，远超过国际警戒线的标准。[②] 尽管统计口径和数据结果各不相同，但普遍认为，目前我国的基尼系数已经超过国际警戒线的水平，贫富悬殊问题已经成为影响社会稳定的重要诱因。要破解社会不公的问题，必须从“效率优先，兼顾公平”转变为“公平与效率兼顾”，建立公正合理的收入分配格局。社会福利制度是调节收入分配、实现社会公平的有效机制，是社会公平的调节器，也是社会稳定的减压器。完善社会福利制度，加强收入再分配调节，对于缩小贫富差距、促

---

① ［英］Prter Taylor－Gooby：《社会福利与社会投资：福利国家的创新》，张小娅译，http：//e－sociology. cass. cn/pub/shxw/xstl/xstl27/P020060925365097815477. pdf。

② 常蕾：《〈中国民生发展报告2014〉发布财富不平会自我强化》，中国经济网，2014年7月25日，http：//cen. ce. cn/more/201407/25/t20140725_ 3232048. shtml。

进社会公平无疑具有十分重要的意义。

西方发达国家的发展经验表明，社会福利是促进社会公平、维护社会稳定的重要政策工具，具有调节收入分配、缩小贫富差距、缓和社会矛盾、促进经济和社会可持续发展的重要功能。即便是福利国家饱受诟病，但不可否认的是，福利国家制度对“二战”后西方资本主义国家的经济快速发展和社会长期稳定发挥了不可替代的作用。对此，哈佛大学教授皮尔森认为，“对于社会保护的承诺加强了西方民主政体的合法性。”① “社会安全对于社会及其每一个社会成员来说都是至关重要的，否则一切将无从谈起。而通过社会发展成果的共享，可以建立现代社会所必不可少的社会保障制度（社会安全网）和社会政策体系，有效地缩小贫富差距，大幅度地减少弱势群体的人数，减小部分社会成员的‘相对剥夺感’，从而将社会问题控制在一定的范围之内，增大社会的稳定程度，使社会处在一种安全运行的状态之中。”② 公平、正义是社会福利的核心价值，建立适度普惠型社会福利制度，就是要建立以权利公平、机会公平、规则公平为主要内容的社会福利体系，保障广大民众在基本生活、社会保障、教育、医疗卫生、住房、就业等方面享有平等的权利和机会，这无疑很好地回应了社会公平的现实需求，有助于解决贫富悬殊、收入分配不公的问题。在某种程度上，推动社会福利的普惠共享，实际上就是推动经济社会发展成果的普惠共享。发展适度普惠型社会福利，就是要推动社会福利的普惠化，促进基本公共福利服务的均等化，通过调节收入再分配建立更加公正合理的收入分配格局，让民众更好地共同分享经济社会发展成果，从而推动经济效率与社会公平有机结合，实现经济增长与民生改善协调发展。

（三）民生建设的重要任务

党的十八大报告强调，“加强以保障和改善民生为重点的社会建设”。《中共中央关于全面深化改革若干重大问题的决定》提出，“紧紧围绕更好保障和改善民生、促进社会公平正义深化社会体制改革，改革收入分配制度，促进共同富裕，推进社会领域制度创新，推进基本公共服务均等化”。要在以民生改善为重点的社会建设方面有所突破，必须在学有所教、劳有所得、病有所医、老有所养、住有所居上持续取得新进展，编织

① 转引自周弘《福利国家向何处去?》，《中国社会科学》2001 年第 3 期。

② 吴忠民：《论共享社会发展的成果》，《中国党政干部论坛》2002 年第 4 期。

覆盖全民、保障基本民生的社会安全网。民生，顾名思义是指人民的生活和生计。孙中山先生曾在其《民生主义》中指出，“民生就是人民的生活——社会的生存，国民的生计，群众的生命。”广义的民生涵盖了经济、政治、社会、文化等各方面与民众生活和生计有关的领域；狭义的民生则主要是指社会民生，即民众的基本生存和生活状态，如基本社会福利、公共服务、发展机会和基本权益等方面的受益情况。在很大程度上，社会民生的核心就是社会福利，即民众在基本生活、社会保障、教育、医疗卫生、住房、就业等方面的福利受益情况，这些民生指标既是民生建设的重要任务，也是社会福利制度的基本构成。从这个意义上来讲，社会福利是民生之本，也是民生建设的重要任务。建立适度普惠型社会福利制度，就是以人民福祉为重，突出民生建设和社会质量，构建与社会主义市场经济体制相适应、与经济社会发展水平相适应的中国特色现代社会福利制度。

习近平总书记在十八届中央政治局常委首次与中外记者见面会上说：“我们的人民热爱生活，期盼有更好的教育、更稳定的工作、更满意的收入、更可靠的社会保障、更高水平的医疗卫生服务、更舒适的居住条件、更优美的环境，期盼着孩子们能成长得更好、工作得更好、生活得更好。人民对美好生活的向往，就是我们的奋斗目标。”这是对民生建设核心要义的高度概括，也是对中国特色福利发展道路的科学论断。无论是教育、就业、收入分配，还是社会保障、医疗卫生服务、居住条件，都是民生建设的重点任务，也是广义社会福利体系的重要组成部分。从词源上看，英文的“welfare”是 well 与 fare 的组合，意指“美好的生活”，与汉语的“民生”有不谋而合之处，都代表了人类对幸福人生、快乐生活的追求。发展社会福利是民生之本，根本宗旨就是增进民生福利和人民福祉。建立适度普惠型社会福利制度，实际上就是要适应经济发展和改善民生的新要求，创造“更好的教育、更稳定的工作、更满意的收入、更可靠的社会保障、更高水平的医疗卫生服务、更舒适的居住条件、更优美的环境”，使人民过上幸福美满的生活，进而实现“老有所养、病有所医、学有所教、劳有所得、居有其屋、贫有所助”的民生“中国梦”。

（四）全面建成小康社会的应有之义

“小康”最早出自《诗经》“民亦劳止，汔可小康”，后来在《礼记·礼运》中得到系统论述，成为几千年以来中国人所孜孜追求的社会理想。党的十一届三中全会以后，邓小平创造性地用“小康社会”来描述中国现代化的目标，并提出了“三步走战略”。2002年十六大报告明确提出了“全面建设小康社会”的战略任务，2007年十七大报告进一步阐明了全面建设小康社会的目标，2012年十八大报告首次提出全面“建成”小康社会，提出到2020年实现全面建成小康社会的宏伟目标。什么是全面小康社会？学术界从经济、政治、社会、文化和生态等各方面进行了广泛探讨，并从人均国民收入、居民可支配收入、城镇化率、大学普及率、社会保障水平、生活质量等各方面建立了相应的评价指标。一般认为，全面小康社会是一个总体性发展目标，包含经济、政治、社会、文化乃至生态等各层面的发展愿景。笔者认为，如果从社会层面来看，衡量全面小康社会的核心标准就是民生福利水平，即民众在社会保障、收入分配、就业、教育、医疗卫生、住房和公共服务等方面的生活水准和发展状态。全面小康社会的一个基本特征就是人民享有较高的生活水平和民生福利水平，享有更多更好的发展机会。

按照十八大报告对“全面建成小康社会”的论述，从社会民生层面看，全面小康社会意味着“人民生活水平全面提高。基本公共服务均等化总体实现。全民受教育程度和创新人才培养水平明显提高，进入人才强国和人力资源强国行列，教育现代化基本实现。就业更加充分。收入分配差距缩小，中等收入群体持续扩大，扶贫对象大幅减少。社会保障全民覆盖，人人享有基本医疗卫生服务，住房保障体系基本形成，社会和谐稳定。”这段话讲的基本上都是民生福利的核心内容——人民生活水平、基本公共服务、教育、就业、收入分配、社会保障、医疗卫生服务、住房保障等，这是对“民生中国”的形象论述，也是对中国特色福利社会的高度概括。从社会民生的角度看，全面小康社会就是中国特色“民生社会”，也是特色福利社会的中国表述。在福利现代化的道路上，如果说西方主要资本主义国家选择的是“高福利、高税收、高发展”的福利国家发展模式，那么中国将继续坚持走适合自己的渐进式民生发展道路，逐步建设与经济社会发展水平相适应的中国特色民生社会乃至福利社会。在发展经济的同时，大力改善民生，提升人民福祉，推动社会福利体系从“补缺型”向“适度共享型”转变，让民众更好地共同分享经济发展和社会进步的成果，是全面建成小康社会的应有之义。

三　适度普惠型社会福利：何以可能？

适度普惠型社会福利何以可能？对此，人们或许有疑问：我国依然是发展中国家，依然处于社会主义初级阶段，现在有条件建立适度普惠型社会福利制度吗？观点即“立足点之观”，问题的答案往往取决于回答的角度：如果要建立像西方福利国家那样的全民普惠型社会福利制度，毋庸置疑我国既不具备这样的条件，也没必要选择这条道路；但是如果要建立与中等收入水平相适应的中国特色适度普惠型社会福利制度，那么我国不仅已经初步具备了相应的条件，而且已经迈上了通往中国特色福利发展的道路。

（一）经济发展水平

进入新千年以后，我国经济继续保持快速平稳发展。根据国家统计局的统计，2001—2013 年，我国 GDP 从 108068 亿元增加到 566130 亿元[①]，翻了 5.24 倍，年均增速超过 30%。2002 年我国人均国民收入达到 1100 美元，首破 1000 美元。2006 年人均国民收入达到 2010 美元，超过 2000 美元，按照当时世界银行的划分标准，中国已从低收入国家迈入了中等收入国家的行列。按照国际货币基金组织（IMF）公布的数据，2013 年，中国经济总量达到 91813.77 亿美元，GDP 总量位居世界第二，人均国民收入为 6747.23 美元，在全球排名第 84 位。[②] OECD 按照购买力平价（at current prices and current PPPs）计算 OECD 和主要新兴发展中国家的人均 GDP，根据这个标准，2012 年我国人均 GDP 为 9059 美元。[③] 根据世界银行 2013 年公布的最新标准[④]，我国人均国民收入已经进入中等偏上收入国家的行列。目前，我国人均 GDP 已经达到绝大部分西方发达国家 20 世纪 70 年代的发展水平。

---

① 资料来源：国家统计局《国家数据》，http：//data. stats. gov. cn/workspace/index；jsessionid = E74DCF7943B7E6ED0E0C1DE5AB168B00？m = hgnd。

② 资料来源：International Monetary Fund World Economic Outlook Database，April 2012。

③ 资料来源：National Accounts at a Glance 2014，OECD，2014。

④ 根据这个标准，人均国民收入 1035 美元以下为低收入，1036—4085 美元为中等偏下收入，4086—12615 美元为中等偏上收入，12616 美元以上为高收入。

表1－1　西方发达国家人均GDP超过6000美元的年份以及当年GDP

国家	人均GDP超过6000美元的年份	超过年份当年人均GDP（美元）	超过年份当年GDP（亿美元）
澳大利亚	1974	6401	876.88
丹麦	1974	6448	324.75
芬兰	1976	6391	302.31
法国	1975	6508	3423.40
德国	1977	6681	5147.27
冰岛	1976	6931	15.73
以色列	1983	6445	262.71
意大利	1979	6642	373.87
日本	1977	6073	6913.05
新西兰	1979	6325	196.07
挪威	1974	6596	263.16
西班牙	1986	6290	2413.28
瑞典	1973	6584	535.72
瑞士	1973	6580	423.12
英国	1979	7416	4170.74
美国	1973	6521	13826.50

说明：根据The World Economic Outlook（WEO）Database September 1999历年数据整理而成，人均GDP（Per Capita Gross Domestic Product）和GDP都是按当年价格（Current Prices）计算。

从表1－1可见，大部分西方发达国家在20世纪70年代中期人均GDP达到6000美元的水平，彼时许多西方发达国家早在一二十年前就建成了福利国家。福利国家兴起于第二次世界大战以后，20世纪五六十年代是福利国家发展的“黄金期”。1948年，英国在世界上第一个宣布建成了福利国家，此后瑞典、荷兰、挪威、法国、意大利等国也纷纷推行全面福利计划。20世纪60年代西方发达国家普遍建立了福利国家制度，其中瑞典、丹麦、挪威、芬兰等北欧各国更是成为福利国家的典范。由表1－2和图1－1可见，1960年，全球除了美国、加拿大、卢森堡三国人均GDP超过2000美元以外，其他主要西方福利国家人均GDP基本上介于1000—2000美元的水平。以素有“福利国家的橱窗”美誉的瑞典为例，1960年人均GDP为1984美元，1967年人均GDP为2960美元，却在当时建成了世界上最慷慨也最发达的普惠型社会福利体系。由此可见，西方发达国家在人均 GDP 为 1000—2000 美元的发展阶段就已经建成了高水平的福利国家。目前我国经济总量接近 10 万亿美元，人均 GDP 接近 7000 美元，无论是从国民经济总量还是人均国民收入水平看，我国都已经具备了建立与中等收入水平相适应的适度普惠型社会福利制度的经济基础。

表 1－2　1960 年 GDP 全球排名前 16 位的西方发达国家的人均 GDP

国家	人均 GDP（美元）	人均 GDP 在全球排名
美国	2881	1
新西兰	2312	2
加拿大	2294	3
卢森堡	2235	4
瑞典	1984	5
挪威	1441	9
冰岛	1441	10
英国	1381	11
丹麦	1364	13
法国	1344	14
芬兰	1179	16

资料来源：GDP per person：Countries Compared，http：//www.nationmaster.com/country－info/stats/Economy/GDP－per－person。

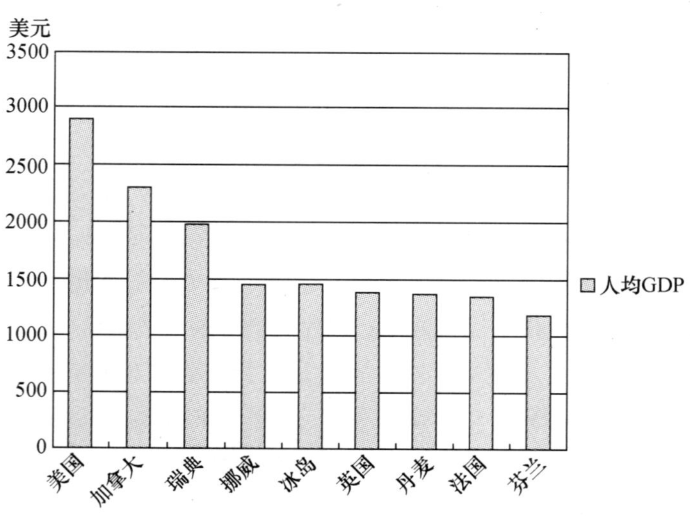

图 1－1　1960 年部分西方发达国家人均 GDP

上文是从全国层面经济发展所做的分析，如果从省级层面经济发展进行分析便会发现，我国部分沿海发达地区建立适度普惠型社会福利制度的经济条件更加优越：如果说全国层面可以建立中等水平的适度普惠型社会福利制度的话，那么部分沿海发达地区甚至达到了“福利起飞”的条件，可以建立保障水平更高的适度普惠型社会福利制度。

从 GDP 总量看，我国部分沿海发达省市可谓“富可敌国”。从图 1－2、表 1－3 可见，2013 年，广东、江苏、山东三省的 GDP 总量分别达到 10161 亿美元、9673 亿美元、8941 亿美元[①]；当年 GDP 规模与之相近的国

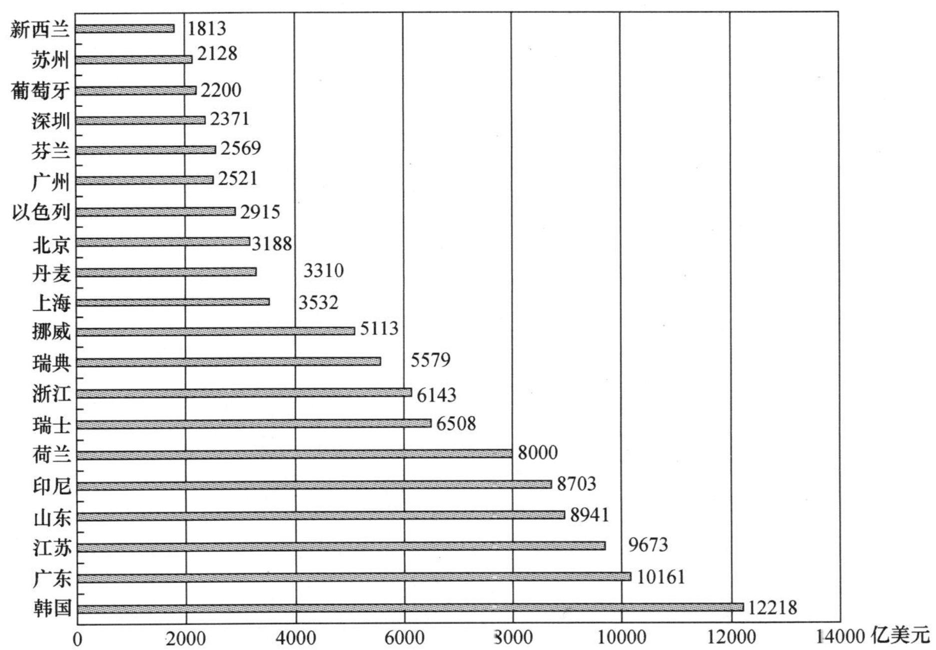

图 1－2　2013 年我国部分省市 GDP 与部分发达国家对比

说明：1. 国内各省市数据主要来源于各地《2013 年国民经济和社会发展统计公报》，外国数据来源于 IMF World Economic Outlook Database April 2014。2. 各省市原始数据货币单位是人民币，图中的 GDP 是笔者根据 2013 年 12 月底人民币对美元汇率折算后的以美元为单位的数据。

---

① 需要注意的是，前后文所引用的 GDP、人均 GDP 等数据，有的来源于国家统计局或地方统计局，有的引自政府工作报告，还有的来自 OECD、IMF 和世界银行等国际组织所发布的数据库或研究报告，有些数据本来就是以美元为单位的，有些数据是按照相应汇率折算后以美元为单位的，由于数据来源不同，统计口径存在差别，加上受汇率变化因素影响，同一地区、同一年份统计的 GDP 和人均 GDP 等数据可能不尽相同。

家分别是韩国、印尼、荷兰，三国 GDP 分别为 12218 亿美元、8703 亿美元、8000 亿美元，分列全球第 15、16、18 位，广东、江苏、山东三省的 GDP 均超过印尼、荷兰，在全球排名可以进入前 16 强，其中，广东 GDP 更是跨入万亿美元俱乐部，直逼韩国。此外，当年浙江省 GDP 达到 6143 亿美元，接近瑞士 6508 亿美元的水平，超过瑞典 5579 亿美元、挪威 5113 亿美元的水平；上海 GDP 达到 3532 亿美元，超过丹麦 3310 亿美元的水平；北京 GDP 为 3188 亿美元，超过以色列 2915 亿美元的水平；广州、深圳、苏州三个城市的 GDP 分别达到 2521 亿美元、2371 亿美元、2128 亿美元，分别超过芬兰 2569 亿美元、葡萄牙 2200 亿美元、新西兰 1813 亿美元的水平。

表 1－3　　2013 年部分国家 GDP 在全球排名

国家	GDP 总量在全球排名
韩国	15
印尼	16
荷兰	18
瑞士	20
瑞典	21
挪威	23
丹麦	33
以色列	36
芬兰	41

从人均 GDP 看，我国相当一部分发达城市超过 2013 年世界银行所规定的 12616 美元的高收入国家标准，甚至达到一些西方发达国家的标准。从图 1－3、表 1－4 可见，2013 年，苏州人均 GDP 达到 32547 美元，接近欧盟国家的平均水平（34060 美元），超过西班牙 29150 的水平；无锡人均 GDP 达到 27941 美元，超过沙特阿拉伯（24847 美元）、韩国（24328 美元）；深圳人均 GDP 达到 22305 美元，超过葡萄牙（20727 美元）、中国台湾（20930 美元）；广州人均 GDP 达到 19504 美元，超过捷克（18857 美元）；北京、上海人均 GDP 分别为 15075 美元、14625 美元，均超过克罗地亚（13561）、匈牙利（13404 美元）。按照发达国家的经验，当一个社会人均 GDP 超过 10000 美元，那么它就具备“福利起飞”

和发展较高水平福利的条件。① 可见，我国不少沿海经济发达城市已初具“福利起飞”的条件，完全有经济条件建立与中等收入水平相适应的适度普惠型社会福利制度。

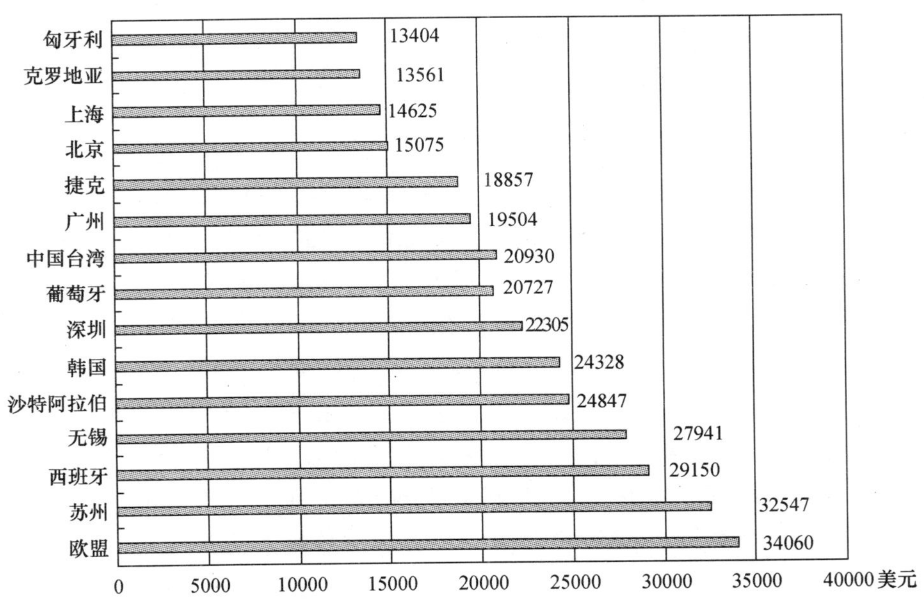

图 1－3　2013 年我国部分城市人均 GDP 与部分国家和地区对比

说明：1. 国内各城市数据主要来源于各地《2013 年国民经济和社会发展统计公报》，外国数据来源于 IMF World Economic Outlook Database April 2014。2. 各城市原始数据货币单位是人民币，图中的人均 GDP 是笔者根据 2013 年 12 月底人民币对美元汇率折算后的以美元为单位的数据。

表 1－4　　2013 年部分国家和地区人均 GDP 在全球排名

国家和地区	GDP 在全球排名的名次
欧盟	26
西班牙	27
沙特阿拉伯	30
韩国	32
中国台湾	36

① ［日］武川正吾：《福利国家的社会学：全球化、个体化与社会政策》，李莲花、李永晶、朱珉译，商务印书馆 2011 年版，第 231 页。

续表

国家和地区	GDP 在全球排名的名次
葡萄牙	37
捷克	41
立陶宛	44
克罗地亚	51
匈牙利	52

（二）财政收入规模

从纵向时序的角度看，伴随经济持续稳定发展，我国国家财政收入稳步增加，这为建立民生导向的公共财政支出结构提供了良好的公共财政条件。根据国家统计局的统计，2006—2013 年，我国国家财政收入从 38760 亿元增加到 129143 亿元，累计增长 233.19%，年均增长 29.15%；国家财政支出从 40423 亿元增加到 139744 亿元，累计增长 245.70%，年均增长 30.71%，期间财政收支无论是增速还是增幅都非常明显（见图 1－4）。根据国家财政部公布的 2013 年财政收支情况，2013 年全国公共财政收入 129143 亿元，其中，中央财政收入 60174 亿元，占全国财政收入的 46.6%；地方财政收入 68969 亿元，占全国财政收入的 53.4%。无论是从财政收支的绝对规模看，还是从财政收支的增长速度看，我国都已经具备了大力加强和改善民生、建立更高水平社会福利体系的财政收入条件。

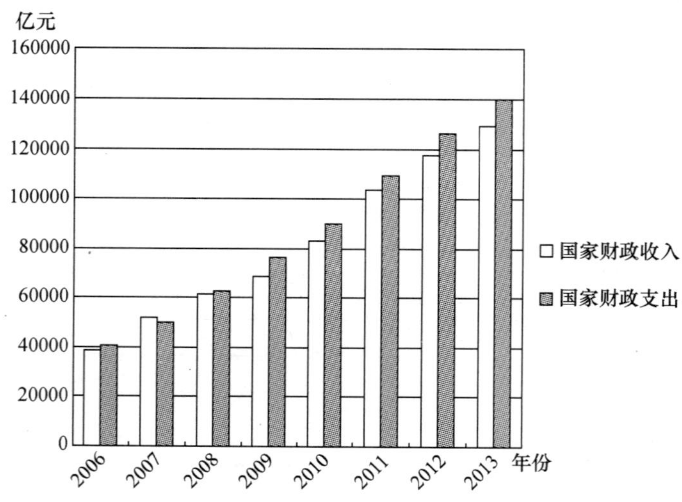

图 1－4　2006—2013 年国家财政收支情况

资料来源：国家统计局《国家数据》。

从横向比较的角度看，目前我国公共财政收支规模位列全球第二，广义政府收支总量仅次于美国，这为建立适度普惠型社会福利制度提供了较为雄厚的财政实力。由表 1－5 可见，2012 年，我国广义政府收入达到 18622.04 亿美元，位列世界第二，仅次于美国（47183.14 亿美元）；广义政府支出达到 20423.28 亿美元，位列世界第三，仅次于美国（62895.10 亿美元）、日本（21927.90 亿美元）。2013 年，我国广义政府收入达到 21337.94 亿美元，广义政府支出达到 23068.91 亿美元；当年日本广义政府收入为 14397.35 亿美元，广义政府支出为 18197.20 亿美元①，我国广义政府收支超过日本，财政收支规模稳居世界第二。

表 1－5　　2012 年部分国家广义政府收支情况

国家	广义政府收入（亿美元）	广义政府支出（亿美元）
美国	47183.14	62895.10
中国	18622.04	20423.28
日本	17143.42	21927.90
德国	15775.41	15745.54
法国	13915.47	15212.54
意大利	9861.34	10459.90
英国	9317.20	11332.70
澳大利亚	5153.70	5730.68

说明：原始数据来源于 IMF World Economic Outlook Database，April 2014，原始数据的单位是本国货币，表中的数据是笔者根据 2012 年 12 月底各国货币对美元的汇率折算后以美元为单位的数据。

当然，按照广义政府收支占 GDP 百分比来看，我国财政收支水平与发达国家还有不小的差距，2012 年，发达国家广义政府收入占 GDP 的百分比达到 36.64%，广义政府支出占 GDP 的百分比达到 41.82%；当年亚

① 由于 2012—2013 年日元对美元贬值，货币单位折算成美元后，2013 年日本广义政府收入和支出比 2012 年不增反降，实际上按日元计算，本年度日本广义政府收支都在增长。2012 年日本广义政府收入为 1477881.00 亿日元，2013 年增加到 1515510.25 亿日元；2012 年广义政府支出为 1890336.00 亿日元，2013 年增加到 1915494.59 亿日元。

洲新兴经济体广义政府收支占 GDP 的百分比分别为 21.80%、24.75%；我国广义政府收支占 GDP 的比重分别为 22.65%、24.84%，明显低于发达国家的平均水平，但略高于亚洲新兴经济体国家（见表 1－6）。这说明，从经济规模与财政收入的对比关系看，我国公共财政收支仍有比较大的提升空间和潜力，这无疑为增加民生福利开支、提高社会福利水平创造了有利的条件。

表 1－6　2012 年世界主要经济体广义政府收支占 GDP 百分比

经济体	广义政府收入占 GDP 百分比	广义政府支出占 GDP 百分比
欧元区	46.27	49.96
欧盟	44.60	48.77
G7 国家	34.99	42.31
发达国家	36.64	41.82
新兴市场和发展中经济体	28.33	29.89
中国	22.65	24.84
亚洲新兴和发展经济体	21.80	24.75

资料来源：International Monetary Fund World Economic Outlook Database，April 2014。

（三）民生基础条件

近十余年来，伴随经济持续发展、人民生活水平大幅提高，我国民生发展迎来前所未有的“黄金期”，国家在社会救助、社会保险、教育、医疗卫生、住房、就业等领域先后推行了一系列社会政策，民生福利得以飞速发展，无论是福利覆盖面还是保障水平都取得了历史性突破，这为建立中国特色适度普惠型社会福利制度提供了扎实的民生基础条件。

从 20 世纪 90 年代起我国开始探索建立以最低生活保障制度为主、以专项救助和临时救助为补充的社会救助制度。1997 年开始在全国城市推广低保制度，进入新千年以后又在全国农村地区推动建立低保制度，并且不断建立健全医疗卫生、教育、住房等专项救助以及各类临时救助制度，2007 年基本建成了覆盖城乡居民的最低生活保障制度，2008 年全面建立覆盖城乡的医疗卫生救助制度，2009 年进一步将城乡医疗卫生救助纳入国家基本医疗卫生保障体系，目前已建立了以低保制度为基础，覆盖城乡，涵盖医疗卫生、教育、住房等专项救助和临时救助的社会救助制度。

以低保制度为例，得益于中央财政和各级地方财政持续空前的投入，我国最低生活保障制度的覆盖面迅速扩展，保障标准不断提高。2004—2013年，我国各级财政用于低保的支出从173亿元迅猛增加到1624亿元，累计增长838.73%，年均增长率超过80%，10年之间将近翻了10倍（见图1－5），用“跨越式大发展”来形容这个增长速度一点都不为过。

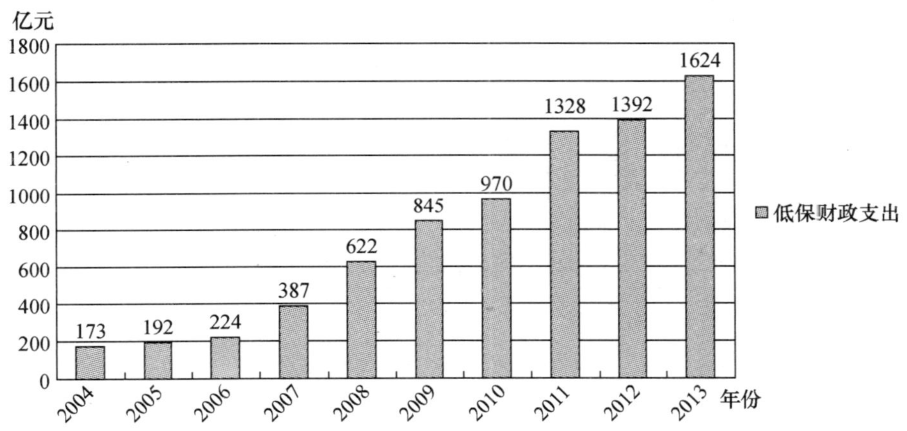

图1－5　2004—2013年全国各级财政用于低保的支出

资料来源：国家民政部2004—2009年历年《民政事业发展统计公报》、2010—2013年历年《社会服务发展统计公报》。

从图1－6可见，2001年以来，我国城乡低保人数大幅度增加，特别是农村低保覆盖面快速扩大，2001—2010年，我国城市低保人数从1171万增加到2311万，农村低保人数从305万增加到5214万，城乡低保人数从1475万增加到7525万，低保覆盖面大幅度提高，近年来全国低保人数基本上维持在7500万左右，如果加上农村“五保”人数和传统救助项目受益人数①，我国城乡低保制度总覆盖人口达到8000万，超过意大利、英国、法国等国家的人口数，相当于德国人口总数②，从而成为全世界覆盖人数最多的“最后安全网”。

① 根据国家统计局的数据，2011年全国农村“五保”和传统救助项目受益人数为620万，2012年为625万。

② 2011年意大利人口数为6063万，英国人口数为6244万，法国人口数为6582万，德国人口数为8175万。

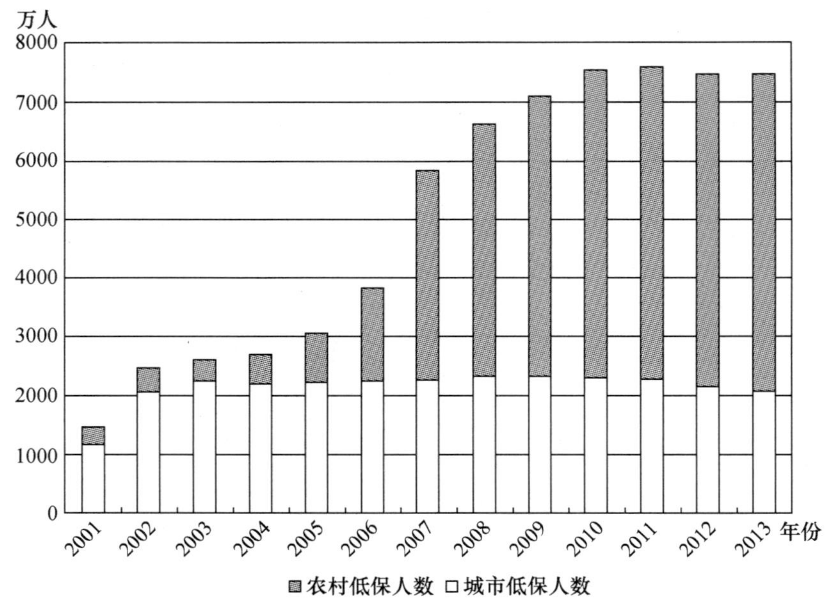

图 1－6　2001—2013 年全国城乡低保人数

资料来源：国家统计局《国家数据》。

从 20 世纪 90 年代开始，伴随经济体制改革和市场经济发展，我国不断深化养老、失业、医疗卫生等方面的社会保险体制改革，探索建立适应中国社会主义市场经济发展要求的新型社会保险体制。经过二十余年的发展，我国已基本建立了以养老保险、医疗卫生保险、失业保险、工伤保险和生育保险等为主要内容的中国特色社会保险体系。这一体系主要由五个部分构成：一是由城镇职工基本养老保险、城镇居民社会养老保险、新型农村社会养老保险相结合的多层次养老保险制度①；二是由城镇职工基本医疗卫生保险、城镇居民医疗卫生保险、新型农村合作医疗卫生相结合的全民基本医疗卫生保险制度；三是失业保险制度；四是工伤保险制度；五

① 2014 年，国务院印发《关于建立统一的城乡居民基本养老保险制度的意见》，将新型农村社会养老保险和城镇居民社会养老保险制度合并实施，在全国范围内探索建立统一的城乡居民基本养老保险制度，预计到“十二五”末，在全国基本实现“新农保”和“城居保”制度合并实施，并与职工基本养老保险制度相衔接；在 2020 年前，全面建成公平、统一、规范的城乡居民养老保险制度。

是生育保险制度。从图1－7可见，2001年以来，我国城镇基本养老保险、城镇基本医疗卫生保险、失业保险、工伤保险、生育保险等参保人数基本上保持稳步增长的势头。从相对增幅和增速来看，在五大险种的参保人数之中，城镇基本医疗卫生保险参保率增长最快，余下依次是生育保险、工伤保险、城镇基本养老保险、失业保险。其中，城镇基本医疗卫生保险参保人数从7630万增加到57073万，累计增加648%，年均增速达49.85%；生育保险参保人数从3455万增加到16397万，累计增加374.59%，年均增速达28.81%；工伤保险参保人数从4345万增加到19897万，累计增加357.93%，年均增速达27.53%；城镇基本养老保险参保人数从14183万增加到32212万，累计增加127.12%，年均增速达9.78%；失业保险参保人数从10355万增加到16417万，累计增加58.54%，年均增加4.50%。以医疗卫生保险为例，2013年，我国城镇基本医疗卫生保险参保人数超过5亿人，新型农村合作医疗卫生参保人口数超过8亿人，全国基本医保覆盖人数突破13亿人，已经基本建成了世界上规模最大的全民基本医疗卫生保险制度。

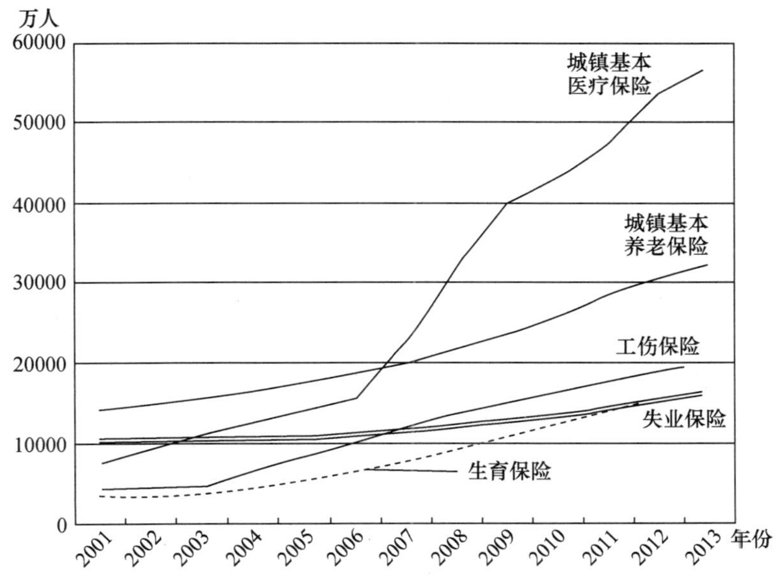

图1－7　2001—2013年全国社会保险参保人数

资料来源：国家统计局《国家数据》；国家人力资源和社会保障部2001—2013年历年《劳动和社会保障事业发展统计公报》。

伴随社会保险覆盖面持续快速扩大，全国社保基金收支也随之水涨船高。2001—2013 年，全国社保基金收入从 3102 亿元飙升到 35253 亿元，累计增加 1036. 46%，年均增幅达到 79. 73%；社保基金支出从 2748 亿元增加到 27916 亿元，累计增加 915. 87%，年均增幅达到 70. 45%；短短十三年时间，社保基金收入和支出翻了十几倍（见图 1 - 8）。综上所述，无论是从覆盖面还是从收支情况看，近十余年来，我国社会保险发展可以说是处于前所未有的“飞速增长时代”。从覆盖范围和参保人数看，我国已建立了世界上规模最大的社会保障网，这一庞大的社会安全网为中国经济持续发展和社会长期稳定提供了有力保障，也为建设中国特色福利社会创造了民生基础条件。

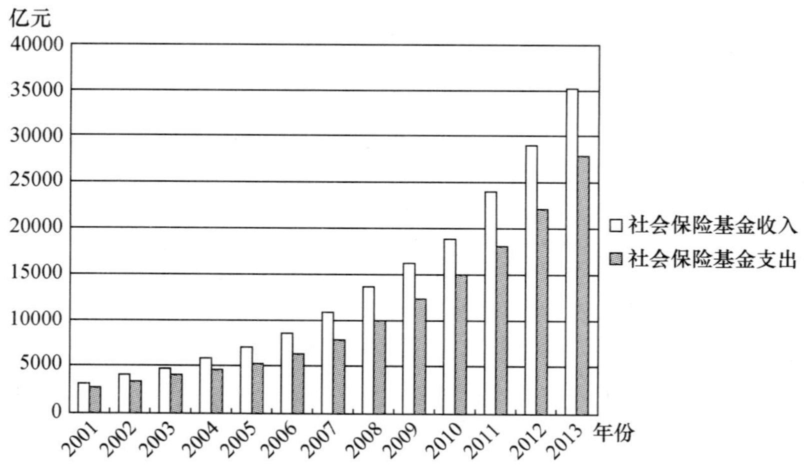

图 1 - 8　2001—2013 年全国社会保险基金收支

资料来源：国家统计局《国家数据》。

在全面改善民生的过程中，我国在不断做大“经济蛋糕”的同时也迅速做大“福利蛋糕”，社会福利支出迅速增加，福利存量和总量持续扩大，这为推动福利体系从“补缺型”向“适度普惠型”打下了坚实的基础。2007—2013 年，国家财政用于社保和就业、教育、医疗卫生等方面的支出持续稳定地增加（见图 1 - 9），三项支出从 14559 亿元攀升至 44503 亿元，增幅达到 205. 67%，年均增幅达 29. 38%，其中，医疗卫生支出增速最为显著，从 1990 亿元增至 8209 亿元，翻了 4. 13 倍，年均增幅达到44.65%；教育支出增速次之，从7122亿元增至21877亿元，翻了3.07倍，年均增幅达到29.60%；社保和就业支出从5447亿元增加到14417亿元，增幅为164.68%，年均增幅为23.53%。这说明，我国民生导向的公共财政支出已初具雏形，无论是福利开支总量还是年度增量都已经相当可观。

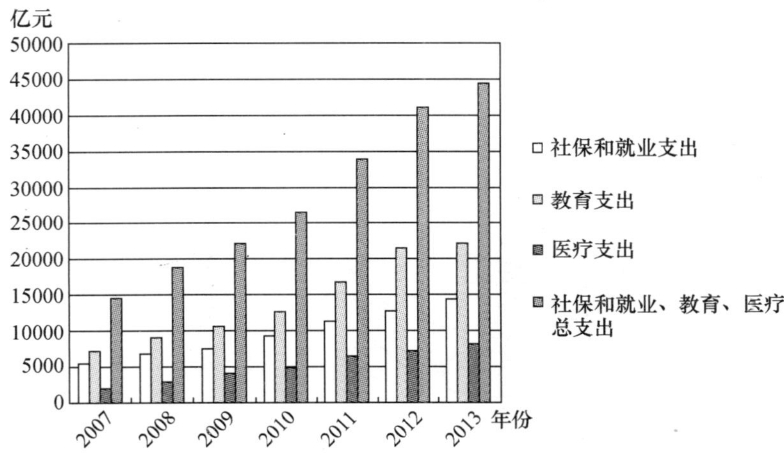

图1-9　2007—2013年国家财政用于社保和就业、教育、医疗卫生等支出

资料来源：国家统计局《国家数据》。

国际社会衡量一个国家和地区的福利规模和结构最常见的指标之一就是社会支出，社会支出的概念及测量方法由OECD创立于20世纪90年代，经过二十余年的发展已经成为衡量社会福利发展水平的重要指标。2012年，我国用于社保和就业、教育、医疗卫生和住房等方面的社会开支达到46464亿元，同期国家公共财政总支出为182187亿元，社会开支占公共财政支出的比重达到25.50%①，这一相对比例虽然明显低于西方发达国家，但由于我国公共财政支出总量庞大，社会开支绝对数并不小，

① 这里需要说明两点：1. OECD国家社会支出并不包括教育支出，但考虑到在我国，教育是社会政策的重要内容，这里所谓的社会开支是经过改进后的社会支出，包括教育支出；2. 为便于国际比较，这里的公共财政支出实际上是指广义政府支出，具体计算公式为：广义政府支出=全国公共财政支出+（社会保险基金支出-财政对社会保险基金的补助）+全国政府性基金支出，各分支科目支出=各科目公共财政支出+政府性基金支出。具体计算方法参见贡森、葛延风等著《福利体制和社会政策的国际比较》，中国发展出版社2012年版，第213—220页。

按照2012年12月底人民币对美元汇率折算后我国社会支出总额超过7300亿美元，这一数字超过当年丹麦、挪威、瑞典、瑞士等西方发达国家的GDP规模，这说明我国社会福利规模具备了相当的基础。从社会开支的科目看（见图1－10），2012年，教育支出稳居第一，达到21843亿元，占社会开支的47%；社保和就业位列第二，为12741亿元，占27%；医疗卫生支出排名第三，为7245亿元，占16%；最后是住房开支，为4644亿元，占10%。

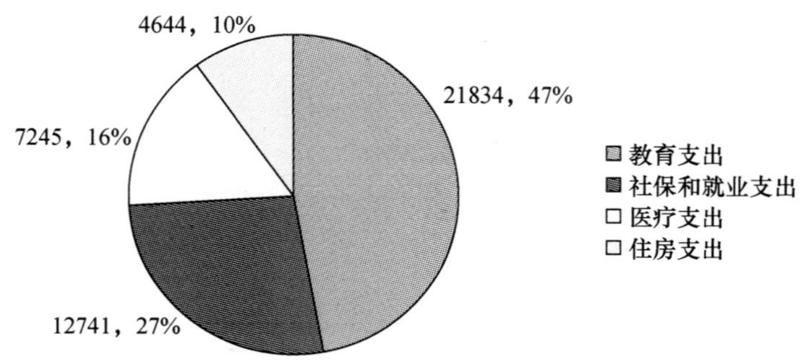

图1－10　2012年我国社会支出构成情况（亿元）

资料来源：2012年《中国统计年鉴》、《全国公共财政支出决算表》、《全国政府性基金收入决算表》、《全国社会保险基金收支决算》。

四　研究问题及其理论与政策意义

在全国各地积极探索建立适度普惠型社会福利制度之际，学术界也围绕构建中国特色适度普惠型社会福利制度进行了热烈探讨，提出了不少富有启发性的理论观点，如“适度普惠型福利模式”、“组合式普惠型福利模式”、“底线公平福利模式”、“全民共享的发展型福利模式”、“中福利模式”、“公平、普惠、可持续福利模式”等，这些理论观点为构建中国特色社会福利制度提供了有益的理论启示，也为进一步开展相关领域的研究提供了扎实的基础。但是，相关研究还存在三个明显的盲点问题，对有些理论或政策议题缺乏应有的关注。

第一，理论探讨较多而具体政策研究较少。关于适度普惠型社会福利定义、内涵、路径、模式等理论探讨较多，而对于近年来全国各地在探索建立普惠型社会福利制度方面涌现的新进展、新做法、新问题、新经验，很少有人进行系统的总结和研究，这不利于更好地推动理论研究“接地气”、与政策实践对接，也不利于更准确地把握我国社会福利发展的最新动态情况。

第二，对策探讨较多而评价指标研究较少。关于加快社会福利改革与发展的应用对策研究很多，但建立社会福利评价指标的研究较少，关于适度普惠型社会福利评价指标体系的研究更是乏善可陈，这不利于对比研究不同国家和地区社会福利发展水平差异，也不利于动态评估我国构建适度普惠型社会福利制度的进展情况和实施效果。

第三，全国一般情况探讨较多而区域差异情况研究较少。关于全国社会福利一般情况的探讨较多，有关不同地区构建适度普惠型社会福利条件差异的研究较少。我国地区经济社会发展很不平衡，各地经济发展和社会福利水平差距较大，在全国一步到位建成适度普惠型社会福利制度的难度较大，至少在短期内尚不具备可行性。在少数经济发达地区率先建成适度普惠型社会福利制度，然后再在全国有条件的地区逐步推广，比较符合我国的现实国情，为此需要针对特定区域特别是沿海经济发达地区率先建立适度普惠型社会福利制度的可行性开展先导研究。

基于上述理论与现实背景，本研究从福利理论与福利政策实践两个层面探讨我国构建适度普惠型社会福利制度的重大理论与政策问题，在阐明中国特色适度普惠型社会福利要义的基础上，建立适度普惠型社会福利制度评价指标，对近年来我国探索建立适度普惠型社会福利制度的主要进展、经验成效、面临的问题、存在的误区以及改进路径等重要议题进行比较系统的研究，提出阶梯式普惠型社会福利发展模式，并以北京、上海、江苏、广东、深圳等沿海发达地区为例，探讨中国特色民生治理创新的“经验样本”，总结近年来全国各地探索建立适度普惠型社会福利制度的新进展、新做法和新经验，最后借鉴我国香港的社会福利经验，为加快构建中国特色适度普惠型社会福利制度提供有针对性的政策建议。

本研究的主要议题可以归纳为“两个层面”、“三个维度”。“两个层面”是指全国和地方两个层面，既有对全国一般情况的探讨，也有对地方经验的分析，在研究全国构建适度普惠型社会福利制度总体概况的基础上，以北京、上海、江苏、广东、深圳等沿海发达地区为例，探讨中国特色社会福利建设的"经验样本"。"三个维度"是指理论、政策和实务三个维度，既有对一般理论模式的探讨，也有对政策应用的研究，还有对全国和各地操作实务的分析，在研究中国特色适度普惠型社会福利要义及其评价指标的基础上，探讨近年来全国和部分沿海发达地区构建适度普惠型社会福利制度的主要进展、经验成效、面临的问题以及改进路径，多角度反映我国探索适度普惠型社会福利制度的进展情况。

具体而言，本研究主要探讨如下五个方面的问题。第一，中国特色适度普惠型社会福利模式要义。这是关系我国社会福利发展的道路和方向问题，也是研究我国适度普惠型社会福利发展情况的理论前提。我国构建适度普惠型社会福利制度不是要搞"福利主义"，更不是步西方福利国家的后尘，而是要适应经济发展和改善民生的需要，建立与经济社会发展水平相适应的中国特色适度普惠型社会福利制度。中国特色适度普惠型社会福利制度的要义是什么？或者说，与西方福利国家的普惠型福利制度相比，中国特色适度普惠型社会福利制度有何不同？"中国特色"特在何处？本研究将在回顾国内外已有研究的基础上，界定中国特色适度普惠型社会福利的内涵要义，探讨中国特色适度普惠型社会福利迥异于西方全民福利国家的价值取向。

第二，适度普惠型社会福利制度评价指标。社会福利评价指标是评估社会福利发展水平的标尺，将抽象的适度普惠型社会福利制度操作化为具体的政策指标，构建可量化的社会福利评价指标体系，对于推动构建普惠型社会福利制度具有十分重要的导向意义。适度普惠型社会福利制度的评价指标有哪些？如何评估建立适度普惠型社会福利制度进展情况？怎样综合反映社会福利发展水平？对于这些问题，无论是学术研究还是政策制定都着墨甚少。本研究尝试构建适度普惠型社会福利制度评价指标体系，通过指标分析来反映我国社会福利建设总体情况，为动态评估我国社会福利发展水平、加快构建适度普惠型社会福利制度提供参考依据。

第三，全国构建适度普惠型社会福利制度进展成效。对既有福利存量和增量情况进行"摸底盘点"，是下一步推动社会福利发展的重要前提。近年来我国在探索建立适度普惠型社会福利制度方面取得了哪些进展和成效？有什么好的经验和做法？还有哪些问题和不足？存在哪些常见误区？如何克服和改进？本研究对近年来我国在探索构建适度普惠型社会福利制度方面的进展情况、经验成效以及面临的突出问题进行比较系统的研究。

第四，中国特色民生福利建设的经验样本。作为我国改革开放的前沿阵地，沿海发达地区在率先构建适度普惠型社会福利制度方面具有得天独厚的优势与条件，也取得了重要进展，在一定程度上代表了我国探索中国特色适度普惠型社会福利制度的最新成果，对全国社会福利制度改革具有重要的启示意义。本研究以北京、上海、江苏、广东、深圳等沿海发达省市为例，探讨中国特色社会福利建设的“经验样本”，研究我国东部沿海经济发达地区率先构建适度普惠型社会福利制度的进展及其取得的基本经验，分析在沿海经济发达地区先行试点、率先构建中国特色适度普惠型社会福利制度的路径与方法。

第五，中国香港普惠型社会福利制度的经验与启示。香港福利制度被视为东亚福利体制的代表之一，香港也因具有较高的福利水平而被视为东亚福利社会的典范。关于香港福利制度的研究不少，但从适度普惠的理论视角考察香港社会福利经验的研究却不多。关于香港社会福利模式有哪些理论观点？为什么说香港社会福利具有适度普惠的特点？香港适度普惠型社会福利体系构成怎样？有何特色？有哪些经验值得借鉴？本研究将评述有关香港福利制度的理论争辩，分析香港适度普惠型福利制度构成及其特色，探讨香港福利经验，为我国内地建立适度普惠型社会福利制度提供经验借鉴。

大体而言，可以从以下三个方面来理解本研究的理论与政策意义。

第一，阐明了中国特色适度普惠型社会福利要义，提出了福利适度普惠化的中国道路命题，为我国适度普惠型社会福利发展指明了道路方向，对于深化中国特色普惠型社会福利制度研究具有一定的学术价值。构建适度普惠型社会福利制度不是推行“福利主义”，更不是走西方福利国家的发展路线，而是要适应经济发展和改善民生的需要，建立与中等发展水平相适应的中国特色适度普惠型社会福利制度。西方福利国家走的是高度普惠主义路线，致力于向全体公民或某一阶层的所有成员提供普遍主义和无差异化的公共福利；而我国福利发展将沿着适度普惠主义路线行进，致力于让更多民众分享平等的社会福利权、均等化的基本公共服务，实现经济发展成果更公平地惠及全体国民。本研究将中国特色要义总结为“适度福利、弱者优先、基本保障、全民共享”，提出弱者优先甚于全民普惠，基本保障甚于全面保障，机会均等甚于结果平等，兼顾经济效率与社会公平，是我国适度普惠型社会福利路线迥异于西方福利国家的价值取向。

第二，构建了普惠型社会福利制度评价指标体系，为评估普惠型社会福利制度建设进展、衡量社会福利发展水平提供了参考尺度，对于推动我国构建适度普惠型社会福利制度具有一定的导向意义。目前国内普惠型社会福利研究侧重理论探讨，对政策的可行性与可操作性缺乏应有的关注，关于适度普惠型社会福利评价指标体系的研究更是乏善可陈。本研究从覆盖面指标、保障度指标、规模性指标、包容性指标四个方面设计了 25 个二级指标，构建了适度普惠型社会福利制度评价指标体系，初步分析和评估了我国社会福利发展水平，提出在沿海经济发达地区先行试点，走增量式福利发展之路，即以“存量福利”为基础，通过“增支、扩面、提标”的增量发展做大“福利蛋糕”，通过“充权、均化、共享”的公平机制分好“福利蛋糕”，保证基本公共福利分配应有的包容性与公平性，将以“扶老、助残、救孤、济困、赈灾”为重点的传统补缺型福利制度升级为全民共享的现代适度普惠型福利制度，最终实现福利善治。

第三，考察了构建适度普惠型社会福利制度的总体情况，提出了阶梯式普惠型社会福利发展模式，对于全国构建适度普惠型社会福利制度具有一定的政策价值。目前学术界关于适度普惠型社会福利的理论探讨较多，但对于近年来全国探索适度普惠型社会福利制度的最新进展动态和经验成效，很少有人进行系统的研究。本研究对近年来我国探索建立适度普惠型社会福利制度的主要进展、经验成效、面临的问题以及改进路径等重要议题进行了比较系统的研究，并以北京、上海、江苏、广东、深圳等沿海发达地区为例，探讨中国特色民生治理创新的“经验样本”，提出树立科学的适度普惠福利观，构建阶梯式普惠型社会福利模式，将福利普惠化供给与阶梯化供给相结合，分阶段、分层次、分步骤，对部分地区（东部沿海发达地区）、部分项目（底线民生、基础民生）、部分群体（贫困和弱势群体）率先推动福利起飞，实现从区域普惠到全国普惠，低度普惠到高度普惠，从弱者普惠到全民普惠，逐步构建层次有别、功能互补、相互支持、多重保障的阶梯式普惠型社会福利制度。

第二章 适度普惠型社会福利理论要义

一直以来，我国社会福利制度具有浓厚的补缺色彩，福利覆盖范围较小、保障水平偏低，伴随经济发展和民生需求增长，特别是近年来我国经济总量跃居世界第二、人均国民收入迈入中等收入国家行列之后，这种“补缺型”福利制度难以适应经济发展和民生改善的新需要，因此实现从补缺型福利到适度普惠型福利的转变成为我国民生福利现代化的必由之路。政策要创新，理论应先行。探讨适度普惠型社会福利的要义与特征，厘清我国适度普惠型社会福利模式与西方普惠型社会福利的不同含义，明确我国社会福利发展的模式选择、内涵要义与实现路径，是构建中国特色适度普惠型社会福利制度的前提条件乃至理论基础。

一 普惠型社会福利概念源起

“普惠型社会福利”的概念属于“舶来品”，起源于对西方福利国家以及社会福利类型划分的研究。“普惠型社会福利”是一种发展水平较高的社会福利模式，其典范是以瑞典和丹麦为代表的“北欧福利国家”；“补缺型社会福利”盛行于西方资本主义国家早期发展阶段。两种社会福利类型在指导思想、基本原则、福利资格、国家责任、福利水平等方面具有明显的差异。

（一）社会福利类型划分

美国学者威伦斯基（Wilensky）和勒博（Lebeaux）提出了“补缺型社会福利”和“制度型社会福利”的概念。[①] 补缺型福利（residual wel-

① Wilensky, H. L. & C. N. Lebeaux, *Industrial Society and Social Welfare*, New York: The Free Press, 1965.

fare，又被译为“剩余型福利”、“残缺型福利”等）是指“只有当家庭或市场运作失灵时，国家才承担起责任来的”的福利制度；制度型福利（institutional welfare）致力于满足全体公民福利需求，“具有普救主义的性质”①。社会福利类型的另一种划分是“选择型福利”和“普惠型福利”（selective versus universal benefits）②，又被称为“选择型和普惠型”③。二者的区别在于福利对象是部分群体还是全体公民、福利资格是家计审查还是公民身份。英国著名学者理查德·蒂特马斯（Richard Titmuss）区分了“补缺型”（the residual welfare model）、“工业成就型”（the industrial achievement－performance model）、“制度再分配型”（institutional redistributive model）三种福利模式④，其中，“补缺型”福利是指国家扮演“最后帮助者”的角色，只有家庭和市场在福利供给中无法发挥正常作用时才介入；“工业成就型”福利供给不仅关注公民权利，还要体现“生产力情况”以及“个人的工作表现”，发挥福利在满足社会价值需要、实现地位差异和发展生产力方面的作用；“制度再分配型”福利致力于在市场机制之外按照需要的原则，提供普遍主义福利服务，旨在增进社会平等和社会团结。⑤

对于普惠型福利国家（The Universal Welfare State），有学者称之为“普惠型制度化福利国家”（Universal and Institutional Welfare State）⑥，有的称为“制度化全面型福利国家”（Institutional and Comprehensive Welfare State）⑦，还有的称为“社会民主型制度化福利国家”（Social Democratic and Institutional Welfare States）⑧、“社会民主型福利国家”（The Social－

① ［加拿大］R. 米什拉：《社会政策与福利政策——全球化的视角》，郑秉文译，中国劳动社会保障出版社 2007 年版，第 51 页。

② Titmuss, R. M., *Commitment to Welfare*, London: Allen and Unwin, 1968.

③ Mike Reddin, "Universality Versus Selectivity", *The Political Quarterly*, Volume 40 (1), 1969.

④ Titmuss, R. M., *Social Policy: An Introduction*, London: Allen & Unwin, 1974.

⑤ ［英］理查德·蒂特马斯：《蒂特马斯社会政策十讲》，江绍康译，吉林出版集团有限责任公司 2011 年版，第 14—16 页。

⑥ Rothstein, B., *Just Institutions Matter*, Cambridge: Cambridge University Press, 1998.

⑦ Sainsbury D., "Analysing Welfare State Variations: The Merits and Limitations of Models Based on the Residual - Institutional Distinction", *Scandinavian Political Studies*, 1991, 14 (1), pp. 1 - 30.

⑧ Stephens, J. D., "The Scandinavian Welfare States: Achievements, Crisis, and Prospects", in G. Esping - Andersen (ed.) *Welfare States in Transition*, London: Sage, 1996, pp. 32 - 65.

Democratic Welfare State)[①]，虽然概念称谓不一，但实际所指相近，主要是指福利供给覆盖全体公民、福利水平高度普惠的全民福利国家。普惠型社会福利的基本原则是福利普惠主义（Universalism），即福利对象针对所有公民，向全社会或某一阶层的所有成员提供无差异的福利服务，而不仅仅是针对低收入人口。[②] 普惠型社会福利制度建基于社会公民权理论，即享受社会福利服务是现代公民应有的社会权利，具有特定公民身份的社会成员都应当享受相应的社会福利服务。[③] 全民普惠型福利制度的典范是以瑞典、丹麦、挪威和芬兰为代表的"社会民主型福利模式"（又被称为"斯堪的纳维亚福利模式"或"北欧福利模式"），这些福利国家将普惠主义原则和去商品化的社会权扩展到所有的社会阶层，福利水平具有高度的去商品化、普惠化特征[④]，"……以强调普遍的平等为特征——没有人享有特权，也没有人应当被排斥在外——它要确保所有人获得充足的资源……确保所有家庭在渴求得到所需资源时，社会上每个他人都能以共同援助的方式发挥作用。"[⑤] 北欧福利国家的社会政策建基于普惠主义理念，努力实现"在经济和社会生活领域的广泛的公众参与，其目的是提高经济效益，增强社会解决自身问题的能力，提高个人和家庭的平等的生活水准。"[⑥] 对此，英国学者莱恩·多亚尔和伊恩·高夫认为，瑞典与其他北欧福利国家是全球福利水平最高的地区之一，也是全球最接近于"最优需要满足"的地区，"为当今世界提供了一条最佳的评估客观福利的准绳。"[⑦]

总之，"普惠型福利"与"补缺型福利"是两种风格相异的福利模

---

① ［丹麦］哥斯塔·埃斯平－安德森：《福利资本主义的三个世界》，苗正民、滕玉英译，商务印书馆2010年版。

② 丰华琴：《从混合福利到公共治理——英国个人社会服务的源起与演变》，中国社会科学出版社2010年版，第315页。

③ T. H. Marshall, *Citizenship and Social Class*, Cambridge: Cambridge University Press, 1950.

④ ［丹麦］哥斯塔·埃斯平－安德森：《福利资本主义的三个世界》，苗正民、滕玉英译，商务印书馆2010年版，第38—39页。

⑤ ［丹麦］戈斯塔·埃斯平－安德森：《转型中的福利国家——全球经济中的国家调整》，杨刚译，商务印书馆2010年版，第42页。

⑥ ［德］斯坦因·库勒：《福利社会与发展中的斯堪的纳维亚福利国家》，罗志强译，《南京师大学报》（社会科学版）2007年第5期。

⑦ ［英］莱恩·多亚尔、伊恩·高夫：《人的需要理论》，汪淳波等译，商务印书馆2008年版，第363页。

式，二者在指导思想、基本原则、福利资格、国家责任、福利水平等方面具有明显的差异（详见表2-1），从福利覆盖面和保障水平来看，普惠型社会福利是一种比补缺型福利发展水平更高的社会福利模式，前者是高水平、满足全体公民需要以及无特定审查资格的福利类型，后者是低水平、满足特定人群需要以及强调家计审查的福利类型。无须多说，无论是“补缺型福利”还是“普惠型福利”都是社会福利研究中的一种理想类型（idealtypes），很少有国家完全属于某种福利类型，更多的是混合福利模式，或者是以某种福利类型为主导的福利体制，单一、纯粹的某种福利类型在现实世界中难寻其迹。

表2-1　补缺型福利模式与普惠型福利模式比较

类型＼特征	补缺型福利模式	普惠型福利模式
指导思想	自由主义，追求经济效率	凯恩斯主义，追求公平正义
基本原则	选择主义	普遍主义
福利资格	需通过家计审查，主要面向弱势群体	基于公民身份，覆盖全体公民
国家责任	有限责任，“最后的帮助者”	全面责任，“保姆政府”
福利水平	低水平社会支出，低度去商品化	高水平社会支出，高度去商品化
代表国家	美国、澳大利亚、加拿大	瑞典、丹麦等北欧国家

（二）社会福利模式转型

“补缺型福利”兴起并盛行于西方资本主义国家早期发展阶段（如19世纪末和20世纪早期的欧洲），后来这种福利模式被推广应用到许多发展中国家。“补缺型福利”采取了“福利最小化”思路，即国家福利主要针对那些无法通过家庭和市场实现自助的弱势群体，普通公民的福利需要应通过市场中的个人努力予以满足，并辅之以家庭、社区和志愿组织的帮助。① 随着经济和社会发展水平的不断提高，特别是伴随第二次世界大战以后福利国家的兴起，许多发达国家逐渐摒弃了原有的“补缺型”社会福利制度，向更高水平的“制度型”福利国家和“普惠型”福利国家迈进。西方发达国家的经验表明，社会福利制度从传统“补缺型”向现代

① ［美］安东尼·哈尔、詹姆斯·梅志里：《发展型社会政策》，罗敏等译，社会科学文献出版社2006年版，第6页。

"制度型"乃至"普惠型"的转型，在很大程度上是经济发展、政治民主化与社会进步的必然结果。

在我国，"普惠型"社会福利概念的兴起缘于关于社会福利制度转型的探讨。长期以来，我国社会福利制度具有浓厚的补缺色彩，福利对象主要面向民政对象和弱势群体，福利对象覆盖范围较小、保障水平偏低。[①]这种福利供给体系始建于20世纪50年代，在特定的历史时期为满足社会民生需求、维护社会稳定和促进经济发展发挥了重要作用。但伴随经济发展和民生需求增长，特别是近年来我国经济总量跃居世界第二、人均国民收入迈入中等收入国家行列之后，这种"补缺型"福利制度已难以适应经济发展和民生改善的需要，于是"普惠型社会福利"的概念被引入对我国社会福利制度的分析，并成为社会福利研究的重要理论范式。2007年，民政部提出建立"普惠型社会福利制度"的设想[②]，在全国范围内"推动社会福利由补缺型向适度普惠型转变"，由此拉开了全国各地积极探索构建适度普惠型社会福利制度的序幕，开启了我国福利制度从补缺型向适度普惠型转型的帷幕。2011年，"推动社会福利由补缺型向适度普惠型转变，逐步提高国民福利水平"先后被写入我国《国民经济和社会发展"十二五"规划纲要》和全国《民政事业发展第十二个五年规划》，这标志着推动社会福利体系转型、构建适度普惠型社会福利制度已上升为国家层面的社会政策。在国家层面的政策规划和民政部的积极推动下，近年来全国先后有十余个省、直辖市和自治区明确提出探索构建与经济社会发展水平相适应的适度普惠型社会福利制度，凡此种种表明我国社会福利现代化进程得以全面提速，建立适度普惠型社会制度已经成为我国社会民生建设、实现民生"中国梦"的重要任务。

二　中国普惠型社会福利模式选择

在关于普惠型社会福利制度的研究中，学术界普遍认为，目前我国还是发展中国家，经济和社会发展水平还不高，特别是人均国民收入比较

① 窦玉沛：《中国社会福利的改革与发展》，《社会福利》2006年第10期；林闽钢：《中国适度普惠型社会福利体系发展战略》，《中共天津市委党校学报》2011年第4期。

② 窦玉沛：《社会福利由补缺型向适度普惠型转变》，《公益时报》2007年10月23日。

低，因此应当构建与经济社会发展水平相适应的中国特色适度普惠型社会福利制度。不少学者特别强调警惕西方福利国家的教训，不能照搬西方福利国家发展高度普惠主义福利制度的经验，避免因发展高水平福利而陷入“福利陷阱”①。因此，发展福利要结合中国现实国情和经济社会发展水平，建立与中等发展水平相适应的中国特色适度普惠型社会福利制度，从而兼顾经济发展与民生改善、经济效率与社会公平。

（一）社会福利本土化理论构想

王思斌提出“中福利模式”的观点，他认为，我国适度普惠型社会福利应该是面向全体国民同时又是适度的社会福利制度，这种社会福利的保障水平高于传统补缺型福利，但又低于西方福利国家，因此是一种“中等保障水平”的社会福利，相比西方福利国家的“高福利模式”，适度普惠型社会福利是一种“中福利模式”。② 彭华民提出“组合式普惠型福利”的观点，她认为，我国社会福利制度的发展不是简单地从“补缺型福利”转型到“普惠型福利”，而是应形成新的“组合式普惠型社会福利制度”，即以普惠型福利为主，选择型福利为辅，构建中国本土化组合式普惠型社会福利制度，以免重蹈福利国家之覆辙。③

景天魁提出“底线公平福利模式”的概念，他认为，我国社会福利发展已进入从小福利迈向大福利的新阶段，建设中国特色社会福利体系的关键是选择一个符合中国国情的社会福利模式——底线公平福利模式，底线公平是保护底层人民基本民生需求的福利模式，主要解决底线需求，包括解决温饱的需求（生存需求）、基础教育的需求（发展需求）和公共卫生和医疗卫生保障的需求（健康需求），“底线公平福利模式”与福利国家模式不同，是一种“福利适度化”的模式，既反对“福利最小化”，也反对“福利最大化”。④

郑功成提出“公平、普惠、可持续福利模式”的观点，他认为我国

---

① 郑秉文：《高福利适应中国？不能简单套用西方福利制度》，《人民日报》（海外版）2006 年 8 月 30 日；景天魁等：《当代中国社会福利思想与制度——从小福利迈向大福利》，中国社会出版社 2011 年版，第 92—93 页。

② 王思斌：《我国适度普惠型社会福利制度的建构》，《北京大学学报》（哲学社会科学版）2009 年第 3 期。

③ 彭华民：《中国组合式普惠型社会福利制度》，《学术月刊》2011 年第 10 期。

④ 景天魁、毕天云：《论底线公平福利模式》，《社会科学战线》2011 年第 5 期；景天魁：《底线公平福利模式》，中国社会科学出版社 2013 年版。

社会福利制度发展的战略目标是坚持普遍性原则、统一性原则、互助性原则、可持续发展原则、以人为本与弱者优先原则、政府主导与责任分担原则，进一步整合社会救助、社会保险、社会福利、抚恤优待、补充福利五个社会福利子系统，构建“公平、普惠、可持续的社会福利体系”，最终实现社会福利体系从“照顾弱者”到“普惠全民”的历史性转变。①

中国发展研究基金会提出了“全民共享发展型福利”的构想，认为我国福利发展的目标是建立“全民共享的发展型社会福利体系”，最终实现“老有所养、病有所医、学有所教、劳有所得、居有其屋、贫有所助”，其中，“全民共享”是未来中国社会福利体系公平性最重要的体现之一，包括三层含义：为没有福利保障的群体建立基本福利保障，扩大已享有福利保障群体的覆盖面，提高社会福利的公平性和共享性；“发展型”也包括三层含义：突出以人为本，关注人的全面发展；强调福利发展的渐进性与发展性，与经济社会发展阶段相适应；加强福利的社会投资功能，“把传统的补偿型福利模式转变为一种与经济发展相互促进的福利模式。”②

由此可见，在中国普惠型社会福利制度的道路选择上，西方福利国家的高度普惠主义全民福利制度被排斥在政策选项之外，学术界普遍认为应当契合中国的国情、社情，构建与经济社会发展水平相适应的中国特色适度普惠型社会福利制度。这是一种中等保障水平的福利制度，福利水平高于传统补缺型福利制度又低于西方福利国家的全民福利制度，正好与我国作为中等收入国家的发展水平相适应，较好地兼顾了经济发展与民生改善的需要。

（二）适度普惠型社会福利界定

既然适度普惠型社会福利制度是我国福利制度建构的目标方向，那么什么是适度普惠型社会福利？对此，国内学术界见仁见智，并没有一个统一的定义。王思斌认为适度普惠型社会福利是向全体国民提供的、涵盖其基本生活主要方面的社会福利，具有广覆盖、适度性的特点。③ 张映芹认为适度普惠型社会福利制度是由国家向公民提供的由城乡居民普遍享受的

---

① 郑功成主笔：《中国社会保障改革与发展战略——理念、目标与行动方案》，人民出版社2008年版。

② 中国发展研究基金会：《中国发展报告2008/09：构建全民共享的发展型社会福利体系》，中国发展出版社2009年版，第1—34页。

③ 王思斌：《我国适度普惠型社会福利制度的建构》，《北京大学学报》（哲学社会科学版）2009年第3期。

一种“广覆盖、低水平、适度性”的社会福利制度。[①] 彭华民认为普惠型社会福利是指国家提供社会福利普及到每个具有公民权的社会成员，社会福利成为满足国民需要、提高公民能力的方式。[②] 林闽刚认为适度普惠型社会福利是在城乡基本服务均等化下，逐步将城乡居民都纳入基本社会福利范围。[③] 吴世民认为，适度普惠型社会福利是由政府和社会基于本国经济和社会状况，向全体国民提供的，涵盖其基本生活主要方面的社会福利。[④]

戴建兵认为适度普惠型社会福利是从传统的补缺型社会福利向全民的普惠型社会福利转变的中间形态，与我国经济发展和社会转型的阶段相适应。[⑤] 毕天云认为，适度普惠型社会福利制度是普遍整合型社会福利体系，具有对象广泛性、内容全面性、类型综合性、主体多元性、方式多样性五个基本特征。[⑥] 郑功成认为，适度普惠型社会福利的特点是兼顾弱者照顾和全民普惠，具有适度普惠的特点，与经济发展水平相适应，既不滞后也不超前。[⑦] 褚福灵认为，适度普惠型社会福利制度是“人人享有适度社会福利”的制度，以个人缴费与政府补贴结合为特征，既覆盖全体国民，又根据劳动收入不同区别对待，其中，“人人享有”是指制度要覆盖全体国民，力争人人享有相应的社会福利待遇；“适度福利”是指个人缴费与政府补贴相结合，保障国民的最基本生活水平。[⑧]

综上所述，尽管概念界定不一，但众所公认，适度普惠型社会福利是向全体具有公民身份（citizenship）的社会成员提供的、涵盖基本生活主要方面、与特定经济社会发展水平相适应的社会福利体系。一般认为，作

① 张映芹：《构建中国特色普惠型社会福利制度的基础与路径选择》，《思想战线》2010 年第 5 期。

② 彭华民：《需要为本的中国本土社会工作模式研究》，《社会科学研究》2010 年第 3 期。

③ 林闽钢：《中国适度普惠型社会福利体系发展战略》，《中共天津市委党校学报》2011 年第 4 期。

④ 吴世民：《“大民政”与适度普惠型社会福利制度》，《北京日报》2011 年 2 月 28 日。

⑤ 戴建兵：《构建与我国中等收入水平相适应的适度普惠型社会福利制度》，《华东经济管理》2012 年第 8 期。

⑥ 毕天云：《论普遍整合型社会福利体系》，《探索与争鸣》2011 年第 1 期。

⑦ 郑功成：《中国社会福利改革与发展战略：从照顾弱者到普惠全民》，《中国人民大学学报》2011 年第 2 期。

⑧ 褚福灵：《关于社会福利发展战略的若干理论问题》，http：//www. chinadaily. com. cn/hqgj/jryw/2011 -10 -17/content_ 4087871. html。

为我国社会福利发展的目标模式，适度普惠型社会福利具有如下特征：①适度普惠化，服务对象从小部分特定对象逐步向更大群体乃至全体公民拓展，让更多民众分享到经济发展和社会进步的成果；②城乡一体化，城乡社会福利发展水平差距不断缩小，最终建立城乡居民共享、一体化的社会福利体系；③机会均等化，基本公共服务向均等化方向迈进，具有特定公民权的人都能够享受社会福利，且享受的机会是均等的；④福利多元化，提供基本生活、社会保障、就业、教育、医疗卫生、住房和社会服务等多元化福利服务，不仅保障受助人的基本生活，还通过配套服务改善其生活质素；⑤福利水平适度，与特定经济社会发展水平相适应，属于广覆盖、保基本、多层次、可持续的适度福利模式。①

三 中国特色适度普惠型社会福利要义

与西方福利国家的普惠型福利制度相比，中国特色适度普惠型社会福利制度有何不同？或者说，中国适度普惠型社会福利制度的要义是什么？有何典型特色？近年来学术界从不同角度展开了热烈探讨，综合已有相关研究，笔者认为，大体可以从“适度福利、弱者优先、基本保障、全民共享”这四个角度来界定适度普惠型社会福利的“中国特色”与内涵要义。

（一）“适度福利”

一般认为，“适度普惠型社会福利”的首要特征是“适度福利”——福利水平适度普惠、与经济社会发展水平相适应，这明显不同于西方福利国家的全民普惠和高水平福利。大体而言，“适度”可以从两个方面来理解：一是横向意义的适度性，即从共时态看福利水平与现有的经济社会发展水平相适应，既不超前也不滞后，而是恰到好处；二是纵向意义的渐进性，即从历时态看福利水平伴随经济社会发展而不断提高并保持动态适应，福利发展遵循渐进性路径（incremental approach）。王思斌认为，可以从福利需要、福利资源供给以及福利政策发展三个角度来界定福利适

① 张映芹：《构建中国特色普惠型社会福利制度的基础与路径选择》，《思想战线》2010年第5期。

度，从需要的角度来看，适度福利是通过提供福利在一定程度上满足福利对象的需要；从资源供给的角度来看，适度福利就是基于有限的福利资源而向人们提供有限福利；从政策发展的角度来看，适度福利则着重于积极而谨慎地拓展福利水平及覆盖面。[①] 戴建兵认为，“适度福利”包含两层含义：一是指社会福利的标准要符合经济发展水平的约束线；二是指福利项目和福利内容的选择要符合人的需要层次，随着经济和社会发展水平的不断提高而逐步涵盖城乡社会生活的主要方面。景天魁提出追求“适度、适应、适用、适当的福利模式”，他认为“适度性”是指福利水平与经济发展水平相协调，“适应性”是指福利模式适应市场化所带来的社会结构和职业的变化，“适用性”是指福利模式适应人们的生活方式和文化习惯，“适当性”是指福利模式要防范道德、社会的各种风险，不会陷入“福利陷阱”。[②] 笔者认为，从定量意义上讲，“适度福利”就是中等水平的社会福利，即高于补缺型福利水平却低于普惠型福利水平，与我国作为中等收入国家的经济发展水平正好相适应；从定性意义上讲，“适度福利”就是适合我国经济发展和社会人文实际状况，经过本土化和中国化的社会福利。

（二）“弱者优先”

西方福利国家推崇全民普惠主义和无差异福利服务，相比之下，适度普惠型社会福利制度优先关注社会最弱势群体的福利需求，优先照顾弱者的基本民生需要，福利供给倾斜于“老弱病残幼贫”等所谓的“最不能自助者”。为什么要“弱者优先”？景天魁从福利效用的角度做了形象解释，他说，“弱者优先可以获得最大的社会效益。同样一笔钱，用在穷人身上、弱者身上，解决他们的基础性需求，比用在富人、强者身上，满足他们的非基本需要，其社会效益要大 100 倍以上。”[③] 彭华民从福利需求层次的角度进行了解释，她认为，弱势群体对福利需求的紧迫性更强，层次性也相对更低，因此适度普惠型社会福利制度设计应当依据分需要、分

---

① 王思斌：《我国适度普惠型社会福利制度的建构》，《北京大学学报》（哲学社会科学版）2009 年第 3 期。

② 景天魁：《社情人情与福利模式——对中国大陆社会福利模式探索历程的反思》，《探索与争鸣》2011 年第 6 期；景天魁：《追求适度、适应、适用、适当的福利模式》，《北京日报》2011 年 9 月 26 日。

③ 景天魁：《底线公平：和谐社会的基础》，北京师范大学出版社 2009 年版，第 203 页。

目标、分人群、分阶段的原则，先从弱者普惠开始逐渐过渡到全民适度普惠。具体而言，最先从老人群体开始普惠，第二步是儿童和残疾人群体，接下来是农民工、妇女、灾区群众和少数民族，最后是一般社会群体和普通公民。[①] 戴建兵在设计适度普惠型社会福利体系时，将社会弱势群体（包括老年人、残疾人、儿童、妇女、贫困和低收入者）及其基本民生需求作为政策最优先选项，将一般社会群体和普通公民的公共福利需求置于相对次要位置，这也明显反映了“弱者优先”的观点。[②] 由此可见，弱者优先，福利供给首先面向“老弱病残幼贫”等社会弱势群体，主要通过收入和资产审查的方式将公共福利资源传递给那些无法通过家庭和市场实现自给自足的“最不能自助者”，这是中国特色适度普惠型社会福利制度的基本特征之一。

（三）“基本保障”

相比西方福利国家的高度普惠和全面保障，适度普惠型社会福利制度更加强调基本保障，政府主要保障基本民生和底线民生，超出基本公共服务范围以外的社会福利，则主要由家庭和市场来解决。何为基本保障？简言之，就是优先满足民众的基本生活需要，保障民众的生存权和基本发展机会，提高他们的基本发展能力。景天魁提出，政府在福利供给中的责任是“保底不保顶”，即保障底线福利和基本民生，至于更高级的民生福利则主要通过个人、家庭和市场来解决。[③] 代恒猛立足我国转型社会的现实，指出我国社会福利制度改革的方向是建立适中普惠型社会福利制度，同时吸收福利普惠和福利补缺的优长之处，建立广覆盖、保基本的多层次社会福利体系，对于基本生活保障、基本养老、基本医疗卫生等涉及公民生存和发展“底线”以下的福利需求，则由政府全面负责和兜底保障；“底线”以上的福利需求则由市场、企业和个人去承担。[④] 吴忠民提出，要以民众基本民生需求为着眼点，在福利投入上做到“三个优先”：一是就公共投入总的顺序结构而言，以民生问题为优先；二是就民生本身的公

① 彭华民：《中国组合式普惠型社会福利制度》，《学术月刊》2011 年第 10 期。

② 戴建兵：《构建与我国中等收入水平相适应的适度普惠型社会福利制度》，《华东经济管理》2012 年第 8 期。

③ 景天魁：《底线公平与社会保障的柔性调节》，《社会学研究》2004 年第 6 期；景天魁、毕天云：《论底线公平福利模式》，《社会科学战线》2011 年第 5 期。

④ 代恒猛：《从“补缺型”到适度“普惠型”——社会转型与我国社会福利的目标定位》，《当代世界与社会主义》2009 年第 2 期。

共投入顺序结构而言，以基础民生问题为优先；三是就基础民生的公共投入顺序结构而言，以底线民生问题为优先。① 由此可见，中国特色适度普惠型社会福利制度所坚守的是“保基本、广覆盖、有弹性、可持续”的原则，不追求“锦上添花”而是力求“雪中送炭”，不苛求“面面俱到”而是力求保障基本需求，根据经济社会发展水平，逐步构建以兜底线为基础、以保基本为核心的多重社会安全网。

（四）“全民共享”

顾名思义，“适度普惠型社会福利制度”是“适度＋普惠”的社会福利制度，“普惠”是指普遍惠及、全民共享，其福利供给体现了一定的普惠主义原则。如果福利供给仅仅是“适度福利”、“弱者优先”和“基本保障”，那么就难以称得上是“适度普惠”，因为这些限定词更多的是强调“适度”，况且在很大程度上传统补缺型福利制度也具有“适度福利”、“弱者优先”、“基本保障”的特征，因此，没有应有的普惠和共享，就不是真正的适度普惠型社会福利制度。林卡认为，“适度普惠”的理念反映了普遍主义原则，与公共服务均等化发展相吻合，为中国社会福利体系的发展提供了新的方向。② 褚福灵强调，衡量适度普惠型社会福利的标准有两个：一是人人享有，二是适度福利，“人人享有”是指福利制度要覆盖全体国民，力争人人享有相应的社会福利待遇，如果没有适度共享和普惠，就属于选择型福利制度。③ 郑功成提出，我国社会福利制度应当坚持公平、正义和共享的核心价值，构建项目完整、保障功能强、社会化运行、多层次发展的“公平、普惠、可持续”的社会福利体系，实现社会福利体系从照顾弱者到普惠全民的转变，让全体人民真正享有平等、尊严的生活保障；全民普惠就是全体社会成员依照公平、正义原则享有相应的社会福利，享受基本均等化的公共服务不应当受性别、民族、地域等因素的影响。④ 中国发展研究基金会强调，“全民共享”是未来中国社会福利体系公平性最重要的体现之一，并认为“全民共享”是指逐步解决福利

---

① 吴忠民：《民生投入要三个“优先”》，《光明日报》2014 年 7 月 17 日。

② 林卡：《国际经验和中国社会福利体系的发展》，《浙江社会科学》2011 年第 5 期。

③ 褚福灵：《关于社会福利发展战略的若干理论问题》，http：//www. chinadaily. com. cn/hqgj/jryw/2011 －10 －17/content_ 4087871. html。

④ 郑功成：《中国社会福利改革与发展战略：从照顾弱者到普惠全民》，《中国人民大学学报》2011 年第 2 期。

"从无到有"、"从低到高"的问题，将福利覆盖到各类应保群体直到惠及13亿全体中国国民，保证全民分享经济发展的成果。[①] 凡此种种说明，惠及全民、普遍共享是中国特色适度普惠型社会福利制度的重要特征，没有适度水平的全民共享，仅仅是优先照顾弱者、侧重基本保障的适度福利，很难称得上是适度普惠型社会福利制度。

笔者认为，在理解中国特色适度普惠型社会福利要义时，有必要区分"普惠"一词在中西方社会福利制度中的不同含义，西方全民福利国家的"普惠"更多的是分享普惠主义福利服务以及无差异的公共服务，而我国福利制度的"普惠"更多的是分享平等的福利权、均等化的基本公共服务以及经济社会发展的成果，并非要吃"福利大锅饭"或者追求福利结果的平等。从这个角度来说，"普惠"这个概念在我国福利体制和西方福利国家体制中具有明显不同的含义，这是在理解中国特色适度普惠型社会福利要义时需要辨别和注意的，否则对福利普惠的理解容易落入平均主义和福利主义的窠臼。

综上所述，适度普惠型社会福利更强调适度福利、弱者优先、基本保障，在福利价值、基本原则、福利开支、福利对象、福利保障等方面与西方普惠型福利模式具有明显的不同，其总体福利发展水平介于补缺型福利模式与普惠型福利模式之间，是一种适用于中等收入国家的社会福利类型（见表2－2）。弱者优先甚于全民普惠，基本保障甚于全面保障，"兜底不保顶"，兼顾经济效率与社会公平，这是中国特色适度普惠型社会福利制度迥异于西方全民福利国家的价值取向。

表2－2　　　适度普惠型福利模式与普惠型福利模式比较

特征／类型	适度普惠型社会福利	普惠型社会福利
福利价值	效率与公平兼顾	追求平等的社会理想
基本原则	适度普惠，选择主义＋普遍主义	高度普惠，主要是普遍主义
福利开支	适度福利，中等社会支出	高福利，高社会支出
福利对象	弱者优先，福利供给优先面向"老弱病残幼贫"等社会弱势群体	全民福利，向全体国民或某一阶层的所有成员提供无差异服务

① 中国发展研究基金会：《中国发展报告2008/09：构建全民共享的发展型社会福利体系》，中国发展出版社2009年版。

续表

类型 \ 特征	适度普惠型社会福利	普惠型社会福利
福利保障	基本保障，“兜底不保顶”	全面保障，“从摇篮到坟墓”
适用国家	中等收入国家	高度发达国家

四 适度普惠型社会福利政策路径

如何构建适度普惠型社会福利制度？这方面国内学术界相关对策探讨较多，受篇幅所限，笔者择其要者简述之，综合已有相关研究，可以从如下政策路径推动社会福利制度改革，加快构建适度普惠型社会福利制度。

（一）确立以需为本的福利原则

在适度普惠的政策视野中，社会福利的目标不再仅限于保障公民的基本生活需要，而是要尽可能满足他们在经济、政治、社会和文化等方面的多元化需要。这就需要重新审视社会福利政策的目标定位[①]，推行以需要为本的福利制度设计，发展友好型福利服务模式，从公民的福利服务需求出发，设计社会福利的项目内容、给付标准以及资源投放优先次序。对此，彭华民认为，我国社会福利体制转型的核心任务是重新审视并确定社会福利体系的目标，1949 年以来我国实行的是以国家为本的社会福利目标定位，“社会福利服务于国家政权的建设重于满足人民的需要；社会福利服务于国家形势的稳定重于社会公平与发展”，伴随经济发展和民生改善，应当实现社会福利目标定位从以国家为本到以人为本、以需要为本的转变，根据不同人群、不同层次的福利需求去设计社会福利目标，从而更

① 社会福利的目标定位（targeting）是指确立福利分配的依据、资格和条件，将有限的福利资源分配给最有需要的人，目标定位涉及两个基本问题：一是正确界定社会福利政策中的“有需要者”，确定谁是“最有需要的人”；二是将有限的福利资源定位并传递给“最有需要的人”。参见［美］尼尔·吉尔伯特编《社会福利的目标定位——全球发展趋势与展望》，郑秉文等译，中国劳动社会保障出版社 2004 年版。

好地回应民生改善和公民福利增长的需求。[①] 实际上，社会福利的本义就是满足人们的物质和文化生活的需要，增进人民福祉和国民幸福感。从社会福利的宗旨看，应当适应经济发展和民生改善的需要，确立以需为本的福利原则，在福利制度设计中把满足人的需要摆在更加突出的位置，致力于发展“需求导向型”（need – oriented）和“福利友好型”（welfare – friendly）福利，不断满足民众日益增长的物质和文化需要。

（二）建立多元责任分担机制

建设适度普惠型社会福利制度，并非单纯是国家的责任，而是涉及公民个人、企业、社会组织和国家等多方面的责任。仅仅依靠国家大包大揽，忽视公民与社会的责任，不仅不能实现社会福利事业的健康可持续发展，反而容易滋生“福利依赖病”。因此，实现社会福利的适度普惠化发展，必须改变国家绝对主导的责任机制，充分调动社会力量的积极性，引导企业和社会组织参与社会福利建设，在政策主体和服务供给机制上建立政府、企业、社会组织的合作关系，建立多方责任共担机制，实现多元化福利供给（pluralistic provision of welfare）。熊跃根认为，建立和发展适度普惠型社会福利体制，应当建立多元责任分担机制，重新厘清国家、非营利部门与家庭在福利供给与照顾责任之间的福利三角关系，在公共服务过程中构建国家、市场、非营利部门与家庭之间的新型合作关系。[②] 彭华民提出“组合式普惠型社会福利制度”的概念，认为实现社会福利组合式普惠化供给，应当确定政府在福利供给中的主要责任，建立多元主体协调福利供给的机制，在政府、市场、家庭、社区之间建立层次有别、功能互补、相互支持、互为补充的社会福利体系。[③] 王思斌分析了政府、企业和家庭在福利供给中的不同作用，他认为政府在公共福利中担负优先责任，企业在职业福利中发挥主要作用，家庭和社区在国民福利中发挥基础作用。[④] 笔者认为，国家应当保障公民在基本社会福利和公共服务方面享有平等的权利和机会，基本社会福利服务以外的则由市场来决定，在“国

---

① 彭华民：《论需要为本的中国社会福利转型的目标定位》，《南开学报》（哲学社会科学版）2010 年第 4 期。

② 熊跃根：《中国福利体制建构与发展的社会基础：一种比较的观点》，《经济社会体制比较》2010 年第 5 期。

③ 彭华民：《中国组合式普惠型社会福利制度》，《学术月刊》2011 年第 10 期。

④ 王思斌：《我国适度普惠型社会福利制度的建构》，《北京大学学报》（哲学社会科学版）2009 年第 3 期。

家—市场—社会”三方责任中，国家主要负责社会福利政策规划、提供基本公共福利和实施服务监管，企业在慈善捐赠、创造就业机会、提供职业福利方面发挥主要作用，社会组织在承接政府购买服务、提供具体福利服务中发挥主体作用。

（三）推动社会福利城乡一体化

社会福利的适度普惠，其中一个重要方面就是社会福利的城乡均等化、普惠化。因此，构建适度普惠型社会福利制度，必须破除城乡二元社会结构及隐藏在其背后的身份差异、基本福利权利的不平等，加速推进城乡基本公共服务的均等化和社会福利城乡一体化，缩小城乡国民福利待遇差距，逐步实现社会福利城乡一体化。何为福利一体化？关信平指出，“一体化”是指在社会、经济、政治等方面将原来分立的制度体系相互连接，通过制度性衔接统一为制度整体的过程，社会福利一体化包括福利对象、项目、管理、标准和经费来源等各方面的一体化。① 林闽钢认为，我国已进入城乡福利一体化的关键时期，要乘着加强和改善民生的东风，加速社会福利城乡一体化进程，把人人享有基本生活保障作为优先目标，在城乡基本公共服务均等化下，通过制度“并轨”和“整合”，全面将城乡居民纳入社会福利覆盖范围，逐步把城乡分设的社会福利发展成为“制度合一、服务衔接、功能配套”的社会福利体系。② 可以说，推动社会福利城乡一体化，实现城乡居民共享社会福利权利、共享经济社会发展成果，是建立中国特色适度普惠型社会福利制度的必由之路。为此，必须破除城乡二元社会结构的壁垒，以新型城镇化建设为契机，推动社会福利城乡一体化发展，逐步缩小城乡居民在基本生活保障、社会保险、教育、医疗卫生、住房等方面的福利待遇差距，最终建立城乡居民共享、一体化的社会福利体系。

（四）建立整合型大福利制度

传统的补救型福利制度主要侧重弱者福利和贫困救助，福利覆盖面较窄，福利保障水平较低，属于“小福利制度”。相比之下，适度普惠型福利制度兼顾弱者照顾和全民普惠，福利覆盖面较广，福利保障水平较高，属于“大福利制度”。因此，推动福利体系从“补缺型”向“适度普惠型”转变，必须突破“小福利”格局，整合已有的社会福利项目、管理

① 关信平：《论我国社会保障制度一体化建设的意义及相关政策》，《东岳论丛》2011 年第 5 期。

② 林闽钢：《我国进入社会保障城乡一体化推进时期》，《中国社会保障》2011 年第 1 期。

及运营体系，进一步理顺社会救助、社会保险、社会服务和公共福利等不同层次福利制度的关系及其运行机制，建立整合型大福利制度，解决福利碎片化和分割化的问题。景天魁认为，中国特色社会福利制度的发展方向是从“小福利”向“大福利”转变，“大福利”不同于“高福利”，而是涵盖全体公民、以满足基本福利需求为主、实现底线公平的社会福利①；“大福利”是普遍享有、基础整合、项目多样、主体多元的综合性社会福利体系，具体有以下几层含义：第一，覆盖面广，全民普遍享有，城乡居民全覆盖；第二，整合度高，打破“条块分割、四分五裂”的局面，实现跨部门、跨领域、跨地区、跨身份之间的衔接和融合；第三，福利项目多样化，不仅包括传统意义上的“小福利”，还包括社会救助、社会保险、教育、医疗卫生、住房、就业、社会服务等与基本民生紧密相关的福利服务。② 毕天云提出，发展社会福利，不仅要扩大福利的普遍性，也要提高福利的整合性，要从“大福利”视角出发，从管理整合、制度整合、政策整合、类型整合、主体整合、机制整合、机构整合、保障信息系统整合、城乡整合和监控机制整合十个方面建立整合型社会福利体系。③ 刘继同指出，我国已经在社会救助、社会保险、义务教育、住房保障、就业服务、医疗卫生和公共服务等方面初步建立了多层次社会福利体系，目前面临的关键问题是如何将这些“城乡有别、支离破碎、四分五裂和各自为政”的社会福利项目整合为目标更为清晰、范围更为广泛、内容更为综合、体系更为系统、功能更为积极、保障水平更高的综合性社会福利体系。④ 由此可见，从“小福利”到“大福利”是实现福利体系从“补缺型”向“适度普惠型”转变的必然之路，在此过程中，福利覆盖面和供给范围不断拓展⑤，福利项目更加丰富多元，福利给付标准进一步提高⑥，

① 景天魁、毕天云：《从小福利迈向大福利：中国特色福利制度的新阶段》，《理论前沿》2009年第11期。

② 景天魁：《应对金融危机的“大福利构想”》，《探索与争鸣》2010年第1期。

③ 毕天云：《论大福利视阈下我国社会福利体系的整合》，《学习与实践》2012年第2期。

④ 刘继同：《社会福利制度战略升级与构建中国特色福利社会》，《东岳论丛》2009年第1期。

⑤ 褚福灵：《关于社会福利发展战略的若干理论问题》，人民网，http://society.people.com.cn/GB/15923077.html；岳经纶：《个人社会服务与福利国家：对我国社会保障制度的启示》，《学海》2010年第4期。

⑥ 王思斌：《我国适度普惠型社会福利制度的建构》，《北京大学学报》（哲学社会科学版）2009年第3期；高和荣：《社会福利分析视角的转型：从政治、经济到社会》，《南京大学学报》（哲学人文社会科学版）2009年第6期。

社会福利朝多元化、社会化、专业化方向发展①，福利发展经历“从小到大”（体系构成）、“从窄到广”（覆盖面）、“从低到高”（福利水平）的蜕变。

五　福利现代化的“中国道路”命题

综上所述，近年来学术界围绕构建中国特色适度普惠型社会福利制度进行了热烈探讨，提出了不少富有启发性的理论观点，如“适度普惠型福利模式”、“组合式普惠型福利模式”、“底线公平福利模式”、“全民共享的发展型福利模式”、“中福利模式”、“公平、普惠、可持续福利模式”等，这些理论观点为构建中国特色社会福利制度奠定了有益的理论启发与政策启示，也为进一步开展相关领域的研究提供了扎实的基础。尽管研究视角和理论观点不尽相同，但普遍认为，从补缺型向适度普惠型的转变是我国社会福利发展的方向，也是经济社会发展的必然结果；中国要建立的是适度普惠型社会福利制度，而不是西方福利国家意义的普惠型社会福利制度。在这些观点的背后，其实隐含着一个福利现代化的“中国道路”命题，这是研究中国社会福利发展必须直面的重要问题，关系到中国社会福利制度改革发展的道路和方向。

如前所述，在福利现代化的道路上，西方福利国家走的是高度普惠主义路线，致力于向全体公民或某一阶层的所有成员提供普遍主义和无差异化的公共福利；我国福利发展将沿着适度普惠主义路线行进，致力于让更多民众分享平等的社会福利权、均等化的基本公共服务，实现经济和社会发展成果更多、更公平地惠及全体国民。弱者优先甚于全民普惠，基本保障甚于全面保障，权利和机会均等甚于结果平等，“兜底不保顶”，兼顾经济效率与社会公平，这是我国适度普惠型社会福利制度迥异于西方全民福利国家的价值取向。在福利发展的道路上，“中国特色”的要义集中体现在适度福利、弱者优先、基本保障、全民共享。因此，构建适度普惠型社会福利制度不是推行“福利主义”，不是照搬西方福利国家的经验，更

① 胡伟、杨安华：《西方国家公共服务转向的最新进展与趋势》，《政治学研究》2009年第3期；宋士云：《中国社会福利制度的改革与转型》，《河南大学学报》（社会科学版）2010年第3期。

不是走西方福利国家的发展路线，而是要适应经济发展和福利现代化的迫切需要，高举中国特色民生主义的大旗，坚持渐进式福利发展道路，建立与中等收入水平相契合的中国特色适度普惠型社会福利制度，最终建成中国特色民生社会乃至福利社会。诚如郑功成所言，“在推进中国社会福利事业发展的进程中，我们需要的不是传统社会福利制度的简单扩张与延伸，也不是欧美国家社会福利模式的翻版，而是要走出一条与时俱进的中国式社会福利发展道路。”①

① 郑功成：《中国社会福利的现状与发展取向》，《中国人民大学学报》2013 年第 2 期。

第三章　适度普惠型社会福利制度评价指标

社会福利评价指标是评估社会福利发展水平的标尺，构建可量化的社会福利指标体系，对于推动构建适度普惠型社会福利制度具有十分重要的导向意义。适度普惠型社会福利制度的评价指标有哪些？如何评估构建适度普惠型社会福利制度的进展及效果？如何综合反映社会福利发展水平？对于这些问题，无论是学术研究还是政策制定都着墨甚少。本章在评述已有研究的基础上，尝试建立适度普惠型社会福利制度评价指标，运用社会福利指标分析我国建设适度普惠型社会福利制度的基本情况及存在的问题，为动态评估社会福利发展水平、加快构建适度普惠型社会福利制度提供理论与政策参考。

一　社会福利评价指标研究

目前国内关于普惠型社会福利指标的专门研究很少，相关研究主要集中在社会保障指标研究、民生指标研究、小康社会指标研究、幸福指数研究等方面。

（一）社会保障指标研究

朱庆芳从覆盖面（如社会保障享受人数占总人口的百分比）、支出水平（如社会保障支出占 GDP 的百分比）、地区发展差距（不同地区社会保障发展水平的差距）三个方面建立了社会保障综合评价指标。① 缪青等将社会保障评价指标分为主观指标和客观指标两个方面，主观指标用以反映人们对保障质量、保障强度、受益度的评价，客观指标用以反映社会保

① 朱庆芳：《我国社会保障指标体系综合评价》，《社会学研究》1995 年第 4 期。

障的现实运行，包括保障覆盖面、保障费用、保障规模及保障项目等。[①] 马敏娜从发展规模和水平、内容构成、效益评价、监测四个方面建立了社会保障指标体系，其中，发展规模和水平指标主要包括社会保障受益人数占总人口比重、社会保障支出占 GDP 百分比、社会保障支出占公共财政支出百分比，内容构成指标主要包括社会保险基金、社会救助基金、社会福利基金和优抚安置基金，效益评价指标主要包括城乡社保待遇受益人数之比、人口脱贫率等，监测指标主要包括基尼系数、失业率、通货膨胀率等。[②] 张立光、邱长溶将社会保障综合评价指标分为五个层次和四级子系统，内容涉及社会保险、社会救济、社会优抚和社会福利四个子目标，在分析主观评价和客观评价方法的基础上，采取应用因子分析模糊综合评价方法来评估我国社会保障发展水平。[③] 曹信邦从定量评价与定性评价两个方面探讨了社会保障绩效评估指标，其中定量指标分为社会保障总体绩效、社会保险绩效、社会救助绩效、社会优抚绩效、社会福利绩效五类，每一类下面设若干个具体指标，定性指标通过调查民众对具体福利项目的满意度来反映。[④]

林毓铭将社会保障绩效评估指标分为三类：一是职能绩效指标，反映政府在其职能范围内所表现出的绩效水平；二是影响指标，用来测量政府管理活动对整个社会经济发展成效的影响和贡献；三是潜力指标，测量社会保障潜在发展动力，每一类指标设计都在社会保险、社会福利与社会优抚、社会救助和再就业三个方面设置若干个具体指标，用以评估社会保障绩效情况。[⑤] 薛在兴探讨了社会保障总体水平、负担水平、待遇水平，其中，社会保障总体水平通过社保总支出占 GDP 的百分比来反映，负担水平通过社会保障缴费对企业利润率影响程度、职工社会保险缴费率、社会保障支出占国家财政收入的比例来反映，待遇水平通过社会保障支出水

① 缪青等：《社会保障指标体系的理论建构与指标设计》，《北京社会科学》1996 年第 2 期。

② 马敏娜：《建立我国社会保障指标体系的设想》，《中国统计》2000 年第 11 期。

③ 张立光、邱长溶：《社会保障综合评价指标体系和评价方法研究》，《管理评论》2003 年第 2 期。

④ 曹信邦：《政府社会保障绩效评估指标体系研究》，《中国行政管理》2006 年第 7 期。

⑤ 林毓铭：《社会保障政府绩效与评估指标体系》，《中南民族大学学报》（人文社会科学版）2007 年第 1 期。

平、受益人口抚养比、社会保障覆盖面等指标之间相应的计算公式来反映。① 张平从社会保障总体概况、社会保险、社会救济、社会优抚和社会福利四个方面设计了 11 个二级指标、28 个三级指标（如社会保障支出占 GDP 比重、养老保险覆盖率、农村贫困线标准等），建立了我国社会保障支出绩效评价指标体系。② 苗艳梅等从社会保障对社会问题的覆盖程度、社会保障对社会成员的覆盖程度以及社会保障转移支付水平三个方面，选择了社会保障覆盖率、社会保障支出占 GDP 比重、城乡人均社会保障支出等具体指标，建立了我国社会保障发展水平的评价指标体系。③ 褚福灵从覆盖面、保障度、持续性、高效性、公平性五个方面构建了社会保障发展指数，通过相关指标在养老保障、医疗卫生保障、就业保障、贫困保障四个方面的总体表现，动态评估近年来我国社会保障发展水平。④

综上所述，已有社会保障评价指标研究侧重社会保障发展基本状况和总体水平的评估，主要包括社会保障覆盖面、支出规模、福利待遇、绩效水平等方面的指标研究，关于普惠型社会福利评价指标的研究极为少见。在为数极少的研究中，特别值得注意的是褚福灵在《关于社会福利发展战略的若干理论问题》一文中，依据“人人享有”、“适度福利”这两个标准设计了适度普惠社会福利制度评价指标框架，其中，反映“人人享有”的指标包括：制度覆盖率、制度衔接度、实际参保率、待遇享有率等，反映“适度福利”的指标包括：保障水平指标、补贴水平指标、持续性指标和公平性指标。⑤ 褚文建立了适度普惠型社会福利评价指标框架，但并未设定具体可操作化的指标。

（二）民生指标研究

“民生”顾名思义是指“人民的生计”，即与人民物质和精神生活密切相关的民生领域，包括收入分配、就业、教育、医疗卫生、住房、社会

---

① 薛在兴：《中国社会保障水平评估指标体系研究》，《中国青年政治学院学报》2008 年第 2 期。

② 张平：《构建我国社会保障支出绩效评价指标体系》，《中国社会保障》2010 年第 7 期。

③ 苗艳梅等：《中国社会保障发展水平指标体系与实证分析》，《社会保障研究》2013 年第 3 期。

④ 褚福灵编著：《中国社会保障发展指数报告 2010》，经济科学出版社 2011 年版；褚福灵编著：《中国社会保障发展指数报告 2011》，经济科学出版社 2012 年版；褚福灵编著：《中国社会保障发展指数报告 2012》，经济科学出版社 2013 年版。

⑤ 褚福灵：《关于社会福利发展战略的若干理论问题》，人民网，http：//society. people. com. cn/GB/15923077. html。

保障等关系民众福祉的各个方面。张香云从居民收入与分配公平、教育文化发展水平、社会保障水平、公共服务水平、生存环境及安全水平五个方面选取27个指标构建民生指标体系。① 北京市统计局民生统计研究课题组从就业收入、福利保障、文化教育、健康医疗卫生、居住交通、社会安全、资源环境七个领域选取126个指标来设计北京民生统计指标体系。② 王威海、陈康强从“裕民、智民、健民、便民、助民、安民、怡民、惠民”八个方面，选取人均收入、九年义务教育完成率、平均预期寿命等55个指标来构建民生指标体系。③ 李林杰等从居民收入与消费、社会保障、就业、医疗卫生、教育、居住、环境与公共安全七大领域选取29个具体指标建构民生质量评价指标体系。④ 全国人大财经委课题组从居民生活、生态环境、社会环境和公共服务四个方面，选取收入与就业、消费、收入分配、环境治理、安全感、政府治理、义务教育、社会保障等11个二级指标中的44个三级指标构建民生指数指标体系。⑤

综合上述研究，我国民生评价指标一般涵盖收入支出、就业、社会保障、教育、医疗卫生、住房、文化体育、社会安全、公共服务和人居环境十个方面，相关指标类别及其主要评价指标见表3－1。

表3－1　　我国民生评价指标体系主要构成

序号	指标类别	主要评价指标
1	收入支出	人均可支配收入、人均消费支出、基尼系数、恩格尔系数等
2	就业	就业率、城镇登记失业率等
3	社会保障	社保综合参保率，养老、医疗卫生、失业保险参保率，福利机构床位数等
4	教育	高等教育毛入学率、九年义务教育完成率、每万人拥有大学生人数等
5	医疗卫生	每万人拥有医生数、每万人拥有病床数、医疗卫生支出、平均预期寿命等
6	住房	人均住房面积、住宅销售价格指数、住房保障支出、保障性住房总套数等

① 张香云：《民生指标体系的构建及评价导向》，《中国统计》2010年第6期。

② 北京市统计局民生统计研究课题组：《北京市民生统计指标体系建设研究》，《数据》2010年第7期。

③ 王威海、陈康强：《社会学视角的民生指标体系研究》，《人文杂志》2011年第3期。

④ 李林杰等：《民生质量评价指标体系研究》，《统计与决策》2012年第17期。

⑤ 全国人大财经委课题组：《构建民生指数指标体系、初步发现及政策建议》，http：//www.cdrf.org.cn/uploads/soft/PDF/20120329/baogao96.pdf。

续表

序号	指标类别	主要评价指标
7	文化体育	每万人公共图书馆藏书量、公共文化设施和体育场地面积、文化体育支出等
8	社会安全	食品药品安全抽样合格率、刑事和治安案件发案率、各类安全事故发生率等
9	公共服务	每万人公交车数、人均生活用水用电、公共基础设施情况、每万人社工数等
10	人居环境	万元 GDP 能耗、人均公共绿地面积、森林覆盖率、PM 综合指数、水质达标率等

近年来，一些地区探索设计民生福利指标体系并以此来综合评估民生建设情况（见表 3 – 2）。2007 年，深圳市发布《深圳市民生净福利指标体系》，选用 21 项指标，并用民生净福利指数综合反映市民的生活福利状况，相关指标涵盖收入分配与公平、社会安全、就业与社会保障、公共服务、教育和文化体育五大类别，包括人均可支配收入增长率、基尼系数、主要饮用水源水质达标率、社会保险综合参保率、人均受教育年限等 21 项具体指标。2008 年，郑州市公布《郑州市民生福利评价监测指标体系》，用“民生福利指数”反映城乡居民的生活福利状况，相关指标涉及收入分配与生活质量、安全水平、社会保障水平、国民教育水平、公共服务水平、财政公共投入六大类别的 37 项具体指标。2009 年，武汉市发布《武汉市民生净福利指标体系》，运用民生净福利指数来测评民生建设情况，相关指标包括经济发展、资源环境、收入分配、社会保障、国民教育、社会安全、公共服务七大类共 36 项具体指标等。2011 年，广东省发布《幸福广东指标体系》，幸福广东指标以社会民生指标为主，一级指标包括就业和收入、教育和文化、医疗卫生和健康、社会保障、消费和住房、公用设施、社会安全、社会服务、权益保障、人居环境十个方面，下设农村居民人均纯收入、每千人口医疗卫生机构床位数、城乡基本养老保险覆盖率、城镇保障性住房任务完成率等 49 个二级指标。

（三）小康社会指标研究

小康社会指标研究是近年来全面建设小康社会研究的重点方向。陈友华从经济发展、生活质量、社会结构和社会公平四个方面，选取人均 GDP、

表 3－2　　近年来部分省市公布的民生福利指标情况

指标来源	发布时间	一级指标	二级指标数
《深圳市民生净福利指标体系》	2007	收入分配与公平、社会安全、就业与社会保障、公共服务、教育和文化体育共五类	21
《郑州市民生福利评价监测指标体系》	2008	收入分配与生活质量、安全水平、社会保障水平、国民教育水平、公共服务水平、财政公共投入共六类	37
《武汉市民生净福利指标体系》	2009	经济发展、资源环境、收入分配、社会保障、国民教育、社会安全、公共服务共七类	36
《幸福广东指标体系》	2011	就业和收入、教育和文化、医疗卫生健康、社会保障、消费和住房、公用设施、社会安全、社会服务、权益保障、人居环境共十类	49

恩格尔系数、城市人口比例、基尼系数等 10 项指标构建了全面小康评价指标。[①] 宋林飞从经济发展、生活水平、社会发展、社会结构、生态环境五大类指标，选取城乡居民收入、城乡居民消费支出、教育支出比例、城镇人口比重等 36 项指标构建了小康社会指标体系。[②] 福建省社科联课题组将全面小康社会指标划分为经济发展水平指标、生活质量指标、人口素质指标、环境状况指标、安全保障指标五大类的 30 项具体指标。[③] 中国社会科学院下属课题组将全面小康社会指标划分为社会结构、经济与科教发展、人口素质、生活质量和环保、法制及治安五大类，运用人均 GDP、平均预期寿命、恩格尔系数等 28 个指标来综合反映全面小康社会建设情况。[④] 国家发改委下属课题组选取人均 GDP、人口城镇化率、大学普及率、基尼系数等 14 项指标编制了全面建设小康社会的指标体系。[⑤] 国务

① 陈友华：《全面小康社会建设评价指标体系研究》，《社会学研究》2004 年第 1 期。

② 宋林飞：《中国小康社会指标体系及其评估》，《南京社会科学》2010 年第 1 期。

③ 福建省社科联全面建设小康社会研究中心课题组：《福建省全面建设小康社会评估指标体系研究》，《东南学术》2004 年第 3 期。

④ 李培林、朱庆芳、张其仔等：《中国小康社会》，社会科学文献出版社 2003 年版，第 97—98 页。

⑤ 国家发改委宏观经济研究院课题组：《全面建设小康社会的目标与指标选择》，《经济学动态》2004 年第 7 期。

院发展研究中心下属课题组从经济、社会、环境和制度四个方面，选取人均 GDP、基尼系数、能源利用率、政府管理能力等 16 项指标来构建全面小康社会的指标体系。[①] 国家统计局从经济发展、社会和谐、生活质量、资源环境、民主法制、文化教育六个方面选取 23 项指标构建了全面建设小康社会统计监测体系。总的来看，全面建设小康社会指标大多涵盖了经济、政治、社会、文化和生态等各方面的内容，比民生指标所包含的内容和范围广泛得多。

（四）幸福指数研究

1972 年不丹首次提出了“国民幸福指数”的概念，并建立了相应的测量指标，从此国际社会开始关注国民幸福在社会发展中的作用。美国、英国、荷兰、日本等发达国家都开始了幸福指数的研究，并创设了不同模式的幸福指数。其中，英国提出了“国民发展指数”，法国把国民幸福感列为经济发展的重要指标，日本公布《幸福指数试行方案》。2011 年，OECD 发布幸福指数测评指标，幸福指数涵盖收入、就业、住房、教育、环境、卫生、社区生活、机构管理、安全、工作与家庭关系以及对生活条件的整体满意度 11 项指标。2012 年，联合国发布了首份《全球幸福指数报告》，比较全球 156 个国家和地区人民的幸福程度，测评指标包括教育、健康、环境、管理、时间、文化多样性和包容性、社区活力、内心幸福感、生活水平九大领域。近年来，幸福感问题逐渐成为我国政策制定和学术研究共同关注的热点问题。“幸福指数”开始进入经济和社会发展指标考核体系，北京、广东和重庆等地将“居民幸福”纳入当地“十二五”发展规划，全国各地陆续发布了多份有关国民幸福指数的测评和排名报告。其中，广东省在全国率先发布《幸福广东指标体系》，将幸福广东指标分为就业和收入、教育和文化、医疗卫生和健康等十个一级指标，下设农村居民人均纯收入、每千人口医疗卫生机构床位数等 49 个二级指标。学术界也围绕幸福感和幸福指数研究开展了热烈探讨，一般认为，幸福指数涵盖了收入消费、人际关系、生活满意度、民生福利、文化娱乐、身心健康、安全宜居等方面的指标，跨越经济、政治、社会、文化乃至生态等各个领域的内容。[②]

① 国务院发展研究中心发展战略和区域经济研究部“十一五”计划基本思路研究课题组：《详细解读全面建设小康社会指标体系的 16 项指标》，《经济参考报》2004 年 3 月 12 日。

② 黎昕等：《国民幸福指数指标体系的构建》，《东南学术》2011 年第 5 期。

综上所述，目前国内学术界专门关于普惠型社会福利指标的研究很少，但社会保障指标研究、民生指标研究、小康社会指标研究和幸福指数研究都不同程度地涉及了社会福利指标，这些研究为设计更为具体的社会福利指标提供了重要的理论参考。值得注意的是，相对适度普惠型社会福利指标，社会保障指标过于侧重社会保障发展基本状况和总体水平的评估，忽视了对福利适度性和普惠性的评测；民生指标、小康社会指标和幸福指数包含的范围和口径过于宽泛，甚至包括经济发展、收入分配、社会安全和生态环境等指标，因此不能简单套用这些指标来设计社会福利指标，否则就有“泛福利化”之嫌，容易给人“民生福利无所不包”的印象。此外，一些指标设计还存在标准相异、口径不一的问题，给不同研究之间的相互印证和进行跨地区比较研究增添了难度。有的指标选择过于庞杂，动辄数十个指标，有的研究甚至包含一百多个指标，有失社会指标设计的精练原则，即尽可能以较少的指标取得较大的分析和解释力。

二 适度普惠型社会福利评价指标设计

构建适度普惠型社会福利评价指标，首先要对适度普惠型社会福利的概念做出明确定义，同时遵循指标设计的一般原则，还要结合我国实际情况，明确指标设计框架，确定主要指标类别。

（一）主要概念的界定

首先，需明确适度普惠型社会福利的定义。普惠型社会福利的概念源于对社会福利类型划分的研究。美国学者威伦斯基和勒博提出了“补缺型社会福利”和“制度型社会福利”的概念[①]，前者是低水平、满足特定人群需要以及强调家计审查的福利，后者是高水平、满足全体公民需要以及无特定审查资格的福利。社会福利类型的另一种划分是“选择型福利”和“普惠型福利”，二者的区别在于福利对象是部分群体还是全体公民，福利资格是家计审查还是公民身份。[②] 一般认为，普惠型社会福利是指向

① Wilensky, H. L. & C. N. Lebeaux, *Industrial Society and Social Welfare*, New York: The Free Press, 1965.

② Titmuss, R. M., *Social Policy: An Introduction*, London: Allen & Unwin, 1974.

有需要者乃至全体公民提供的，涵盖基本生活主要方面、普惠全民的社会福利体系，是一种比补缺型福利发展水平更高的社会福利模式。参考国内外已有研究，结合我国现实国情，可将适度普惠型社会福利定义为：国家为有需要的公民提供的，包括基本生活、教育、医疗卫生、住房和社会服务主要方面，与中等发展水平相适应，具有较广覆盖、较高水平的社会福利体系。

（二）社会福利指标设计原则

一般而言，指标设计需要遵循如下原则。第一，科学性原则，各指标含义明确，编制方法科学，不同指标之间相互补充、互相支撑，各指标共同组合为层次分明、相互补充、有机衔接的指标体系。第二，完整性原则，指标体系应比较完整，涵盖社会福利的主要领域和各领域的主要方面，能够综合反映社会福利总体水平及规模。第三，代表性原则，选择有代表性的主要指标，以具有代表性的重要指标来反映社会福利基本态势。第四，简练性原则，适当减少指标的层次和数量，尽可能以较少的指标获得较大的分析和解释效力。第五，可操作性原则，所设计的福利指标最好有可靠的数据来源和相对应的政策项目，能够有效地进行量化评价。第六，可比性原则，有比较准确、统一的统计口径，定性指标与定量指标相结合，便于计算、统计和评估，可以在不同时期、不同地区之间进行纵向和横向的比较分析。

（三）社会福利指标评价项目

虽然适度普惠型社会福利并无统一的定义，但一般认为，适度普惠型社会福利是国家向有需要者乃至全体公民提供的，涵盖基本生活主要方面，与中等收入水平相适应，具有较广覆盖和较高水平的社会福利体系。目前我国社会福利体系主要由社会救助、社会保险、社会服务和公共福利等福利制度构成①，其中，社会救助主要包括低保、专项救助和临时救助，社会保险主要包括养老、医疗卫生、失业等保险，社会服务

---

① 就广义福利的范畴而言，我国社会福利体系覆盖了社会救助、社会保险、优抚安置、社会福利（狭义福利）以及教育、医疗卫生和住房等福利制度，其中，教育、医疗卫生、住房面向各类有需要的群体，具有公共福利和适度普惠的特征，这里用公共福利来统称上述三项福利制度，以体现其公共性和普惠性；优抚安置主要是针对符合条件的军人及其亲属的特殊性福利，鉴于其对象的特殊性这里未纳入适度普惠型福利项目评价范围；狭义社会福利主要是指为弱势群体提供的各类社会服务，主要包括老人、残疾人、儿童和社区等社会服务，为避免广义福利和狭义福利的概念混淆，这里用社会服务来统称相关狭义福利服务。

主要包括儿童服务、老人服务和残疾人服务等，公共福利主要包括教育、医疗卫生和住房等项目。从社会福利评价项目看，基于我国社会福利体系主要构成，可以从“社会救助、社会保险、社会服务、公共福利”四大类项目来综合反映我国构建适度普惠型社会福利制度的进展情况。

（四）社会福利指标设计框架

福利普惠（universality）有两层基本含义：一是“普”，即广覆盖面（broad coverage）；二是“惠”，即高给付水平（high level）。[①]“普”意味着广覆盖面和高包容性，能覆盖各类民生对象，基本实现全民普惠。“惠”意味着较大的福利支出规模，福利保障水平较高，能满足各类民生对象的福利需求，充分惠及民生。普惠型社会福利制度的重要特征就是具有较广的福利覆盖面和较高的福利水平，这说明可以从覆盖面和保障度两个方面评估适度普惠型社会福利发展水平。此外，评价福利普惠性还应考虑福利的规模和结构以及福利的包容性，这是因为普惠型社会福利制度还具有两个重要特征：一是具有较大的福利规模和较完善的福利支出结构；二是具有较高的福利包容性和普惠性。基于福利普惠的上述特征及要义，可以从“福利覆盖面指标（coverage）、福利保障度指标（level）、福利规模性指标（size）、福利包容性指标（inclusiveness）”四个方面来综合反映适度普惠型社会福利制度建设情况。其中，覆盖面指标主要反映福利可获得性及覆盖范围，福利保障度指标主要衡量福利标准及保障水平，福利规模性指标主要评价总体福利规模和结构，福利包容性指标主要反映福利资源分配公平性及基础公共服务均等化程度。综上所述，适度普惠型社会福利制度评价指标，以社会救助、社会保险、社会服务和公共福利等福利制度为对象[②]，以福利覆盖面、福利保障度、福利规模性、福利包容性为评价指标，可以综合反映构建适度普惠型社会福利制度的总体情况（见图3－1）。

---

① Andreas Bergh, “The Universal Welfare State: Theory and the Case of Sweden”, *Political Studies*, 2004, Vol. 52, p. 750.

② 在图3－1中，社会救助、社会保险、社会服务、公共福利完整地覆盖了社会保障、教育、医疗卫生、住房和社会服务五项福利制度，而这五项福利制度被国际社会公认为社会政策的五个关键领域，参见［英］哈特利·迪安《社会政策学十讲》，岳经纶、温卓毅、庄文嘉译，格致出版社、上海人民出版社2009年版，第49页。

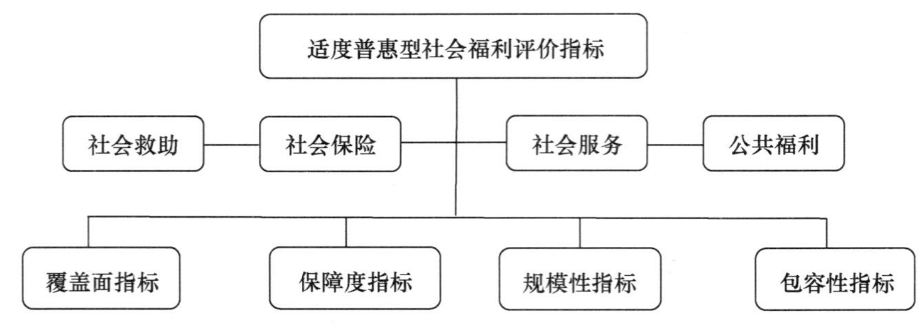

图3－1　适度普惠型社会福利指标设计框架

三　适度普惠型社会福利评价指标与方法

综合考虑数据可获得性及指标代表性和简练性，可以从覆盖面指标、保障度指标、规模性指标、包容性指标四个方面编制适度普惠型社会福利制度评价指标体系，通过计算福利水平指数和发展指数，可以横向比较不同地区的社会福利发展水平，纵向比较同一地区在不同时间序列的社会福利发展水平。

（一）社会福利评价指标体系

本书根据覆盖面指标、保障度指标、规模性指标、包容性四个一级指标，从社会救助、社会保险、社会服务和公共福利四类福利项目中，选取低保覆盖率、养老保险参保率、人均社会服务支出、人均社会支出、养老保险替代率、社会支出占政府支出比例等25个二级指标，构成了适度普惠型社会福利制度评价指标体系（见表3－3）。

其中，福利覆盖面指标包含7个二级指标，福利保障度指标包含6个二级指标，福利规模性指标包含6个二级指标，福利包容性指标包含6个二级指标，每个一级指标和二级指标都相应地赋予一定的权重，可以进行加总和比较分析，通过计算水平指数和发展指数来反映和评估社会福利发展水平。需要指出的是，相关指标设计不求面面俱到，但求精练适切，主要考虑了我国社会福利实际情况以及数据可获得性，并适当参考了国际上评估社会福利水平的指标（如社会支出占GDP百分比、社会支出占政府支出百分比等）。

表 3－3　　适度普惠型社会福利制度评价指标体系

一级指标	权重（%）	编号	二级指标	权重（%）	指标解释
覆盖面指标 coverage	25	A1	低保覆盖率（%）	18	低保人口数/户籍人口数
		A2	养老保险覆盖率（%）	14	养老保险实际参保人数/养老保险应参保人数
		A3	医疗卫生保险覆盖率（%）	14	医疗卫生保险实际参保人数/医疗卫生保险应参保人数
		A4	失业保险参保率（%）	14	失业保险实际参保人数/失业保险应参保人数
		A5	每万人福利机构床位数	14	社会福利机构床位数（社会服务机构、注册社工）/常住人口数（万人）
		A6	每万人社会服务机构数	13	
		A7	每万人注册社工数	13	
保障度指标 level	25	B1	人均社会服务经费	16	社会服务经费支出/户籍人口数
		B2	低保标准占人均收入比（%）	16	低保年人均保障标准/居民当年人均可支配收入
		B3	城乡养老保险替代率（%）	16	当年城乡基本养老保险平均养老金/同年城乡居民平均收入
		B4	失业保险替代率（%）	16	当年失业人员平均失业保险金/同年职工平均工资
		B5	城镇基本医保基金补偿率（%）	16	（城镇职工基本医保基金补偿率＋城镇居民基本医保基金补偿率）/2
		B6	人均社会支出（元）	20	社会支出/户籍人口数
规模性指标 size	25	C1	社会支出占 GDP 比（%）	14	社会支出＝社保和就业支出＋教育支出＋医疗卫生支出＋住房支出
		C2	社会支出占财政支出比（%）	14	
		C3	社保和就业支出占财政支出比（%）	18	广义财政支出＝公共财政支出＋（社会保险基金支出－公共财政对社会保险基金的补助）＋政府性基金支出
		C4	教育支出占财政支出比（%）	18	
		C5	医疗卫生支出占财政支出比（%）	18	
		C6	住房支出占财政支出比（%）	18	

续表

一级指标	权重（%）	编号	二级指标	权重（%）	指标解释
包容性指标 inclusiveness	25	D1	城乡低保标准比	16	农村低保平均标准/城市低保平均标准
		D2	城乡养老保险覆盖率比	16	新型农村社会养老保险覆盖率/城镇基本养老保险覆盖率
		D3	城乡人均社保支出比	16	农村人均社保支出/城市人均社保支出
		D4	城乡人均医疗卫生费比	16	农村人均医疗卫生费/城市人均医疗卫生费
		D5	城乡义务教育生均经费比	16	农村义务教育生均经费/城市义务教育生均经费
		D6	城乡人均社会支出比	20	农村人均社会支出/城市人均社会支出

（二）社会福利指数计算方法

可以从水平指数与发展指数两个方面来计算社会福利指数，评估社会福利发展水平。其中，水平指数是根据各指标当年实际完成情况计算，反映各地社会福利发展总体状况，主要用于不同地区社会福利发展水平的横向比较。发展指数是根据各指标相比上年的变动情况计算，反映某地过去一年社会福利发展成效，主要用于同一地区在不同时间序列社会福利发展水平的纵向比较。两种指数的计算步骤都一样：首先计算二级指标指数，然后将各二级指标指数乘以相对应权重后汇总为一级指标指数，最后将各一级指标指数乘以相对应权重后汇总为总指数。下面参考《幸福广东指标体系评价方法》，简要介绍两种指数的计算方法。①

根据各指标当年实际完成情况计算，主要反映当年社会福利总体状况。对于二级指标指数计算方法，根据不同指标数值可以采取两种计算方法：一是直接赋值法，主要针对指标值为百分率的项目，其水平指数＝本年度某地实际值×100，设 M_{il} 为某地第 l 项指标水平指数，V_{il} 为某地第 l 项指标数值，则计算公式为：$M_{il} = V_{il} \times 100$。二是最优值比较法，主要针

① 广东省人民政府：《印发幸福广东指标体系的通知》，http：//zwgk. gd. gov. cn/006939748/201110/t20111012_ 285762. html。

对指标值为其他数值的项目，用于不同地区进行比较分析，具体计算方法为水平指数 = 本年度某地实际值/本年度各地区实际值最大值 ×100，设 M_{il}为某地第 l 项指标水平指数。$V_{i,\max}$为区域内各地第 l 项指标 V_{il} 的最大值，则计算公式为：

$$M_{il}=\frac{V_{il}}{V_{i,\max}}\times 100$$

一级指标指数计算方法是将各二级指标指数乘以相对应权重（设为 θ_{1i}）后汇总，得到各一级指标指数。将各一级指标指数乘以相对应权重后（设为 θ_{2i}）汇总，得到总水平指数。设 M_i 为水平指数，则计算公式为：

$$M_i = \sum M_{il} \times (\theta_{1i} \times \theta_{2i})$$

根据各指标相比上年的变动情况计算，主要反映过去一年社会福利发展成效。发展指数 = （本年度某地指标实际值/上一年度某地指标实际值） ×100。设 N_{ij}为 i 地第 j 项指标发展指数，V_{ij}为 i 地第 j 项指标本年数值，V_{lij}为 i 地第 j 项指标上年实际值，则计算公式为：$N_{ij} = (V_{ij} \times 100) \div V_{lij}$。以上是二级指标指数，将各二级指标指数乘以相对应权重（设为 θ_{1i}）后，得到各一级指标指数，再将各一级指标指数乘以相对应权重（设为 θ_{2i}）后，得到总发展指数 N_i，$N_i = \sum N_{ij} \times (\theta_{1i} \times \theta_{2i})$。

综上所述，目前国内很少有研究论及普惠型社会福利评价指标，更鲜有研究建立适度普惠型社会福利评价指标体系，这不利于综合反映我国社会福利发展水平、动态评估构建适度普惠型社会福利制度进展成效。本研究根据覆盖面指标、保障度指标、规模性指标和包容性指标，从社会救助、社会保险、社会服务和公共福利四类项目中设计 25 个二级指标，构建了我国适度普惠型社会福利制度评价指标体系，通过计算福利水平指数和发展指数，可以横向比较不同地区的社会福利发展水平，纵向比较同一地区在不同时间序列社会福利发展水平，相关指标设计对于动态评估我国社会福利发展水平、加快构建适度普惠型社会福利制度具有一定的参考意义。

四　适度普惠型社会福利评价指标分析

运用适度普惠型社会福利制度评价指标，可以分析和评估我国社会福利发展水平（见表 3 –4）。需要指出的是，由于表 3 –4 中只是选择了相

表 3-4　2010—2011 年全国构建适度普惠型社会福利制度评价指标表现

一级指标	二级指标	单位	2010 年	2011 年
覆盖面指标	低保覆盖率	%	5.61	5.63
	城乡养老保险覆盖率*	%	41.39	62.88
	城乡医疗卫生保险覆盖率*	%	94.27	96.56
	失业保险参保率	%	44.26	57.81
	每万人社会服务机构床位数	个	26.07	29.42
	每万人社会组织数	个	3.32	3.43
	每万人注册社工数	个	0.06	0.08
保障度指标	人均社会服务经费	元	201.17	239.66
	低保标准占人均收入比	%	17.65	17.96
	城乡养老保险替代率*	%	45.60	45.59
	失业保险待遇替代率*	%	62.78	60.13
	城镇基本医保基金补偿率*	%	79.05	75.40
	人均社会支出	元	2380.60	2860.00
规模性指标	社会支出占 GDP 比重	%	7.95	8.15
	社会支出占财政支出比重	%	22.73	23.39
	社保和就业支出占财政支出比重	%	6.71	6.82
	教育支出占财政支出比重	%	10.84	10.26
	医疗卫生支出占财政支出比重	%	3.42	3.90
	住房支出占财政支出比重	%	1.77	2.40
包容性指标	城乡低保标准比		0.47	0.52
	城乡养老保险覆盖率比		0.34	1.00
	城乡人均社保支出比		—	—
	城乡人均医疗卫生费比		0.29	0.32
	城乡义务教育生均经费比		0.89	0.91
	城乡人均社会支出比		—	—

说明：1. 主要资料来源为 2011—2012 年《中国统计年鉴》、《全国公共财政支出决算表》、《全国政府性基金收入决算表》、《全国社会保险基金收支决算》、《全国社会服务发展统计公报》、《中国卫生统计年鉴》、《全国教育经费执行情况统计公告》。2. 表中“—”表示资料缺省值。3. 有“*”记号的指标数据来源为褚福灵编著《中国社会保障发展指数报告 2012》，经济科学出版社 2013 年版，第 16—18 页。

关主要福利指标和2011—2012年统计数据，并未根据指标值和权重来计算综合福利指数，所以这种数据分析还存在明显的局限性，但毕竟可以管中窥豹，在一定程度上反映我国社会福利的发展水平。从表3－4可见，近年来我国民生建设驶入快车道，社会福利总体水平不断提高，福利覆盖面、保障度、规模性和包容性等绝大部分指标值都处于上升态势。但整体而言，我国社会福利总体支出水平和普惠化程度还不高，与建立适度普惠型社会福利制度的目标相比依然存在比较明显的差距，这集中表现在如下几个方面。

（一）覆盖面指标表现

从福利覆盖面指标看，低保覆盖率、城乡医疗卫生保险覆盖率相对较为理想。2011年，全国共有低保对象约7400万人，占全国总人口的5.63%，从总体上看，符合条件的低保对象基本上都被纳入了低保范围，最低生活保障基本上实现了动态调节、“应保尽保”。近年来我国低保人数基本上保持在7000万左右，低保覆盖率在5%上下浮动。2013年第三季度，全国城市低保人数为2081.10万人，农村低保人数为5344.68万人，城乡低保人数的覆盖率分别为2.85%、8.49%。[①] 我国城乡医疗卫生保险覆盖率在2010年达到94.27%，2011年进一步提高到96.56%，2011年我国人口总数为134735万人，按照这一人口基数计算，2011年我国基本医疗卫生保险参保人数突破13亿人，从参保人数看我国已初步建立了全民基本医保制度，下一步要不断提高医疗卫生保障水平，进一步整合城乡居民基本医保制度，完善政府、单位和个人责任分担的基本医保筹资机制。

相比之下，城乡养老保险覆盖率和失业保险参保率都不高，并未真正实现应保尽保、民生对象全覆盖。2010年、2011年失业保险参保率分别仅为44.26%、57.81%，失业保险参保率不足60%，相当一部分就业人口游离在失业保险安全网之外，其中一个主要社会群体就是农民工。根据人力资源和社会保障部的统计，2013年全国农民工总量达到26894万人，参加失业保险的农民工人数为3740万人，仅占农民工总人数的13.91%，超过80%的农民工未被纳入失业保险。[②] 此外，我国城乡养老保险覆盖率

---

① 城乡低保覆盖率的计算方法是分别以城乡低保人数除以当年城乡人口总数，2013年城乡人口总数分别为73111万人、62961万人。

② 资料来源：人力资源和社会保障部《2013年度人力资源和社会保障事业发展统计公报》。

虽未实现全员覆盖，但近年来稳步提高，覆盖面不断扩大。2010 年城乡养老保险覆盖率仅为 41.39%，2011 年增加到 62.88%，2013 年达到 79.7%。2013 年末全国参加基本养老保险人数为 81968 万人，其中城镇职工基本养老保险人数为 32218 万人，占总参保人数的 39.31%；城乡居民基本养老保险参保人数为 49750 万人，占总参保人数的 60.69%。目前，我国还有 2 亿多人口游离于养老保险制度之外，养老保险要实现全员覆盖、应保尽保，依然有着很大的改进和提升空间。

每万人社会组织数和每万人注册社工数是衡量社会服务发展水平的两个重要指标。一般而言，如果一个地区社会组织数量多、专业社工人数多，那么其社会服务发展水平往往也较高，这是因为，社会组织和社会工作者是社会服务特别是直接社会服务最重要的供给者。例如，在香港，社会组织提供 90% 以上的直接社会服务，社会组织雇佣的社会工作人员占全部社会服务工作人员的 80%。从上述两个指标看，我国内地社会服务发展水平还不高，至少社会化、专业化水平还不高。2011 年全国每万人拥有注册社工数仅 0.08 个，每万人拥有社会组织数仅 3.43 个。相比之下，我国香港地区每万人拥有注册社工数达到 26 个，每万人拥有社会组织数达到 38 个。早在 20 世纪 90 年代，发达国家每万人拥有社会组织数量一般都超过 50 个，如法国为 110 个、日本为 97 个、美国为 52 个，许多发展中国家也超过 10 个，如巴西为 13 个、阿根廷为 25 个。①

（二）保障度指标表现

从保障度指标看，人均社会支出、人均社会服务经费、城乡养老保险替代率、失业保险待遇替代率等福利指标值明显偏低，这从不同角度反映了我国福利保障水平还比较低，偏向基本保障、底线保障。2011 年全国人均社会支出（含教育支出）为 2860 元，如果剔除教育支出，人均社会支出为 1605 元。相比之下，2009 年 OECD 国家人均社会支出（不含教育支出）达到 7605 美元，按当时汇率计算约合人民币 47866 元②，是我国人均社会支出（不含教育支出）的 30 倍。对于这种悬殊的福利水平差距，一种最常见的解释是，因为 OECD 成员国是发达国家，而我国是发展中国家，经济发展水平远低于前者，所以福利水平低于前者不仅正常并且相当合理。但进

① 邓伟志、钱海梅：《中国社团发展的八大趋势》，《学术界》2004 年第 5 期。

② 资料来源：OECD，StatExtracts，http：//stats. oecd. org/。

一步分析便可发现，相比经济水平差距，我国与发达国家在福利水平方面的差距往往更为悬殊。2011 年，我国人均 GDP 约 5414 美元①，OECD 成员国人均 GDP 平均为 35919 美元②，是我国人均 GDP 的 6.6 倍，这种差距仅相当于人均社会支出（不含教育支出）差距的 22%。③

2011 年，我国内地社会服务经费为 3229.1 元，人均社会服务经费为 239.66 元。同年，香港社会服务经费为 294.67 亿元（港币），人均社会服务经费达到 41678.93 元（港币），人均社会服务经费按当时汇率计算约合人民币 33772.44 元，是内地人均社会服务经费的 141 倍，差距相当悬殊。需要说明的是，内地社会服务经费数据来源于民政部统计，主要是指民政系统的社会服务经费，具体包括低保、专项救助、临时救助、防灾救灾、抚恤支出等支出。香港社会服务经费数据来源于香港社会福利署统计，主要包括综援④、公共福利金、三个意外伤亡赔偿及紧急救济。虽然两地社会服务经费的统计口径和内涵不尽相同，但两者所含主要项目比较相近，如都包含了最低生活保障、临时救助、高龄及残疾人津贴、紧急救济等支出，所以这种比较能够在一定程度上说明问题，至少说明与香港地区相比，我国内地社会服务支出水平明显偏低。

2011 年，我国城乡低保平均标准为 215.4 元，城乡居民家庭人均可支配收入为 1199.46 元，低保标准仅占人均收入的 17.96%。2013 年，我国内地城市低保月人均补助水平仅为 264 元，城镇居民家庭人均可支配收入为 2246 元，低保人均补助标准仅为人均可支配收入的 11.75%；农村低保月人均补助水平仅为 116 元，农村居民家庭人均可支配收入为 741 元，低保人均补助标准仅为人均可支配收入的 15.66%。⑤ 考虑到当前收入水平和物价水平，这种保障水平相当低，是名副其实的“最低生活保障”。有研究通过测算发现，“低保线”甚至低于城镇绝对贫困线，仅略

① 资料来源：2012 年 4 月 17 日国际货币基金组织发布的 2011 年世界各国/地区人均 GDP 数据。

② 资料来源：OECD，StatExtracts，http：//stats. oecd. org/。

③ 毋庸置疑，仅采用人均 GDP 和人均社会支出两个指标作对比，无法得出准确的结论，但作为参考指标使用，也具有一定的说服力，至少说明有些关键福利指标的差距比有些关键经济指标的差距更大。

④ 综援是“综合社会保障援助计划”的简称，主要是为经济困难的人士提供基本生活保障，资金主要来源于税收和政府拨款，面向收入低于一定水平的贫困群体，类似内地的最低生活保障制度。

⑤ 资料来源：民政部《2013 年社会服务发展统计公报》；国家统计局《国家数据》。

高于贫困线中的食物贫困线，严重低于相对贫困线。也就是说，低保线只是保障最基本的生存所需，属于“生存贫困线”①。

此外，我国城乡养老保险替代率、失业保险待遇替代率都不高，2011年失业保险待遇替代率为60.13%；2011年全国城乡养老保险替代率仅为45.59%，低于国际警戒线55%的标准。按照国际经验，如果替代率大于70%，劳动者在退休后可维持退休前的生活水平；如果替代率在60%—70%，劳动者在退休后也可以维持基本生活水平；若养老金替代率低于50%，则生活水平较退休前会有大幅下降。因此，国际劳工组织建议养老金替代率最低标准为55%。近十余年来，我国养老金替代率一直下降，目前已跌落国际警戒线水平，这种养老保险替代率水平只能“保基本”。不少专家警告，如果养老金替代率继续长期保持下滑趋势，连“保基本”的目标都会受到威胁，在人口老龄化日益凸显的背景下，今后的“老有所养”将变成一个严重的社会问题。

（三）规模性指标表现

从规模性指标看，可以发现我国社会支出总体规模依然偏小，占公共财政支出以及GDP的比重不高。2011年，我国GDP总量为473104.05亿元，国家公共财政支出为164769.21亿元，公共财政支出占GDP的比重为34.83%；其中用于社保和就业、教育、医疗卫生、住房等方面的社会开支为38534.31亿元，社会支出占国家公共财政支出的23.39%，占GDP的8.15%。根据有关研究的测算，2007年，OECD国家社会支出占广义政府（general government expenditure）支出的比重平均为61.8%，占GDP的比重平均为24.4%。② 相比之下，我国社会支出占公共财政支出的比重和占GDP的比重分别只相当于OECD国家平均水平的38%、33%，尚达不到其一半的水平。根据国务院发展研究中心课题组的计算，即使人均GDP为3000—6000美元的国家，社会支出占广义政府支出的比重一般也达到40%甚至50%的水平，相比之下，我国社会支出占公共财政支出

① 张建华等：《贫困测度与政策评估——基于中国转型时期城镇贫困问题的研究》，人民出版社2010年版。

② OECD国家社会支出并不包括教育支出，但考虑到在我国，教育历来是社会政策和民生福利的重要内容，加之在国内大多数研究中，教育支出也被列为社会支出，因此，这里所讲的社会支出是经过改进后的社会支出，其中包括了教育支出，另外还有医疗卫生、住房、社会保障和就业支出。具体计算方法参见贡森、葛延风等《福利体制和社会政策的国际比较》，中国发展出版社2012年版，第217—218页。

的比重明显偏低。[①]

从分项指标看，除了教育支出之外，我国社保和就业、医疗卫生、住房等社会支出占公共财政支出的比重都不高。2011 年，教育支出占公共财政支出的比重为 10.26%，社保和就业支出占公共财政支出的 6.82%，医疗卫生支出占公共财政支出的比重不足 4%，住房支出所占比重不足 3%。早在 1996 年，香港住房、医疗卫生和社会福利等支出占公共财政支出的比重分别达到 11.5%、11.9%、8.5%。[②] 相比之下，就相关福利项目占公共财政支出的百分比而言，目前我国内地住房、医疗卫生支出水平尚达不到 20 世纪 90 年代中期香港对应项目支出水平的 50%。由图 3－2 可见，2011 年，我国医疗卫生支出占 GDP 的百分比为 5.2%，其他国家分别是美国（17.7%）、丹麦（10.9%）、OECD 平均（9.3%）、以色列（9.2%）、俄罗斯（6.2%）、南非（8.5%）、智利（7.5%），我国医疗卫生支出所占 GDP 比重不仅远低于 OECD 发达国家，也明显低于南非、智利等发展中国家。

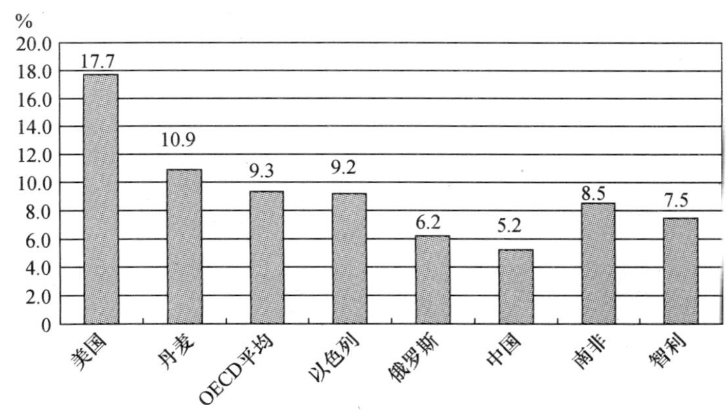

图 3－2　2011 年部分国家医疗卫生支出[③]占 GDP 百分比

资料来源：Health at a Glance 2013 OECD Indicators。

① 贡森、葛延风等：《福利体制和社会政策的国际比较》，中国发展出版社 2012 年版，第 217—221 页。

② 桂世勋、黄黎若莲主编：《上海与香港社会政策比较研究》，华东师范大学出版社 2003 年版，第 31 页。

③ 需要特别指出的是，图 3－2 中的医疗卫生支出包括了公共部门与私人部门用于医疗卫生服务和物品的各项支出，表 3－4 中的医疗卫生支出仅指国家财政用于医疗卫生的公共支出，两个地方的统计口径不同。

在分项指标中，即使是相对较高的教育支出水平，我国与 OECD 发达国家甚至与一些发展中国家还存在明显的差距（见图 3－3）。2010 年，OECD 国家教育支出占 GDP 的平均比重为 6.3%，占公共支出的平均比重为 13%，其中，韩国、新西兰、美国、以色列等国家的教育支出占 GDP 的比重均超过 7%。2010 年，我国教育支出占 GDP 的 3.8%，占公共支出的 10.8%。相比之下，我国教育支出占公共支出的比重已经超过 10%，接近 OECD 国家的平均水平 13%；但就教育支出占 GDP 的比重而言，与 OECD 国家的差距还比较大，甚至明显落后于阿根廷（6.8%）、智利（6.4%）、墨西哥（6.2%）。

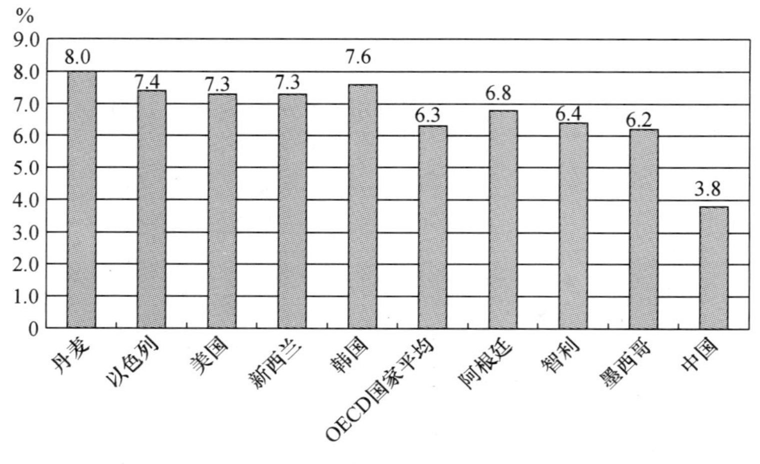

图 3－3　2010 年部分国家教育支出占 GDP 百分比

资料来源：Education at a Glance 2013 OECD indicators。

（四）包容性指标表现

从包容性指标看，不同指标的城乡均等化表现具有明显的差异，具体而言，城乡养老保险覆盖率、城乡义务教育生均经费比差距较小，城乡低保标准比、城乡人均医疗卫生费比差距较大，这在一定程度上反映了我国城乡基本公共服务均等化的实际进程。一方面，近年来我国基本公共服务均等化水平不断提高，城乡社会福利一体化进程快速推进。对此，有研究者运用基本公共服务指数来反映我国基本公共服务均等化程度，通过统计测算发现，2000—2011 年我国基本公共服务指数从 39.45% 提高到 59.97%，公共服务均等化水平保持逐年稳步上升的态势。[①] 另一方面，从总体上看，我国城乡基本公共服务均等化水平还不高，城乡社会福利发展水平依然存在明显的差距。有学者测算，城乡二元体制导致城乡之间社会保障财政支出相差悬殊，城市人均社会保障费用支出是农村的 90 多倍，60% 的农民仅占有不足 30% 的国家公共福利资源。[②]

在包容性指标中，城乡养老保险覆盖率、城乡义务教育生均经费比两项指标表现较好。2010 年，城乡养老保险覆盖率比为 0.34，2011 年该项指标为 1.00，换言之，2010—2011 年，城乡养老保险覆盖率差距急剧缩小，农村养老保险覆盖率与城市养老保险覆盖率之间的比值从 0.34 剧增到 1.00，农村养老保险覆盖率首次与城市养老保险覆盖年齐平。城乡义务教育经费差距持续缩小，2010 年，城乡义务教育生均经费比[③]为 0.89，2011 年这项指标值为 0.91，换言之，2010—2011 年，农村义务教育生均经费占城市义务教育生均经费的百分比从 89% 提高到 91%。

城乡低保标准比、城乡人均医疗卫生费比两项指标表现不理想。2011 年，全国城市低保平均标准为 330.1 元/月，农村低保平均标准为 172.32 元/月，农村低保标准仅为城市的 52%，农村与城市低保标准比值偏低反映了城乡最低生活保障水平存在明显差距。在包容性指标中，城乡人均医疗卫生费差距最大。2011 年农村人均医疗卫生费仅为城市的 32%。当年城市医疗卫生经费为 18542.37 亿元，农村医疗卫生经费为 5726.41 亿元，前者是后者的 3.24 倍；城市人均医疗卫生经费为 2695.1 元，农村人均医疗卫生经费为 871.6 元，前者是后者的 3.09 倍。[④] 就城乡居民医疗卫生保健支出而言，2011 年城镇居民人均医疗卫生保健支出为 969.0 元，农村居民人均医疗卫生保健支出为 436.8 元，前者是后者的 2.22 倍。就城乡医疗卫生机构床位数而言，2011 年城市每千人口医疗卫生机构床位数为

① 吴翌琳、谷彬：《中国基本公共服务均等化统计监测研究》，《管理现代化》2013 年第 3 期。

② 杨艳东：《我国劳动者的福利差距与社会保障制度的公平性——基于就业所有制性质的视角》，《学术界》2013 年第 3 期。

③ 城乡义务教育生均经费比 = 农村义务教育生均经费/城市义务教育生均经费，其中城乡义务教育生均经费分别根据城乡义务教育国家财政教育经费以及全国小学、初中生在校生人数而计算所得。

④ 资料来源：国家卫生和计生委《2012 中国卫生统计年鉴》。

6.24，农村每千人口医疗卫生机构床位数为2.8，前者是后者的2.23倍。表3－5是2011年城乡医疗卫生事业部分指标比较，从中不难发现城乡医疗卫生事业发展水平差距较大，城乡医疗卫生基本公共服务均等进程依然任重而道远。

表3－5　　2011年城乡医疗卫生事业部分指标比较

	城市	农村
医疗卫生经费（亿元）	18542.37	5726.41
人均医疗卫生经费（元）	2695.1	871.6
居民医疗卫生保健支出（元）	969.0	436.8
每千人医疗卫生机构床位数（张）	6.24	2.8

资料来源：国家卫生和计生委《2012中国卫生统计年鉴》。

五　初步结论与启示意义

上文从覆盖面、保障度、规模性以及包容性四类指标分析了我国构建适度普惠型社会福利制度的基本情况，如前所述，在四类指标中，保障度指标整体偏低，相关指标反映了我国福利保障水平还比较低，偏向基本保障、底线保障；规模性指标值不高，社会支出占公共财政支出以及GDP的比重偏低，除了教育支出之外，社保和就业、医疗卫生、住房等社会支出占公共财政支出的百分比都不高，教育支出占GDP的百分比与发达国家的差距较大，甚至落后于阿根廷、智利、墨西哥等发展中国家；覆盖面指标和包容性指标分化明显，一部分指标表现较好，另一些关键指标表现较差，例如，城乡低保水平悬殊，城乡医疗卫生基本服务均等化水平偏低，城乡养老保险覆盖率和失业保险参保率不高，未能实现应保尽保、全员覆盖。总体上，我国民生改善和福利发展处于快车道，但与发达国家相比，社会福利总体支出水平和普惠化程度还不高，与建立适度普惠型社会福利制度的目标依然存在较大的差距。

需要特别强调两点：第一，以上分析基于部分福利指标，并且主要选取了2011—2012年统计数据，这种分析存在一定的局限性，难以反映我国社会福利发展的全貌，但毕竟可以管中窥豹，在一定程度上反映我国社会福利的发展水平；第二，所谓指标值偏低或者偏高乃是相对而言的，从横向比较的角度看不少福利指标值偏低，但从纵向比较的角度看大部分福利指标值都处于上升态势。上文有关指标比较，特别是保障度指标和规模性指标的比较，主要是以OECD发达国家、我国香港地区以及部分发展中国家作为参照物而进行的横向比较①，以发达国家和地区为基准进行横向比较，我国有些福利指标值（如人均社会支出、社会支出占公共财政支出以及GDP的百分比）难免会显得偏低；但如果作纵向比较，会发现近年来我国总体福利水平不断提高，福利覆盖面、保障度、规模性和包容性等大部分指标值都处于上升态势，民生建设取得令人瞩目的成绩。因此，分析我国社会福利发展与发达国家存在的差距，绝不是要淡化我国社会福利建设所取得的成绩，而是为了进一步找出差距、发现不足、明确目标，加快构建适度普惠型社会福利制度的进程。

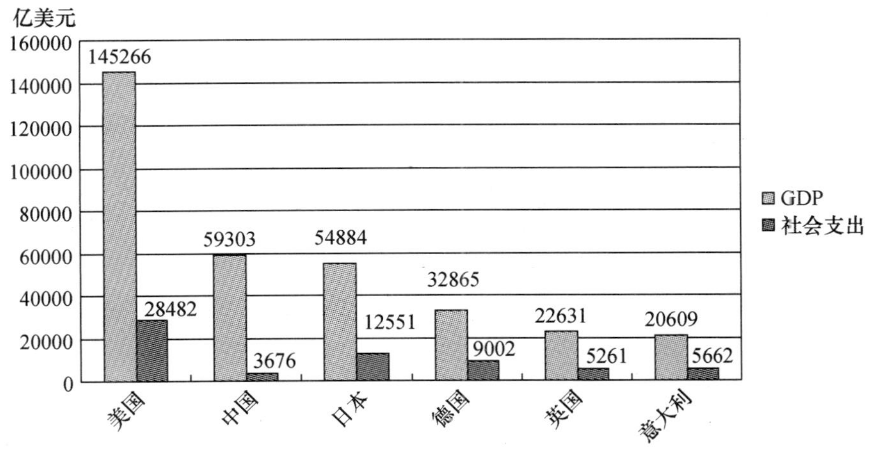

图3-4　2010年部分国家GDP总量及社会支出

说明：1. 图中英国和意大利的社会支出为2009年数据。2. OECD数据库提供的各国社会支出单位为各国货币，图中的数据是经笔者根据当时汇率折算后的单位为美元的数据。3. 图中的社会支出不包括教育支出。4. 社会支出数据来源：OECD，StatExracts Social Expenditure - Aggregated data；GDP资料来源：International Monetary Fund World Economic Outlook Database，April 2012。

① 选择发达国家和地区作为参照物，主要是为了便于找出差距，发现不足，明确目标，更好地借鉴发达国家和地区的福利经验，从而加快构建适度普惠型社会福利制度的进程。

过去，我们在比较中国与西方发达国家的发展差距时，往往习惯于比较经济发展水平的差距，而忽视了福利发展水平的差距。从图 3－4、图 3－5可见，我国经济总量位居世界第二，但社会支出无论是从绝对水平还是从相对水平看，都远低于世界其他主要经济体。[①] 2010 年，我国 GDP 为 59303 亿美元，经济规模位居世界第二，仅次于美国（145266 亿美元），但当年我国社会支出（不含教育支出）仅为 3676 亿美元，世界其他主要经济体及其社会支出（不含教育支出）分别为美国 28482 亿美元、日本 12551 亿美元、德国 9002 亿美元、英国 5261 亿美元、意大利 5662 亿美元，我国社会支出远低于上述发达国家；当年，我国社会支出占 GDP 的百分比为 6.2%，美、日、德、英、意等国家社会支出占 GDP 的百分比分别为 19.6%、22.9%、27.4%、23.3%、27.5%，我国社会支出占 GDP 的比重也远低于上述发达国家。[②] 由此可见，相比经济发展水平的差距，我们与西方发达国家在福利发展水平上的差距往往更为悬殊。我国在经济规模上已经跃居世界第二，但福利规模却远落后于美国、日本、德国、英国等发达国家，福利规模与我国经济规模并不相匹配。由于我国人口基数大，既然福利支出总量远低于发达国家，那么人均福利水平的差距就更为悬殊了，这种人均福利水平的差距甚至比人均国民收入的差距更大。以人均 GDP 和人均社会支出两项指标为例，2011 年，我国人均 GDP 约为 5414 美元，OECD 成员国平均人均 GDP 为 35919 美元，是我国人均 GDP 的 6.6 倍；2010 年我国人均社会支出（不含教育支出）为 1605 元，2009 年 OECD 成员国人均社会支出（不含教育支出）达到 7605 美元，折合人民币约为 47866 元，是我国 2010 年人均社会支出（不含教育支出）的近 30 倍。

综上所述，尽管近年来我国民生福利水平提高很快，但福利保障水平还比较低，偏向基本保障、底线保障，福利开支依然具有较大的增加空间。在很大程度上，当前我国社会福利建设的主要任务依然是继续扩大福利规模和总量，而不是在福利建设上缩手缩脚，担心陷入“福利陷阱”。正

① 社会支出的概念及测量方法由 OECD 创立于 20 世纪 90 年代，经过二十余年的发展已经成为国际社会衡量福利国家规模和结构、反映社会福利发展水平的重要指标。

② 社会支出数据来源：OECD，Stat Exracts Social Expenditure－Aggregated data；GDP 数据来源：International Monetary Fund World Economic Outlook Database，April 2012。这里的社会支出采用的是 OECD 的统计标准，不包含教育支出。

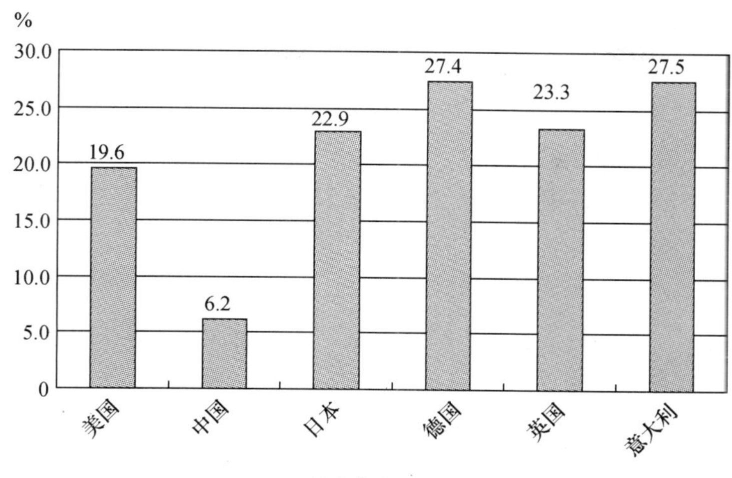

图3－5　2010年部分国家社会支出（不含教育支出）占GDP百分比

社会支出数据来源：OECD，StatExracts Social Expenditure－Aggregated data。GDP数据来源：International Monetary Fund World Economic Outlook Database，April 2012。

如有学者所指出的那样，过多强调甚至夸大西方福利国家的“福利病”及其负面影响有失偏颇，如果说西方福利国家面临的主要问题是“福利过剩”，甚至是“福利病”，那么我们面临的主要问题则是“福利短缺”和“福利贫困病”，因此我国当前福利发展的主要任务是提高福利水平，增进国民福利，而不是防止“福利病”。[①] 如何解决福利总量不足的问题？从短期来看，可以从“增支、扩面、提标”三个方面改善福利规模和结构，推动我国社会福利体系从“补缺型”向“适度普惠型”转变。

“增支”即增加福利支出，扩大福利规模。近年来我国社会保障和就业、教育、医疗卫生、住房等社会支出增长很快，但社会支出占公共财政支出的比重依然不到30%，占GDP的比重不到10%，相比发达国家社会支出占公共财政支出百分比一般超过50%、占GDP百分比一般超过20%的水平依然存在较大的差距。“增支”就是要强化以民生改善为重心的公共财政导向，增加社会保障和就业、教育、医疗卫生、住房等社会支出，

① 奂平清：《福利制度是西方国家危机的根源吗？——兼论中国社会福利研究的理论自觉》，《教学与研究》2014年第2期。

逐步扩大社会支出占公共财政支出及 GDP 的比重，力争尽快实现社会支出占公共财政支出的比重达到 40% 的目标。①

"扩面"即扩大福利覆盖面，推动从弱者照顾到普惠全民的转变。目前，我国已初步建立了全民基本医疗保险制度和最低生活保障制度，但是城乡养老保险和失业保险的覆盖面依然不理想，接下来应当重点扩大养老保险、失业保险的覆盖率，将游离在养老保险和失业保险安全网之外的农民工、失地农民等重点社会群体纳入基本安全网，将社会救助、社会保险、社会服务和公共福利等各类福利制度的覆盖面扩大到更广泛的社会群体，进一步夯实"多层次、保基本、广覆盖、可持续"社会安全网，真正实现应保尽保、民生对象全覆盖。②

"提标"即提高福利保障标准，增强多重民生保障能力。目前我国福利保障水平比较低，偏向基本保障、底线保障。例如，城乡最低生活保障标准明显过低，属于"绝对贫困线"，仅能保障最基本生存所需，既难以覆盖边缘弱势群体和支出型贫困群体的福利需求，也难以帮助低保对象摆脱贫困、实现从"受助"到"自强"；城乡养老保险替代率、失业保险待遇替代率都不高，养老金替代率跌破国际警戒线的标准，难以应对人口老龄化背景下日益膨胀的国民养老需求。因此，应当根据经济发展、通货膨胀和物价指数以及生活水平变化情况，动态调节福利标准，在底线民生的基础上适当提高基本民生、重点民生、热点民生的保障能力，不仅保障贫困和弱势群体的生存性福利需求，还关注有需要者在教育、医疗卫生、住房、社会保障等方面的安全性和发展性福利需求。

从长期来看，应回归福利本义，从"充权、均化、共享"三个方面提升社会福利质量，推动社会福利的普惠化与均等化。社会福利实质上是"从某种程度的经济福利与安全到充分享有社会遗产并依据社会通行标准享受文明生活的权利等一系列权利"，其核心是公民能够享有平等的社会权利和国民待遇。③"充权"即充实公民福利权，通过立法进一步完善社会福利制度，保障公民社会福利权利，推动社会福利从"国家父爱主义"

① 社会支出占公共财政支出的比重是衡量一个国家和地区社会福利发展规模和水平的一个重要指标，西方发达国家的社会支出占公共财政支出的比重大多在 50% 以上，许多发展中国家的这一比重也在 40% 以上。

② 刘敏：《构建普惠型社会福利制度的误区与路径》，《广西社会科学》2014 年第 3 期。

③ 郭忠华、刘训练编：《公民身份与社会阶级》，江苏人民出版社 2007 年版，第 8 页。

向“公民社会权利”的转变。“均化”即推动基本公共服务均等化，保障全体国民在基本生活、社会保障、教育、医疗卫生、住房、就业和文化体育等方面享有平等的权利和机会。“共享”即共享经济与社会发展成果，减少区域之间、城乡之间、群体之间的福利不平等，解决福利权不平等以及由此衍生的福利分配过程中的规则不平等、机会不均等和过程不平等的问题，推动全民共享经济社会发展成果。

“增支、扩面、提标”的旨趣在于通过增加福利投入做大“福利蛋糕”，破解“福利短缺”问题，解决福利支出水平不足、覆盖面不够广、保障标准不够高的问题。“充权、均化、共享”的旨趣在于实现福利善治，分好“福利蛋糕”，破解“福利不平等”问题，解决福利权利保障不足、基本公共服务不均、福利资源分配不公的问题。总之，既要通过增加福利投入从总量上做大“福利蛋糕”，确保各类民生对象享有适足和可接受的社会福利水准；更要通过福利善政（Good Governance of Welfare）从质量上分好“福利蛋糕”，保障广大民众在基本生活、社会保障、教育、医疗卫生、住房、就业和文化等方面享有平等的发展权利和机会。

第四章 构建适度普惠型社会福利制度的成效与对策①

伴随经济发展和民生需求增长，我国社会逐渐进入“福利起飞”时期，探索建立适度普惠型社会福利制度渐成我国社会福利发展新的风向标。近年来全国各地积极探索构建适度普惠型社会福利制度，一系列重要民生福利新理念、新政策先后落地，构成了中国特色民生治理的重要路径和经验。但是，对于近年来我国探索构建适度普惠型社会福利制度的进展情况、经验成效以及面临的突出问题，很少有人进行比较系统的总结和研究。本章探讨适度普惠型社会福利建设目标提出的背景，总结近年来我国构建适度普惠型社会福利制度的进展和成效以及面临的主要问题，最后就加快社会福利适度普惠化发展提出政策建议。

一 适度普惠型社会福利目标的提出

在过去很长一段历史时期，我国社会福利制度主要面向老弱病残等社会弱势群体，强调基本保障和贫困救助的功能，保障水平较低、覆盖范围较窄，属于“补缺型”福利制度。伴随经济快速发展和民生需求日益增长，特别是在我国迈入中等收入国家行列之后，这种“补缺型”福利制度难以适应经济和社会发展的需要，因此实现从“补缺型福利”向“适度普惠型福利”的转变成为我国社会福利制度发展的必然选择。②

---

① 本章部分内容系笔者所主持的深圳市哲学社会科学“十二五”规划2012年度课题“深港合作背景下深圳率先建设普惠型社会福利制度战略研究”（125C029）的阶段性成果，原文曾以论文的形式发表，参见刘敏、王芳《普惠型社会福利建设的经验与问题——以广东、上海和北京为例》，《兰州学刊》2013年第10期。

② 窦玉沛：《民政部：着力推动社会福利转向适度普惠》，《社会福利》2011年第5期。

（一）从补缺型向适度普惠型转变

与发达国家的社会福利制度相比，我国的社会福利制度属于补缺型社会福利制度，福利对象主要是弱势群体，保障水平相对较低。随着经济社会发展水平不断提高以及民众福利需求不断增长，我国社会福利制度正逐渐朝着普惠化、多元化、专业化的方向发展。对此，民政部副部长窦玉沛曾将我国社会福利发展方向总结为“一个转变；三个结合”：“一个转变”就是福利制度从补缺型向适度普惠型转变，“三个结合”就是“居家、社区和福利机构相结合，政府主导和社会参与相结合，法治化、专业化和标准化相结合”。[①] 2007 年，民政部提出建立“普惠型社会福利制度”的设想，在全国范围内“推动社会福利由补缺型向适度普惠型转变”，由此正式开启了社会福利制度从“补缺型”向“适度普惠型”转变的进程，也拉开了全国各地积极探索构建适度普惠型社会福利制度的序幕。

2011 年 3 月，我国《国民经济和社会发展“十二五”规划纲要》发布，提出“坚持家庭、社区和福利机构相结合，逐步健全社会福利服务体系，推动社会福利服务社会化”，“积极发展社会福利和慈善事业，以扶老、助残、救孤、济困为重点，逐步拓展社会福利的保障范围，推动社会福利由补缺型向适度普惠型转变，逐步提高国民福利水平。”

2011 年 12 月，民政部、国家发改委印发《民政事业发展第十二个五年规划》，提出“十二五”时期国家民政事业发展的重要目标是“大力发展以扶老、助残、救孤、济困为重点的社会福利事业”，实现“社会福利惠及范围显著扩大，基本实现由补缺型向适度普惠型转变，越来越多的社会公众享受到与经济社会发展相适应的社会福利服务”。

2012 年 3 月，第十三次全国民政会议在北京举行，会议强调要加快完善社会救助和社会福利体系，提高保障水平，解决好城乡困难群众基本生活问题，逐步拓展社会福利保障范围，推动社会福利由补缺型向适度普惠型转变。

2013 年 2 月，民政部部长李立国撰文，强调在社会建设中，要通过完善社会救助体系、健全社会福利制度、做好优抚安置工作、增强社会自治和城乡社区服务功能、引导社会组织健康有序发展，充分发挥民政骨干作用，以老人、儿童、残疾人和特困群体为重点对象，加快发展适度普惠

① 窦玉沛：《社会福利由补缺型向适度普惠型转变》，《公益时报》2007 年 10 月 23 日。

型社会福利事业。[①]

在国家层面的政策规划与民政部的积极推动下，全国各地纷纷加大民生福利建设力度，探索构建与经济和社会发展水平相适应的适度普惠型社会福利制度。在此过程中，我国逐渐迈入了“全面改善民生、共享发展成果”的新时期。[②] 截至目前，北京、上海、广东、江苏、安徽、辽宁、山西、湖南、海南、陕西、青海、宁夏等十余个省、自治区和直辖市明确提出“率先构建与经济发展水平相适应的适度普惠型社会福利制度”，并在增加福利投入、扩大福利范围、提高福利标准等方面取得了显著的进展。

（二）定向支持与改革试点

在推动各地探索构建适度普惠型社会福利制度方面，近年来我国立足经济和社会发展实际状况，主要采取了定向支持与改革试点的形式，按照“分区域、分层次、分标准”的原则，支持有条件的地区率先探索中国特色适度普惠型社会福利制度。所谓“分区域”是指按照经济和社会发展水平，率先在东部沿海经济发达地区进行试点改革，支持有条件的地区先行先试；“分层次”是指区分老人福利、儿童福利、残疾人福利、困难人员福利、适度普惠型福利等不同层次的福利项目，以扶老、助残、救孤、济困等重点福利为先导，逐步扩大社会福利覆盖面，推动福利制度从补缺型向适度普惠型转变；“分标准”是指对不同性质和类型的福利项目予以不同标准的保障，优先保障底线民生、弱者民生、基本民生，逐步提高社会福利标准，最终形成覆盖多重民生的社会保障安全网。

首先是定向支持，以部省合作的形式支持广东、江苏、浙江等东部沿海经济发达地区先行先试，率先推动民政管理体制改革，探索中国特色适度普惠型社会福利制度。2009 年 7 月，民政部与广东省人民政府签署《共同推进珠江三角洲地区民政工作改革发展协议》，从深化社区建设和基层管理与服务体制改革、率先建立现代社会工作制度、探索建立普惠型社会福利制度等八个方面加强合作，支持广东省先行先试，率先探索建立适度普惠型社会福利制度。2010 年 7 月，民政部与江苏省人民政府签署《共同推进江苏民政事业率先发展合作协议》，以部省合作为契机，支持江苏省先行先试，率先建立适度普惠型社会福利制度，努力使江苏成为探

---

① 李立国：《以更加务实的工作作风推动民政事业科学发展》，《人民论坛》2013 年第 6 期。

② 郑功成：《我国进入一个全面改善民生、共享发展成果的新时代》，《理论参考》2008 年第 1 期。

索现代民政事业发展的先行区、建立适度普惠型社会福利制度的试验区、统筹城乡区域民政工作协调发展的示范区。2010 年 11 月，民政部与浙江省人民政府签署合作协议，共建民政工作城乡一体化创新示范区，努力使浙江省成为探索现代民政事业发展的先行省、建立适度普惠型社会福利制度的试验区、统筹推进城乡一体化民政工作的示范区。

其次是改革试点，设立民政工作改革创新综合观察点，分批次开展适度普惠型儿童福利制度建设试点，支持有条件的地区率先探索适度普惠型社会福利制度。2012 年 7 月，民政部、广东省民政厅、汕头市人民政府共建汕头民政工作改革创新综合观察点，支持汕头在改革城乡基层管理和服务体制、建立普惠型社会福利制度、深化社会组织管理体制改革及各项相关的配套改革方面率先探索，发挥汕头经济特区的特区优势、区位优势和立法优势。2013 年 1 月，民政部与浙江省人民政府签署合作协议，共建温州民政综合改革试验区，部省双方将共同推进温州市城乡基层社会管理服务体制机制改革，探索建立适度普惠型社会福利制度，为全国民政事业改革发展率先探索引领示范经验。2013 年 6 月，民政部在江苏省昆山市、浙江省海宁市、河南省洛宁县、广东省深圳市 4 个县市开展第一批适度普惠型儿童福利制度建设试点，按照“适度普惠、分层次、分类型、分标准、分区域”的理念，逐步探索建立覆盖孤儿、困境儿童、困境家庭儿童、普通儿童乃至全体儿童的适度普惠型儿童福利制度。经过一年多的探索，试点地区普遍建立起了困境儿童分类保障制度，初步形成了基层儿童福利服务体系，困境儿童的生活条件得到了较大程度的改善。2014 年 5 月，民政部启动在北京市房山区、天津市东丽区、上海市徐汇区等全国 46 个市（县、区）开展第二批适度普惠型儿童福利制度建设试点，着力扩大儿童福利覆盖面，推动儿童福利由补缺型向适度普惠型转变，探索构建城乡一体化、保障制度化、组织网络化、服务专业化、惠及所有儿童的福利制度和服务体系。

二　中国特色民生治理创新的经验成效

无论是在政策理念、政策操作还是在政策成效上，我国探索适度普惠型社会福利制度都取得了比较重要的进展，中国特色民生治理创新已初现成效，这集中体现在如下几个方面。

（一）民生建设驶入快车道，改善民生成为社会建设重点

党的十八大报告指出，加强社会建设，必须以保障和改善民生为重点，要多谋民生之利，多解民生之忧，解决好人民最关心最直接最现实的利益问题，在学有所教、劳有所得、病有所医、老有所养、住有所居上持续取得新进展，努力让人民过上更好生活。在民生建设日益凸显的背景下，GDP 不再是衡量经济社会发展的唯一标准，目前全国不少地区不断淡化 GDP 在政绩考核评价中的作用，有的地区明确提出要逐渐取消 GDP 考核，这标志着我国正在告别“唯 GDP 论”时代，“淡化 GDP，重视民生”成为政绩考核的新导向。在此背景之下，全国各地民生建设驶入快车道，一系列民生新理念、新政策、新举措先后落地，关注民生、重视民生、保障民生、改善民生，成为各级政府的重要任务。推动社会福利制度从“补缺型”向“适度普惠型”的转变，构建适度普惠型社会福利制度，顺势成为我国改善民生、提高民生福利水平的重要任务。2007 年民政部提出在全国“推动社会福利由补缺型向适度普惠型转变”，近年来与广东、江苏、浙江等地签署合作协议，支持这些地区率先探索建立适度普惠型社会福利制度，2013 年又在江苏省昆山市、浙江省海宁市、河南省洛宁县、广东省深圳市 4 个县市开展适度普惠型儿童福利制度建设试点，以儿童福利为先导探索中国特色适度普惠型社会福利制度。目前，北京、上海、广东、江苏、安徽、辽宁、山西、湖南、海南、陕西、青海、宁夏等十余个省、自治区和直辖市明确提出“率先构建适度普惠型社会福利制度”，并在完善社会福利体系、提高社会福利规模和水平等方面取得了新的进展。后文将以北京、上海、广东、江苏、深圳等发达省市为例，探讨近年来我国民生福利建设的主要进展和经验成效。

（二）民生财政导向逐渐凸显，民生保障水平稳步提高

在加强和改善以民生为重点的社会建设过程中，民生财政导向逐渐凸显，民生支出成为国家公共财政支出的优先方向，民生净福利支出及总体福利水平不断提升。2007—2013 年（见图 4－1），国家财政用于社会保障和就业、医疗卫生、教育等方面的民生福利支出从 14559.44 亿元增加到 44502.50 亿元，增加 205.66%，年均增加 29.38%，其中，社会保障和就业支出从 5447.16 亿元增至 14417.23 亿元，增加 164.67%，年均增幅达 23.52%；医疗卫生支出从 1989.96 亿元增至 8208.73 亿元，增加 312.51%，

年均增幅达 44.64%；教育支出从 7122.32 亿元增至 21876.54 亿元，增加 207.16%，年均增幅达 29.59%；期间国家财政总支出从 49781.35 亿元增加到 139744.26 亿元，增加 180.72%，年均增幅达 25.82%，除了社会保障和就业支出外，医疗卫生和教育支出的增速明显快于国家财政总支出。[①] 按照地方政府的统计口径，目前，我国一些沿海发达地区的广义民生福利开支占地方财政支出的比重已经超过 60% 甚至 70%。[②] 根据民政部的统计，2006 年我国社会服务经费支出为 915.4 亿元，2013 年达到 4276.5 亿元，增幅达到 367.17%，年均增速达到 45.90%，增速明显高于同期经济增长速度和财政支出增速。这说明，我国民生福利发展进入"黄金期"，民生福利开支已成为公共财政支出的优先方向。

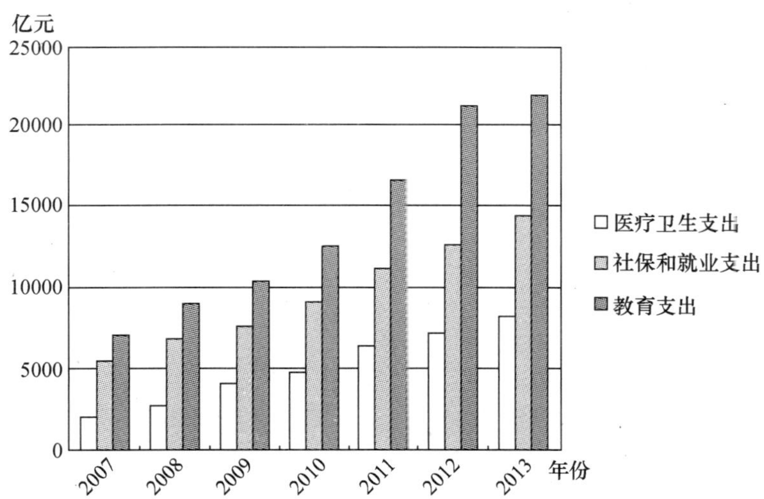

图 4－1　2007—2013 年国家财政用于相关民生项目的支出

资料来源：国家统计局《国家数据》。

伴随民生福利开支大幅度增加，我国民生保障水平稳步提高。在教育方面，从 2006 年起，逐步将农村义务教育经费全面纳入公共财政保障范

① 资料来源：国家统计局《国家数据》，http：//data.stats.gov.cn/workspace/index；jsessionid＝04267F5814F79BA016CD4FC74F0AA5F7？m＝hgnd。

② 需要指出的是，在地方政府的统计口径中，民生支出不仅包括社会保障和就业、教育、医疗卫生和住房支出，还包括科学技术、文化体育与传媒、城乡社区事务、交通运输、农林水利等支出项目，这与 OECD 社会支出的统计口径有较大差异，所以这里称为"广义民生福利开支"。

围，2007 年，全国所有农村义务教育阶段都实现了免费教育，从 2008 年起，免除城市义务教育阶段学生学杂费。在医疗卫生方面，公共财政支持建立覆盖城乡居民的基本医疗卫生保障体系，2011 年全国城镇职工基本医疗卫生保险、城镇居民基本医疗卫生保险和新型农村合作医疗卫生保险参保率达到 90% 以上。2014 年，国家开始将新型农村社会养老保险和城镇居民社会养老保险制度合并实施，在全国范围内探索建立统一的城乡居民基本养老保险制度。2013 年，全国基本医保覆盖人数突破 13 亿人，已经基本建成了世界上规模最大的全民基本医疗卫生保险制度。在住房方面，初步建立了以廉租住房、经济适用住房、公共租赁住房、保障性安居工程住房、限价商品住房等为主要内容的住房保障体系，2012 年国家财政用于保障性住房的资金达到 3800 多亿元，比 2007 年增长近 38 倍。在基本生活保障方面，据统计，2007—2012 年，全国累计投入城乡低保资金 5314 亿元，城乡低保标准分别增长了 75% 和 136%，实际补助水平分别提高了 137% 和 188%，截至 2012 年底全国共有城乡低保对象 7443 万人，约占全国总人口的 5.5%，对于符合条件的城乡低保对象基本上做到了应保尽保。[①] 如果加上农村"五保"人数和传统救济人数，我国城乡低保制度总覆盖人口达到 8000 万，成为全世界覆盖人数最多的"最后安全网"。

（三）基本公共服务向均等化迈进，城乡福利一体化是大势所趋

2006 年十六届六中全会首次明确提出实现城乡基本公共服务均等化目标，十七大、十八大再次明确和强调了城乡基本公共服务均等化，至此"基本公共服务均等化总体实现"成为到 2020 年我国全面建成小康社会的重要任务。经过多年的发展，目前我国基本公共服务水平和均等化程度明显提高。有研究者从社会保障、公共安全、医疗卫生、公共文化、基础教育、基础设施、环境保护、科学技术八个方面构建了基本公共服务指数，反映基本公共服务均等化程度，发现 2000—2011 年我国基本公共服务指数从 39.45% 提高到 59.97%，年均增幅 1.86%，保持逐年稳步上升的态势。[②] 有研究者专门分析了全国教育基本公共服务均等化程度，发现我国教育基本公共服务总体保障水平得分从 2003 年的 4.66 增加到 2009

① 张维：《全国城乡低保对象7443 万人占 5.5%》，法制网，http://www.legaldaily.com.cn/index/content/2012-12/27/content_4093266.htm? node=33768。

② 吴翌琳、谷彬：《中国基本公共服务均等化统计监测研究》，《管理现代化》2013 年第 3 期。

年的 6. 37，年均增长 5. 39%，全国教育基本公共服务保障水平呈现出较为明显的上升趋势，全国 31 个省、直辖市、自治区在 2003—2009 年的教育基本公共服务平均总体保障水平得分分别为 4. 56、4. 87、4. 91、5. 42、5. 79、6. 14、6. 49，说明近年来我国教育均等化程度明显提高。① 随着城乡基本公共服务均等化稳步推进，城乡社会福利发展水平之间的差距正在缩小。目前全国 15 个省份已经建立了统一的城乡居民基本养老保险制度。国务院已决定在全国范围内探索建立统一的城乡居民基本养老保险制度，并在制度模式、筹资方式、待遇支付等方面与合并前的新型农村社会养老保险和城镇居民社会养老保险保持基本一致。

（四）福利体系不断完善，福利格局焕然一新

社会福利覆盖面不断扩大，低收入、支出型贫困对象和流动农民工渐被纳入各类社会安全网，社会救助、社会保险覆盖面明显扩大。2006—2013 年，城乡低保人数从 3833. 2 万人增加到 7452. 2 万人，虽然城市低保和农村“五保”对象人数变化不大甚至略有下滑，但农村低保的人数基本上保持平稳增长的势头（见图 4 - 2）。根据国家人力资源与社会保障部的统计，2009—2013 年，全国基本养老保险参保人数从 23550 万增加到 81968 万，增幅为 248. 06%，年均增加 49. 61%；基本医疗卫生保险参保人数从 40147 万增加到 57073 万，增幅为 42. 16%，年均增加 8. 43%；失业保险参保人数从 12715 万增加到 16417 万，增幅为 29. 11%，年均增加 5. 82%；工伤保险参保人数从 14896 万增加到 19917 万，增幅为 33. 71%，年均增加 6. 74%；生育保险从 10876 万增加到 16392 万，增幅为 50. 72%，年均增加 10. 14%（见图 4 - 3）。

个人和家庭社会服务不断发展，专业化水平不断提高，社会服务已从老人服务、儿童服务和残疾人服务等传统服务领域扩展至教育、医疗卫生、就业、文体和精神慰藉等各个层面，个人、家庭、社区“三位一体”的综合社会服务体系已初具雏形。2009—2013 年，全国城乡养老服务机构数从 3. 66 万个增加到 3. 93 万个，社区服务中心数从 6. 32 万个增加到 10. 42 个。② 面向高龄老人、失能残疾人等群体的津贴项目逐步推广，针对高龄老人和重度残疾人等特殊群体的社会津贴已经成为社会福利的常态。

---

① 卢洪友、祁毓：《中国教育基本公共服务均等化进程研究报告》，《学习与实践》2013 年第 2 期。

② 资料来源：国家统计局《国家数据》。

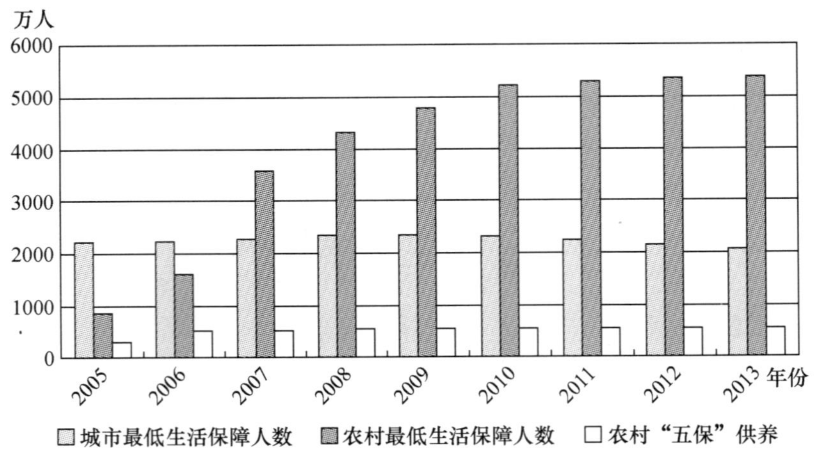

图 4－2　2005—2013 年全国社会救助受益人数

资料来源：转引自民政部《2013 年社会服务发展统计公报》。

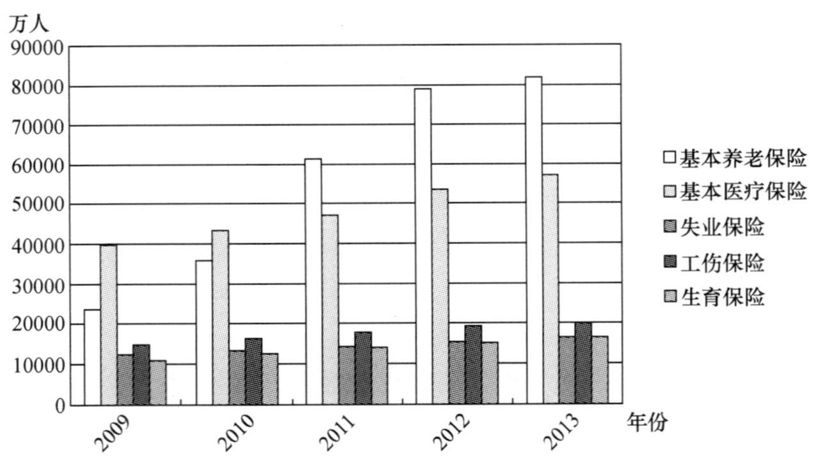

图 4－3　2009—2013 年全国社会保险参保人数

资料来源：国家人力资源与社会保障部《2013 年度人力资源和社会保障事业发展统计公报》。

截至 2013 年 12 月，全国有 18 个省建立了 80 岁以上老年人的高龄津贴，有 22 个省建立了服务补贴，还有 3 个省建立了护理补贴。高龄老人与残疾人津贴以及社会服务的兴起，使得“现金＋实物”的传统社会福利格局得到明显改观，“现金＋津贴＋服务”的多元化福利形式不断丰富。总之，伴随福利体系拓展、福利覆盖面扩大以及福利保障水平提高，我国社会福利格局焕然一新，福利体系加速从“补缺型”向“适度普惠型”转型，福利主功能正在经历从事后补救到事前预防、从贫困救助到社会投资、从维持生存到促进发展、从弱者优先到适度普惠的转变，从而更好地满足了经济发展和改善民生的需要。

（五）民生供给方式更新，多元化福利供给初具雏形

政府主导的行政化民生供给模式被突破，政府购买服务规模迅速扩大，社会组织在福利供给中的作用日益突出，社会服务向多元化、专业化、社会化方向发展。政府向社会组织购买服务已经成为社会福利供给的一种常态，正日益广泛地实践于社会公共服务的多个领域。据统计，截至2014年3月，已有广东、上海、江苏、山东、云南、安徽、新疆、河北、吉林、广西、湖北11个省、市、自治区出台了政府购买服务有关实施意见。其中，除云南、新疆外，其余9个省、市、自治区均制定了政府向社会力量购买服务指导性目录。[①] 上海、广东、江苏、北京、四川、浙江等地相继开展了政府向社会组织购买公共服务的试点探索，服务购买范围已从传统的政府采购领域扩展至医疗卫生、教育、计划生育、就业培训、社区服务和社会福利等公共服务领域。2014年，北京市计划投入7000多万元成立市级社会建设专项资金，用于购买社会组织的民生服务项目。国家财政部表示，2014年起政府购买服务将在全国范围全面推广，力争在“十二五”末期初步形成统一有效的购买服务平台和工作机制，在2020年全国将建立比较完善的政府购买服务制度。伴随社会服务向多元化、专业化、社会化方向发展，社会组织和社会工作队伍已经成为多元化福利供给不可或缺的有生力量。2009—2013年，全国社会工作机构数从13.76万个增加到18.15万个，社会组织数从35.41万个增加到54.76万个。[②] 据统计，我国社会工作专业人才数量已突破36万人，其中社会工作师已达12.38万人，民办社会工作服务机构达到2400多家，成为推动社会服务事业发展的骨干力量。[③]

---

① 《政府购买服务：改革进入“破冰期”》，《中国政府采购报》2014年3月28日。

② 相关数据参见民政部《2013年社会服务发展统计公报》，2014年6月17日；国家统计局《国家数据》。

③ 张希敏：《中国社会工作专业人才数量已突破36万人》，中国新闻网，http://www.chinanews.com/sh/2014/03-18/5965876.shtml。

三　现有社会福利体系存在的突出问题

近年来我国民生福利建设取得了显著成绩，但也面临不少问题。总体而言，我国社会福利普惠化发展水平还比较低，特别是相比发达国家和地区，我国社会福利发展水平还不高，福利发展依然处于从“补缺型”向“普惠型”转型的过程中，这突出表现在如下几个方面。

（一）福利对象：补缺色彩浓厚，普惠化程度不高

社会福利主要侧重老人、儿童、残疾人、贫困者和低收入人员等贫弱群体，对更大范围的群体乃至一般公民提供的福利服务较少。首先，社会福利补缺色彩浓厚，覆盖面较窄。目前，除了全民免费义务教育等少数福利项目之外，我国全民普惠、人人受益的社会福利项目很少，绝大多数属于具有家庭资产或收入限制要求的以及附带户籍身份资格限制的公共救助项目，以及与工作单位和正式就业相关的社会保险项目。从福利体系设计来看，福利项目以补缺性福利和生存性福利为主，预防性和发展性福利较少；福利内容以基本收入援助和实物救助为主，社会服务与资产支持较少；福利对象以老弱病残、贫困和低收入等弱势群体为主，一般群体和普通公民所得福利较少；福利功能依然偏重贫困救助和最低保障，人力生产与社会投资的功能明显偏弱，福利体系具有浓厚的补缺色彩，普惠化程度还不高。2011 年我国失业保险参保率仅为 57. 81%，城乡养老保险覆盖率为 62. 88%，相当一部分就业人口游离在养老保险、失业保险安全网之外。[①] 最低生活保障制度覆盖面偏低，即便是北京、上海和广州等沿海经济发达地区，最低生活保障覆盖率也不高。2012 年底，北京、上海和广州的城乡低保人数分别为 17. 29 万、25. 69 万、9. 44 万，当年三地户籍人口数分别为 1261. 0 万、1412. 6 万、814. 58 万，低保人数占户籍人口的总数分别仅为 1. 37%、1. 82% 和 1. 16%。[②] 相比之下，2011 年，香港综援受助人数 46. 56 万，当年香港人口总数 707. 16 万，综援受助人占人口总

① 资料来源：国家统计局 2010—2011 年《中国统计年鉴》；褚福灵编著《中国社会保障发展指数报告 2012》，经济科学出版社 2013 年版，第 16—18 页。

② 资料来源：北京市民政局、上海市民政局、广东省民政厅《2012 年四季度社会服务统计数据》。

数的比重达到6.58%。

其次，社会福利普惠化程度不高，公平性不足。这方面最突出的问题是社会福利的制度分割性，城乡之间、地区之间以及不同群体之间社会福利待遇差距悬殊。以城乡福利悬殊为例，统计表明，1991—2005 年城市人均社会保障支出占人均 GDP 的比重平均约 15%，而农村只有 0.18%，城市人均社会保障费用支出超过农村的 90 倍。[①] 有学者测算，城乡二元体制导致城乡之间社会保障财政支出相差悬殊，城市人均社会保障费用支出是农村的 90 多倍，60% 的农民仅占有不足 30% 的国家公共福利资源。[②] 以行业差距为例，长期以来社会保险存在明显的“双轨制”，机关事业单位人员与企业人员在养老、医疗卫生等社会保险方面的待遇差距悬殊。《社会保障绿皮书：中国社会保障发展报告》和《中国社会保障收入再分配状况调查》显示，被调查者中，75.4% 的企业职工养老金不高于 2000 元，92.3% 的机关事业单位退休人员养老金高于 4000 元；被访者 2011 年 8 月领取的养老金最低为 200 元，最高为 10000 元，后者是前者的 50 倍。[③] 再以地区发展差距为例，有研究对全国 31 个省域基本公共服务均等化水平进行了研究，发现我国基本公共服务均等化的整体水平较低，区域发展不平衡，形成了三个区域等级，东、中、西部地区呈现阶梯状特征，基本公共服务均等化水平与省域经济实力、财政收入规模、地区综合发展能力密切相关。[④] 此外，目前各地绝大多数福利项目都有户籍身份要求，只有当地户籍人口才能享受相应的社会福利，这直接导致大部分当地常住人口及外来人员被排斥在社会福利制度之外，从而极大地影响了福利资源分配的包容性与公平性。

（二）福利水平：福利支出偏低，保障标准不高

虽然近年来我国民生支出快速增加，福利保障水平不断提高，但相比

---

① 丛峰、王涛、傅兴宇：《中国离“全民社保”时代有多远》，《半月谈》（内部版）2006 年第 8 期。

② 杨艳东：《我国劳动者的福利差距与社会保障制度的公平性——基于就业所有制性质的视角》，《学术界》2013 年第 3 期。

③ 王延中主编：《社会保障绿皮书：中国社会保障发展报告（2012）No.5——社会保障与收入再分配》，社会科学文献出版社 2012 年版；王延中主编：《中国社会保障收入再分配状况调查》，社会科学文献出版社 2013 年版。

④ 王新民、南锐：《基本公共服务均等化水平评价体系构建及应用——基于我国 31 个省域的实证研究》，《软科学》2011 年第 7 期。

之下，我国总体福利支出水平不仅远低于西方发达国家，也明显低于许多发展中国家。西方发达国家的广义性社会福利支出一般占到政府支出的40% 以上[①]，我国香港的广义性社会福利支出占政府支出的比重也在 30% 以上。相比之下，2011 年，北京、上海两地财政支出分别为 3245. 23 亿元、3914. 88 亿元，其中两地用于社会保障和就业、医疗卫生、住房保障方面的广义性福利支出分别为 634. 93 亿元、689. 99 亿元，占政府支出的比重分别为 19. 57%、17. 63%，广义性福利支出占政府开支的比重不到西方发达国家 50% 的水平。[②] 有研究者测算，2012 年，我国教育、医疗卫生、社会保障和就业以及住房方面的民生支出占国家财政支出的比重为 32. 2%，同为金砖国家之一的巴西，当年民生支出占国家财政支出的比重为 42. 3%，南非在 2010 年民生支出占国家财政支出的比重达到 41. 3%。[③] 2011 年，我国内地社会支出占国家公共财政支出的 23. 39%，除教育支出占公共财政支出的比重超过 10% 之外，医疗卫生支出占公共财政支出的比重不足 4%，住房支出所占比重不足 3%[④]。根据国务院发展研究中心课题组的计算，人均 GDP 为 3000—6000 美元的许多发展中国家，社会支出占公共财政支出的比重一般也达到 50% 的水平。[⑤]

总体福利支出水平偏低，其必然结果就是保障标准不高，只能侧重底线民生和基本生活保障。2011 年我国人均社会支出（含教育支出）为 2860 元，相比之下，2009 年 OECD 国家人均社会支出（不含教育支出）达到 7605 美元，二者的差距相当悬殊。例如，我国养老保险替代率明显偏低，甚至低于国际警戒线的标准，2012 年中国社会科学院世界社保研究中心发布的《中国养老金发展报告 2012》对城镇基本养老保险替代率进行了测算，数据显示，我国养老金替代率由 2002 年的 72. 9% 下降到 2005 年的 57. 7%，此后一直下降，2011 年为 50. 3%。[⑥] 根据《中国社会

---

① 贡森、葛延风等：《福利体制和社会政策的国际比较》，中国发展出版社 2012 年版，第 217—218 页。

② 资料来源：国家统计局《中国统计年鉴 2012》，中国统计出版社 2012 年版。

③ 郑霜、柳平生：《我国财政民生支出的结构分析及问题反思》，《财会研究》2014 年第 2 期。

④ 参见国家统计局 2010—2011 年《中国统计年鉴》；国家财政部 2010—2011 年《全国公共财政支出决算表》。

⑤ 贡森、葛延风等：《福利体制和社会政策的国际比较》，中国发展出版社 2012 年版，第 217—221 页。

⑥ 郑秉文主编：《中国养老金发展报告 2012》，经济管理出版社 2012 年版。

保障发展指数报告 2012》，2011 年我国城镇职工基本养老保险替代率为 51.2%，城乡养老保险替代率仅为 45.6%。[①] 世界银行建议，要维持退休前的生活水平不下降，养老金替代率需不低于 70%，国际劳工组织建议养老金替代率最低标准为 55%。再以最低生活保障为例，有研究对我国城市最低生活保障标准水平进行了分析，发现 2010 年我国各省份低保标准的消费支出替代率平均只有 0.24，北京、上海、天津、广州等 36 个中心城市低保标准的消费支出替代率平均只有 0.26，最高的仅为 0.33，最低的只有 0.17。[②] 这说明，我国最低生活保障的标准依然很低，只能保障最弱势群体的最基本生存需要。以北京、上海、广州为例，2012 年，北京、上海、广州等地低保标准基本在 500 元左右，当年城镇在岗职工月平均工资超过 4300 元，低保标准约占职工平均工资的 10%。香港没有统一的综援标准，但加上附带福利平均折算下来人均可达 3000 元/月，香港个人收入中位数约 13000 元/月，综援标准占收入中位数的比重超过 20%。由此可见，即便是北京和上海这些内地经济最发达的地区，其福利开支及福利水平与发达国家和地区的差距依然很大。

（三）福利内容：重经济而轻服务，社会服务不足

首先，社会服务规模偏小，占整体社会福利规模的比重较低。2012 年，全国社会福利实际支出 3180.5 亿元，其中用于城乡低保、医疗卫生救助和抚恤事业费等方面的开支达到 2214.1 亿元，占社会福利总开支的 69.6%，而社会服务经费支出仅为 115.8 亿元，占社会福利总开支的 3.6%。[③] 相比之下，在香港，社会服务支出一般占到社会福利总支出的 30% 左右。

其次，社会服务项目和种类不健全，不足以应付民众日益增长的实际福利服务需求。目前内地社会服务主要包括家庭服务、青少年服务、残疾人服务、安老服务和社区综合服务，且这些服务主要偏向“老弱病残幼贫”等弱势群体，面向一般群体和普通公民的社会服务较少；在服务种类上缺乏违法者服务、外来人口服务、医疗卫生保健服务、临床心理服务、医务社会服务等新型社会服务，服务供给无法满足多元群体的多样化

---

① 褚福灵编著：《中国社会保障发展指数报告 2012》，经济科学出版社 2013 年版，第 16 页。

② 姚建平：《中国城市最低生活保障标准水平分析》，《中国软科学》2012 年第 11 期。

③ 民政部：《2012 年四季度全国社会服务统计数据》，http://files2.mca.gov.cn/cws/201301/20130128174655179.htm。

需求。总体上，我国社会服务供给与民众日益增长的多样化福利需求相比明显滞后，社会服务的资金投入、服务设施、服务种类乃至服务能力，都跟不上民众服务需求增长的需要。仅以养老服务为例，无论是服务种类、服务水平还是服务质量，都难以满足老龄化背景下日益增长的养老服务需求。西方发达国家的养老服务业非常发达，提供的服务种类非常丰富，专业化水平很高，例如，德国社区养老服务种类非常丰富，包括做饭、料理家务、饮食起居服务、采购、咨询、探望、陪同外出、出租轮椅、流动图书馆、游览、日间护理、娱乐及康复治疗等日常生活各种服务，精细化和人性化水平极高；日本的社区养老服务包括派遣家庭服务员护送老年人看病、料理家务、购物、养护委托、电话咨询以及家庭护理等，而且采取个性化友好型服务模式，针对不同类型的老年人提供不同的服务内容。① 相比之下，我国社区养老服务发展时间较短，提供的服务种类较少，服务内容比较单一，服务的专业水平还不高，且普遍面临专业人力资源不足、服务质素较低的问题。有调查表明，我国城市中 48.5% 的老年人有各种养老服务需求，但居家养老服务需求总满足率只有 15.9%，其中家政服务满足率为 22.61%，护理服务满足率为 8.3%，聊天解闷服务满足率为 3.16%。②

（四）福利机制：以行政化供给为主，多元化福利供给不健全

目前，我国内地绝大部分社会福利服务由政府部门或官办机构承担，政府在诸多领域大包大揽，既担当服务监管者，又担当服务供给者。政府与社会组织的合作主要停留于资金支持和服务购买，在政策制定和服务监管等方面的合作层次和水平较低。相比之下，在香港，政府与社会组织建立了制度化的公私伙伴关系，除“综援”和紧急救助等部分社会服务外，社会组织提供全港 90% 以上的社会福利服务，其雇佣的专业社会福利人员占全部社会福利人员的 80%。③ 在这种服务供给模式中，政府与社会组织的关系不是简单的“购买关系”，而是比较全方位的“伙伴关系”，政

---

① 熊必俊：《对发展社区助老服务产业的理论研究和战略思考》，中国助老网，http：//www. zhulao. org/News/Show. asp？ id = 879。

② 国家老龄委办公室：《〈我国城市居家养老服务研究〉新闻发布稿》，2008 年 2 月 28 日，http：//www. cncaprc. gov. cn/zhengce/143... jhtml。

③ 岳经纶：《个人社会服务与福利国家：对我国社会保障制度的启示》，《学海》2010 年第 4 期。

社合作体现在政策制定、资金支持、服务购买和福利监管等各方面。再者，我国社会组织发展水平还不高，承接政府职能转移和社会服务的能力比较弱，在福利供给中的作用未充分体现出来。2011 年我国内地每万人拥有注册社工数仅 0.08 个，每万人拥有社会组织数仅 3.43 个；与之相比，我国香港地区每万人拥有注册社工数达到 26 个，每万人拥有社会组织数达到 38 个。西方发达国家每万人拥有社会组织的数量一般超过 50 个，例如，日本达到 96 个/万人，美国达到 53 个/万人。

一直以来我国社会福利服务发展形态比较单一，资金来源上过于依靠政府投入，来自市场投入和社会捐赠的比重过少；服务项目上以福利性、事业性服务项目占绝大多数，与庞大的福利服务需求相比，市场化、社会化服务项目依然很少；福利供给方式上以政府行政化供给为主，市场化、社会化、专业化服务供给较为有限，整体上多元化福利服务供给不足，服务供给难以满足多样化、个性化、高级化的服务需求。

四　构建适度普惠型社会福利体系的突破口

加快构建适度普惠型社会福利制度，务须从社会救助、社会保险、社会服务、公共福利四个层面入手，解决投入不够、覆盖不足、水平不高、机制不顺等制约我国社会福利发展的重点和难点问题，更新民生福利理念，增加民生福利投入，创新民生福利供给方式，夯实保障多重民生、覆盖全民的社会安全网。

（一）解决社会救助标准偏低、格式化供给、分割运行的问题

社会救助是社会福利制度的基础，主要是保障弱势群体的基本生活，属于“最后的安全网”。这方面要重点解决公共救助标准偏低、格式化供给、分割运行的问题，在现有低保线等绝对贫困线的基础上试行相对贫困线，以人为本发展“友好型福利模式”，针对不同类型的个案实施分类救助，将碎片化、分割化的城乡社会救助项目整合成一套综合性的全民社会救助制度，不断提高社会救助的保障水准、友好化程度和城乡一体化水平。

目前我国社会救助标准普遍偏低，仅能维持救助对象最基本生存所需，难以帮助受助人从“受助”到“自强”。以最低生活保障制度为例，

我国城乡低保标准普遍过低，属于“绝对贫困线”，2013年全国城市低保平均标准每月仅373元/人，全国农村低保平均标准每月仅203元/人。[①] 有研究通过入户调查和统计测算发现，“低保线”甚至低于城镇绝对贫困线，仅略高于贫困线中的食物贫困线，严重低于相对贫困线，也就是说，现行低保线只是保障最基本的生存所需，属于“生存贫困线”。[②] 世界银行指出，虽然近年来中国提高了贫困标准，但现行贫困线依然远低于国际标准，按照世界银行2008年人均消费1.25美元的贫困标准，我国农村贫困人口占全国贫困人口的90%。[③] 因此，不少学者和机构都主张借鉴国际社会关于相对贫困线的测定方法，适当提高贫困线标准。[④] 再者，现行社会救助制度往往将贫困人口的复杂情况简单化，往往采取“一刀切”的格式化操作方式实施救助，忽略了救助对象的个性化需求，对不同类型救助对象的区分度不够，对贫困群体的个性化需求无法做出有效回应，对边缘弱势群体和支出型贫困群体的福利需求的反应也比较迟钝。此外，现行社会救助制度存在制度碎片化、标准不一、多头管理、衔接不畅、分割运行等问题，直接影响了社会救助的精确度和瞄准率。例如，最低生活保障、特困人员供养、受灾人员救助、医疗卫生救助、教育救助、住房救助、就业救助、临时救助等各类救助项目，由多个政府部门负责管理，救助对象、标准、程序、目标等方面的管理难以有效衔接，导致多头救助、遗漏救助、重复救助等现象时有发生。[⑤]

发展社会救助，首先要提高社会救助标准。笔者建议以现行低保线和低收入线为基准，适当借鉴相对贫困线的测定方法[⑥]，逐步形成两条贫困救助标准线，实现底线公平与柔性调节的统一。第一条救助标准线是绝对

---

① 民政部：《2013年社会服务发展统计公报》，民政部门户网站，2014年6月17日。

② 张建华等：《贫困测度与政策评估——基于中国转型时期城镇贫困问题的研究》，人民出版社2010年版。

③ 程刚：《世行报告称中国贫困线远低于国际标准》，《中国青年报》2009年4月9日。

④ 顾昕：《贫困度量的国际探索与中国贫困线的确定》，《天津社会科学》2011年第1期。

⑤ 肖庆平：《破冰“碎片化”，推动“一体化”——对贯彻〈社会救助暂行办法〉加强社会救助体系建设的思考》，《甘肃日报》2014年6月16日。

⑥ 国际社会测定相对贫困线的常见方法是国际贫困线标准（International Poverty Line Standard）。国际贫困线是一种收入比例法，以相对贫困的概念为计算基础。经济合作与发展组织（OECD）在1976年组织了对其成员国的一次大规模调查后提出了一个贫困标准，即以一个国家或地区社会中位收入或平均收入的50%作为这个国家或地区的贫困线，后来成为被广泛运用的国际贫困线标准。

贫困线，以现行低保和低收入线为基准，适当提高最低生活保障、医疗卫生救助、残疾人保障等底线民生保障水平，扩大临时救助、专项救助保障范围，优先和重点照顾低保人员、特困人员以及老幼病残弱等最弱势群体，提高最低生活保障水平。第二条救助标准线是相对贫困线，以高于绝对贫困线150%—200%为基准，重点为低收入、边缘弱势群体、支出型贫困群体、老人、残疾人、单亲和失业等特殊群体提供基本民生保障，不仅关注他们的基本生存所需，还关注他们在教育、医疗卫生、住房等方面的支付能力，解决贫弱群体和支出型贫困者的基本民生问题。其次，要改变格式化供给，发展"友好型福利模式"（friendly - welfare services）。根据受助对象的类型特征以及不同需求提供针对性福利，比如针对高龄、残障、失业、低收入、单亲等不同类型的低保个案给予分类救助，对边缘弱势群体和支出型贫困群体给予专项救助，真正做到"以人为本、按需施助"。最后，要提高社会救助一体化水平，将碎片化、分割化的社会救助项目整合成一套综合性的全民社会救助制度。正如世界银行所说，这种基本安全网"一般是针对三个群体：有工作的穷人、被视为无工作能力或不情愿工作的人以及特殊的弱势群体。如果社会安全网的设计切合每个国家的具体现实，可以将这三类群体中针对个人的干预合并在一起，建立一个有效的普遍公共保险体系。在这样一个体系中，每个受到负面冲击以及生活水平跌落到预定标准以下的家庭都有资格从国家获得某种形式的资助。"①

（二）解决社会保险多轨并行、参保不足、覆盖不全的问题

社会保险是社会福利制度的中枢，主要是保障劳动就业人口在遭遇各类风险和意外时能维持正常生活，属于"基本安全网"。这方面要重点解决社会保险多轨并行、参保不足、覆盖不全的问题，逐步克服社会保险"双轨制"乃至"多轨制"的问题，解决机关、事业和企业单位之间因双轨制和多轨制所导致的福利待遇差距过大的问题，进一步提高社会保险的参保率与覆盖率，缩小城乡、区域、阶层之间的社保待遇差距，解决农民工等流动人口和外来劳务人员参保不足、覆盖不全的问题，将所有工作人口纳入一体化现代国民保险体系，真正实现应保尽保、全民覆盖。

---

① 世界银行：《2006年世界发展报告：公平与发展》，http：//www. ctc - health. org. cn/file/wdr06. pdf。

目前，我国不仅有城镇职工基本养老保险制度、城乡居民基本养老保险制度、机关事业单位退休养老制度，各地还有各种形式的农村养老保险、计划生育夫妇养老保险、失地农民养老保险、村干部养老保险等制度，过度分割的社会保障格局导致社会保险制度的多轨运行、待遇悬殊以及分配不公。[①] 以养老保险为例，目前我国养老保险制度包括城镇职工养老保险、城镇居民养老保险、新型农村社会养老保险等多项制度，参保方式和保障水平各异，相互衔接转换不畅，形成了碎片化和多轨制，造成公务员、事业单位职员、企业员工等不同群体的养老待遇差距悬殊。我国社会保险制度的另一个突出问题是部分社保项目参保率不高，农民工等社会群体参保不足，未能实现全员覆盖、应保尽保。据统计，2011 年，我国城乡养老保险参保率、城镇职工基本医疗卫生保险参保率、失业保险参保率、工伤保险参保率、生育保险参保率分别只有 59.26%、59.79%、57.81%、54.10%、56.09%，参保情况并不尽如人意。[②] 另据国家人力资源与社会保障部统计，2013 年，全国农民工总量达到 26894 万人，参加失业保险、工伤保险的农民工人数分别为 3740 万人、7263 万人，分别仅占农民工总数的 13.91%、27.00%[③]，这说明大部分农民工未被纳入失业保险和工伤保险的范围。

要解决社保覆盖不够、参保不足的问题，一方面，要加快完善与《社会保险法》相配套的政策，包括相关津贴和补助金政策、相关保险项目的衔接办法等，同时加大对《劳动法》和《社会保险法》等法律执行情况的监管力度，解决农民工劳动就业关系不规范、部分企业为降低用工成本有意回避参保等问题，进一步将农民工等特殊群体的工伤、医疗卫生、失业等保险项目纳入强制性管理，严格规范社保要求，加大对违规用人单位查处力度，从法律执行和政府监管上堵住“应保不保”的漏洞。另一方面，要逐渐打破地区之间、行业之间、单位之间的制度壁垒，解决不同种类社保项目衔接不畅、社保跨区域“转移接续”难、社保待遇悬殊等问题，建立健全社会保险待遇确定机制、正常调整机制、社保关系跨

① 陈圣莉：《重塑社保须从“碎片化”到“大一统”》，《经济参考报》2011 年 3 月 8 日。

② 褚福灵编著：《中国社会保障发展指数报告 2012》，经济科学出版社 2013 年版，第 16—18 页。

③ 资料来源：人力资源与社会保障部《2013 年度人力资源和社会保障事业发展统计公报》。

区转移机制，逐步建成可以在城乡之间以及地区之间顺畅移转的全国统一社保体系，真正实现全员覆盖、应保尽保。

（三）解决社会服务比重不高、种类不全、机制不顺的问题

社会服务是社会福利制度的重要组成部分，主要是为特定群体和有需要的公民提供各类个人和家庭问题的预防、支援和补救等社会服务，属于“重要安全网”。这方面要重点解决社会服务比重不高、种类不全、机制不顺的问题，增加社会服务投入，开拓新型社会服务种类，突破政府行政化供给不足，完善政府购买、服务外包等多元化服务供给机制，推动社会服务朝市场化、社会化、专业化方向发展，更好地满足多元群体日益增长的多样化服务需求。

一直以来，我国社会服务以“弱者照顾型服务”和“政府主导型服务”为主，面向更广泛社会群体和普通公民的服务比较有限，政府、企业、社会组织共同承担的多元化服务机制不健全，服务供给方主要是政府承办的公益性、事业性社会福利机构，服务投入主要来自各级政府财政拨款和补贴，服务对象主要面向老人、儿童、残疾人等社会弱势群体，服务种类主要包括儿童收养与救助、残疾人服务、安老服务和其他弱势群体服务，社会服务格局具有明显的“补缺型”色彩，难以满足民众日益增加的多元化需求。要解决上述问题，首先，要增加社会服务投入。据初步统计，2011 年，我国社会服务经费总支出 3229.1 亿元[①]，人均社会服务经费仅为 239.66 元，按照民政部的统计口径，社会服务经费包括了社会救助（如城乡低保、“五保”供养、医疗卫生救助、临时救助等）、防灾救灾、抚恤支出以及老人、儿童和残疾人福利费等各类民政福利经费（不包括民政基本建设支出），如果扣除不属于直接社会服务的项目[②]，按照直接服务经费所占经费不超过 30% 的比重粗略估算，2011 年我国内地人均社会服务经费不超过 70 元。[③] 相比之下，2011—2012 年度，香港社会

① 资料来源：民政部《2011 年社会服务发展统计公报》。

② 这里所说的直接社会服务是指扣除城乡低保、“五保”供养、医疗卫生救助、临时救助、防灾救灾、抚恤支出等各类以现金和实物为主的福利项目，主要以直接服务形式呈现的社会服务项目，如家庭与儿童服务、青少年服务、残疾人服务、安老服务和社区综合服务。

③ 社会服务经费总数来源于民政部统计，主要是指民政系统的社会服务经费，不包括人力资源与社会保障部、全国残联等其他系统的社会服务经费。

福利署用于资助非政府机构的社会服务预算经费达到 90.75 亿元[①]，人均社会服务经费支出达到 1260 元[②]，是内地人均支出水平的 18 倍以上（不考虑货币汇率因素）。

发展社会服务，首先要解决投入不够、比重不高、设施匮乏的问题，完善以政府财政投入为主渠道、以福彩公益金和社会投资等为补充的多元化经费投入机制，增加社会服务投入，特别是重点增加家庭服务、青少年服务、残疾人服务、安老服务、社区综合服务等项目支出，提供社会服务运行所必需的人力、财力、物力等配套支持。其次，要解决服务种类不全、服务项目不多的问题，在完善已有服务项目的基础上，开拓临床心理服务、医务社会服务、康复服务、违法者服务等新型社会服务项目，逐步实现社会服务覆盖日常生活各个领域，能够满足不同群体的多样化需求。最后，要解决机制不顺、形态单一的问题，进一步推广政府购买服务，加强社会组织与社工队伍的孵化培育，逐步实现社会服务项目化、购买服务契约化和服务承接制度化，完善“政府主导、社会参与、民间运作”的多元化社会服务运行机制。

（四）解决公共福利投入不足、发展不均、普惠不够的问题

公共福利是社会福利制度的“顶梁柱”，主要是为有需要的群体乃至全体公民提供发展性、均等化、适度普惠的福利服务，属于“高级安全网”。这方面要重点解决公共福利投入不足、发展不均、普惠不够的问题，加大公共福利投入，发展教育、医疗卫生、住房等更高层次的适度普惠型公共福利服务，实现社会政策主功能从“弱者照顾与贫困救助”到“人力发展与社会投资”的转变。

目前我国公共福利发展面临投入不足、发展不均、普惠不够三个比较突出的问题。以医疗卫生支出为例，2012 年，我国国家财政医疗卫生支出 7245.11 亿元，同期国家财政总支出 125952.97 亿元，医疗卫生支出占公共财政支出的 5.75%[③]；相比之下，2011 年 OECD 国家医疗卫生支出

---

① 需要说明的是，凡涉及内地财政开支，单位皆为人民币；凡涉及香港财政开支，单位皆为港币，如无特别说明，前后文同理，不再赘述。

② 资料来源：香港社会福利署《2011 年—2012 年度“津贴拨款资讯”》。

③ 资料来源：国家统计局《国家数据》。

占公共财政支出的平均比重达到14.5%[①]，是我国医疗卫生支出所占比重的2.52倍。据统计，2012年，我国城市医疗卫生支出21065.69亿元，农村医疗卫生支出6781.15亿元，城市医疗卫生支出是农村的3.12倍；城市人均医疗卫生费用2969.0元，农村人均医疗卫生费用1055.9元，城市人均医疗卫生费用是农村的2.81倍[②]，城乡医疗卫生事业发展差距由此可见一斑。2011年，我国教育、医疗卫生、住房支出占公共财政支出的比重分别为10.26%、3.90%、2.40%，除教育支出占公共财政的比重达到10%之外，住房、医疗卫生支出占公共财政支出的比重都明显偏低，这说明我国在相关公共福利项目上的投入还不够。[③] 此外，由于发展不平衡以及制度分割性，城乡之间、地区之间、行业之间、单位之间的公共福利发展差距明显，福利普惠化程度还不高。除了全民免费义务教育等少数福利项目之外，绝大多数福利项目都附带了资产和收入限制和户籍身份要求，或者与人口特征、工作单位和正式就业情况密切相关，总体上缺乏均等化、全民普惠的公共福利服务项目。

公共福利的首要特征就是公共性和普惠性，真正体现了“取之于民，用之于民”的特点。发展公共福利，首先，要不断提高公共福利投入，特别是要稳步增加教育、医疗卫生和住房等与重点民生和热点民生紧密相关的公共福利支出，力争社会开支占公共财政支出的比重尽快提高到40%以上。其次，要加快推动义务教育、公共卫生与基本医疗卫生、基本社会保障、公共就业服务等基本公共服务均等化，不断缩小城乡、区域、行业、群体之间的福利悬殊，将基本公共福利的差距控制在社会可承受的范围之内，彰显社会福利的公平与正义价值。

---

① 资料来源：OECD，Government at a Glance 2013，http：//dx.doi.org/10.1787/gov_glance-2013-en。

② 资料来源：国家卫生和计划生育委员会《2013中国卫生统计年鉴》。

③ 资料来源：2012年《中国统计年鉴》、《全国公共财政支出决算表》、《全国政府性基金收入决算表》、《全国社会保险基金收支决算》、《全国社会服务发展统计公报》、《中国卫生统计年鉴》、《全国教育经费执行情况统计公告》。

第五章　构建适度普惠型社会福利制度的误区与路径①

近年来我国社会福利发展驶入快车道，率先构建与经济社会发展水平相适应的适度普惠型社会福利制度，成为各地创新民生治理和社会建设的重要突破口。但是，由于我国普惠型福利建设起步较晚，对于如何构建适度普惠型社会福利制度，既没有现成的经验可借鉴，又缺乏系统的理论研究，各地基本上都是“摸着石头过河”，因而在理论认识和政策实践中存在不少误区，值得关注、澄清和纠正。本章在分析当前构建适度普惠型社会福利制度主要误区的基础上，提出树立科学的适度普惠福利观，构建阶梯式普惠型社会福利模式。

一　关于普惠型社会福利的常见误区

当前，对于如何构建普惠型社会福利制度，各地在理论认识与政策操作方面普遍存在忽视现实国情、误读普惠含义、重投入轻绩效、重规模轻质量、陷入泛民生化等误区，这极大地制约了社会福利政策的实施效果，影响了社会福利事业的健康、全面和可持续发展。

（一）忽视现实国情，夸大福利普惠

近年来，民生福利建设受到各级政府前所未有的重视，在各级政府的大力投入和支持下，我国社会福利支出稳步增加，总体福利水平不断提高，但在社会福利快速发展过程中，出现了不切实际夸大福利普惠的倾

---

① 本章主要内容系笔者所主持的深圳市哲学社会科学“十二五”规划2012年度课题“深港合作背景下深圳率先建设普惠型社会福利制度战略研究”（125C029）的阶段性成果，原文曾以论文的形式发表，载入本书时做了较大幅度的补充和修改，参见刘敏《构建普惠型社会福利制度：误区与路径》，《广西社会科学》2014年第3期。

向。在改善民生和发展福利的口号下，一些地方出现了忽视现实国情、追求超前福利、不切实际夸大福利普惠的倾向。不少地区声称经济发展落后但改善民生不能落后，片面追求高福利；相互攀比民生水平，热衷政府大包大揽；以保障和改善民生之名，追求政绩和面子工程，甚至“前任借钱后任还”，屡现“小锅烙大饼”；频频调高福利标准，致使福利支出水涨船高，社保基金缺口加大，有的地方社保基金收支差额达60%以上；脱离客观实际唱高调，只顾当前不顾长远，导致一些人心目中的“普惠”变成全民受益、人人有份。这些都是误读普惠型社会福利的含义，如果对此不警觉并提前做好预防，容易陷入“福利陷阱”。应当明确，发展普惠型社会福利不是搞“人人有份，永不落空”的平均主义“大锅饭”，也不是走高税收、高福利的西方福利国家路线。从长远看，发展现代普惠型社会福利制度是必然趋势，但改善民生福利一定要量力而行，根据本地区的经济社会发展水平，走渐进式发展道路，而不能急于求成，盲目发展高福利。

按照发达国家的经验，当一个社会人均GDP超过10000美元，那么它就具备“福利起飞”和发展较高水平福利的条件。① 尽管我国经济总量位居世界第二，但地区发展不平衡、整体经济社会发展水平还不高。2012年，我国人均GDP约6000美元，整体上尚不具备建立高水平福利的条件；特别是一些西部落后地区人均GDP在3000美元左右，尚处于改善民生阶段，更谈不上福利起飞。这些现实国情决定了社会福利建设不能搞“一刀切”，而应循序渐进、量力而行。目前，北京、上海、广东、江苏、安徽、辽宁、山西、湖南、海南、陕西、青海、宁夏等东中西部区域十余个省、自治区和直辖市提出“率先构建适度普惠型社会福利制度”。但客观平心而论，其中许多地区特别是中西部经济欠发达地区，尚不完全具备构建适度普惠型社会福利制度的条件，忽视这些现实国情社情，搞“撒胡椒面”、“一哄而上”甚至“超前消费”、“福利大跃进”式的福利发展策略，并不符合我国经济和社会发展实际水平，也不能真正建成适度普惠型社会福利制度。毕竟，我国尚属发展中国家，人口众多，经济社会发展水平还不高，城乡之间、地区之间发展很不平衡。这些基本国情决定了在

① ［日］武川正吾：《福利国家的社会学：全球化、个体化与社会政策》，李莲花、李永晶、朱珉译，商务印书馆2011年版，第231页。

全国一步到位建成高水平适度普惠型社会福利制度并不现实，也不具备可行性。如果忽视这些现实国情，片面强调福利普惠，追求全民受益的“大福利”，可能引发福利低效病，从而既影响社会福利的长远发展，也不利于经济可持续发展。这方面，西方福利国家已经留下了值得吸取的教训，前车之鉴，不可不引以为戒。

（二）误读普惠含义，“普”与“惠”发展失衡

福利普惠（universality）有两层基本含义：一是“普”，即广覆盖面（broad coverage），二是“惠”，即高给付水平（high level）①。根据覆盖面和给付水平的不同组合，可以区分四种社会福利类型——“补缺型”、“断裂型”、“低位型”和“普惠型”（见图5－1）。补缺型福利的特征是低覆盖面、低福利支出、低给付水平，主要侧重底线民生、贫困救助和最低保障，这是传统的社会福利模式。一直以来，我国社会福利制度具有明显的补缺型福利色彩，主要面向老、弱、病、残、幼、贫、困等社会弱势群体，福利对象覆盖范围较小、保障水平偏低。② 普惠型福利的特征是高覆盖面、高福利支出、高给付水平，既优先照顾弱者又兼顾适度普惠全民，这是社会福利的理想目标。全民普惠型福利制度的典型范例是以瑞典和挪威等北欧福利国家为代表的“斯堪的纳维亚福利国家”③。断裂型是低覆盖面、高给付水平，部分优势群体享受高福利，弱势群体却遭受制度性排斥，极端的情况是公共福利资源向优势群体倾斜，甚至产生“劫贫济富”式的“逆福利效应”，从而加剧经济分化、福利分层和社会不公。这种福利制度类型一般存在于贫富极为悬殊、社会公平度相对较低的发展中国家和社会转型国家，比如20世纪90年代初部分苏东国家在急剧的经济与社会转型过程中就出现过福利断裂化的现象。低位型福利是高覆盖面、低给付水平，属于低水平的社会福利。比如，近年来我国基本医疗卫生保险制度的覆盖面迅速扩大，参保率从2000年的15%提高到2011年的近95%，共覆盖了12.7亿人，如果说医保覆盖率达到90%可以认为是全民医保的话，我国医保覆盖率达到95%，已经可以称得上“初步跨入全

① Andreas Bergh, “The Universal Welfare State: Theory and the Case of Sweden”, *Political Studies*, 2004, Vol. 52, p. 750.

② 窦玉沛：《中国社会福利的改革与发展》，《社会福利》2006年第10期。

③ ［丹麦］哥斯塔·埃斯平－安德森：《福利资本主义的三个世界》，苗正民、滕玉英译，商务印书馆2010年版，第38—39页。

民医保国家行列”①。但是，客观而论，目前我国基本医保的保障水平还比较低，2014 年各级财政对新型农村合作医疗卫生和城镇居民基本医疗卫生保险人均补助标准仅为 320 元，这种补助标准只能保障最基本的医疗卫生需求，与发达国家“全民医保”的保障水准仍有较大的差距，最多称之为“低位型全民基本医保制度”。

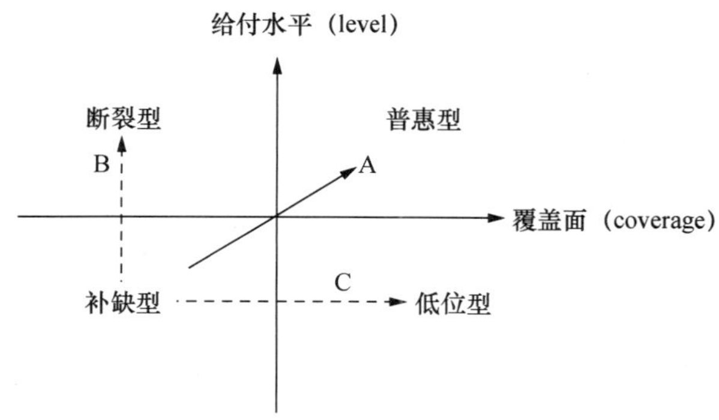

图 5－1　根据覆盖面和给付水平的不同组合而划分的社会福利类型

从长远看，我国适度普惠型社会福利制度的发展路线应当是从补缺型福利向适度普惠型福利转变，即应遵循的福利发展路线是图 5－1 中的 A 路线而不是 B 线或 C 线。但目前一些地区误读普惠的含义，片面强调福利“普”或“惠”，以致“普”与“惠”发展失衡，出现“惠而不普”和“普而不惠”，福利发展从“普惠型”滑向“断裂型”和“低位型”，即福利建设从 A 线偏向了 B 线和 C 线。一种情况是“惠而不普”，社会福利呈现“断裂化”发展，具体表现为片面增加福利支出、提高给付水平，却没有相应扩大覆盖面，社会福利出现断裂化势头。例如，近年来社会福利支出水涨船高，但却未同步惠及农民工等弱势群体。2011 年全国社会保险基金支出 18055 亿元，同比增长 21.8%，但当年参加养老保险、医疗卫生保险、失业保险的农民工人数分别仅占农民工总数的 17.3%、19.0%、10.3%，这意味着 80% 以上的农民工被排斥在基本社会保险制

① 李惊亚、李黔渝：《卫生部：我国成全民医保国家　96% 人享基本医保》，新华网，2012 年 7 月 28 日，http：//news. qq. com/a/20120728/000056. htm。

度之外。[①] 另一种情况是"普而不惠",社会福利呈现"低位化"发展,具体表现为片面扩大福利覆盖面,却没有相应增加给付水平,陷入"福利形式主义",社会福利呈现低位化运行的局面。例如,近年来一些地区推出每人200元/年的低保人员临时价格补贴,每人30元/月的80岁以上高龄老人津贴,每人100元/年的儿童和学生大病医疗卫生保险,这些福利项目本是惠民好事,但由于保障水平过低,难以起到实质上的惠民作用。无论是"惠而不普"还是"普而不惠",都背离了社会福利适度普惠化发展的目标和方向。

(三)重投入轻绩效,泛民生化倾向

增加民生福利投入是近年来民生福利建设的重点。2007—2011年,国家财政用于教育、医疗卫生、住房、社会保障与就业等广义性社会福利支出从14657.67亿元增至37856.93亿元,增长158.27%,其中,教育支出增长131.63%,社会保障与就业支出增长103.95%,医疗卫生支出增长223.10%,住房保障支出增长3789.54%。[②] 但是,伴随民生水平快速提升,一些地方重福利投入而轻福利绩效、重福利规模而轻福利质量、泛民生化的倾向以及由此导致的问题逐渐凸显。

例如,社会福利观落入狭隘主义的窠臼,以为发展福利就是扩大福利规模水平,忽视福利结构和福利绩效,在大幅度民生支出和福利规模增长的背后,既未深入思考福利投入的绩效问题,也未有效解决福利质量不高、结构不合理的问题,这导致福利规模水平成为衡量民生福利建设绩效的唯一"指挥棒",福利质量结构在相当程度上被忽视。举例来说,尽管福利投入快速增长,福利水平持续提高,但补缺型福利结构未有实质改观,社会福利依然主要侧重老弱病残和贫困、低收入等弱势群体,对更大范围的群体和普通公民提供的福利服务较少;福利支出增速迅猛,但福利支出结构不合理,现金和实物所占比重大、社会服务规模偏小。例如,2008—2012年,全国民政事业费支出增长48.17%,其中社会服务支出仅增长12.32%,社会服务支出占民政经费总支出的比重从4.8%降

① 国家人力资源与社会保障部:《2011年度人力资源社会保障事业发展统计公报》,http://www.gov.cn/gzdt/2012-06/05/content_2153635.htm。

② 国家统计局:《中国统计年鉴2012》,中国统计出版社2012年版。

至3.6%。[①]

比如，热衷于增加福利项目和支出，对福利机会不均等视而不见；把发展福利狭隘理解为增加民生投入，忽视了福利权的普惠；片面追求福利供给的结果平等，忽视了福利供给中的过程不平等和机会不均等；过分强调最低保障和生存权，忽视了贫困群体和弱势群体的发展权。这导致社会福利分配过程中的福利权不平等和机会不均等问题一直未得到很好的解决，并成为影响和制约我国社会福利发展的重要原因。例如，福利资源分配存在制度性歧视，将更多的福利资源用于城市而不是农村、用于城市居民而不是农民和农民工；城乡二元体制导致城乡福利悬殊，农民和农民工等弱势群体在社会福利体制中沦为“二等公民”，遭受社会福利供给的制度性排斥；福利分化严重，不同地区、不同行业、不同群体的福利差距过大，一边是弱势群体福利短缺、福利权益缺失，另一边是优势群体福利过剩、享受超国民待遇。

再比如，片面追求民生支出上规模、上水平，一味强调增加民生福利投入，却不关心民生支出的绩效；只强调增加福利总量，忽视福利效益；把民生当成筐，什么都往里装，甚至用民生来包装“政绩工程”、“形象工程”。许多地区宣称每年民生支出占地方财政支出比例达到60%甚至70%以上，但这些财政投入的绩效如何、有多少是真正落到了民生实处，却并没有相应的绩效评估。以民生一大开支项目——教育投入为例，政府统计口径中的教育支出，既包括用于提高教育公用经费、补助学生以及建设教学楼等支出，也包括教育行政部门的差旅、办公、会议支出和建设办公楼、购置车辆等行政性经费支出，严格而言，真正能称得上是教育投入的只是这些支出的一部分。[②] 这说明，若不考虑财政支出性质，简单将教育、医疗卫生、住房、社会保障、城乡社区事务、科学技术、交通运输、农林水利、文化体育等领域的支出，统一纳入“民生支出”口径，这容易给人以民生支出“虚增虚胖”的感觉，毕竟，真正算得上是福利支出的只是这些支出的一部分。

当然，重视民生、改善民生值得肯定，但若仅仅考虑民生投入支出的增加，对往哪里投、投多少、怎样投、效果如何评价等没有足够重视，就

---

① 资料来源：民政部《2008年民政事业发展统计公报》、《2012年四季度全国社会服务统计数据》，http://www.mca.gov.cn/article/zwgk/tjsj/。

② 霍侃、蓝方：《民生投入量力而行讲求效率才能有公平》，财新网，2012年3月9日。

会影响民生投入的绩效，甚至会影响公共资源的合理使用与公平分配。重投入轻绩效、重规模轻质量、泛民生化倾向的结果是，民生福利建设长期走简单化粗放式发展道路，尽管每年政府用于民生福利的开支持续稳定增加，但教育、医疗卫生、住房等领域的民生问题依然十分突出，民众对民生福利建设的满意度并不尽如人意。更为严重的是，在民生福利各种“数字增长”的背后，福利分配不公正、运行体制不健全的问题一直未得到很好的解决。仅以城乡福利悬殊为例，有学者测算，城乡二元体制导致城乡之间社会保障财政支出相差悬殊，城市人均社会保障费用支出是农村的90多倍，60%的农民仅占有不足30%的国家公共福利资源。[①] 正如英国学者沙琳（Sarah Cook）所指，这种补缺型福利制度“固然提供了一定水平的社会保障，然而却将各种排斥制度化了，并在具有不同权利资格的人群——特别是城乡居民、国家工作人员与非国家工作人员——之间划分了清晰的界限”，从而在福利资源分配方面衍生了新的社会不平等。[②]

二　普惠型福利观要义

造成上述理论认识与政策实践误区的原因很多，其中一个重要原因是对于如何构建适度普惠型社会福利制度以及如何实现社会福利的适度普惠化缺乏科学合理的认识。在很大程度上，树立科学的普惠型福利观，正确理解适度普惠型福利的目标定位及其实现方式，是构建适度普惠型社会福利制度的前提条件。关于适度普惠型社会福利的内涵要义，前文已做了较为充分的探讨，这里不再赘述，下文结合福利理念与政策操作谈谈普惠型福利观的要义。

（一）既要统一规划又要因地制宜，坚持增量式福利发展

从“补缺型福利”向“普惠型福利”的转变是社会福利制度的结构性转型，涉及福利文化理念、政策模式、管理体制和运行机制等深层体制机制改革，而非某个地区单打独斗所能完成的任务，因而需要国家统一规

① 杨艳东：《我国劳动者的福利差距与社会保障制度的公平性——基于就业所有制性质的视角》，《学术界》2013年第3期。

② ［英］沙琳编：《需要和权利资格：转型期中国社会政策研究的新视角》，中国劳动社会保障出版社2007年版，第7页。

划、顶层设计、统筹推进，由国家层面对社会福利发展方向、改革路径及其配套政策做出系统的规划和设计。“罗马城并非一夜之间建成”，普惠型福利制度构建也非一蹴而就的目标。我国尚属发展中国家，整体经济发展水平还不高，地区发展很不平衡，东、中、西部地区发展差距依然较大，地区之间的经济规模、财政收入、财富拥有量等重要指标的差距比较明显。对于我国地区发展悬殊，胡鞍钢根据经济和社会发展水平存在的地区差距提出了“一个中国、四个世界”的观点：“第一世界”是上海、北京、深圳等高收入发达地区；“第二世界”是大中城市和沿海上中等地区；“第三世界”是下中等收入地区；“第四世界”是中西部贫困地区。[①]发展不平衡的现实国情决定了社会福利建设不能搞“一刀切”和“大跃进”，而应因地制宜、适度发展。

立足中国现实国情可以判断，适度普惠型福利发展将沿着中国特色增量式福利发展路径前进，即以既有“存量福利”为基础，通过可持续的经济发展做大“经济蛋糕”，不断扩大“增量福利”，通过社会公平机制的调节，分好“经济蛋糕”，保证基本公共福利分配应有的包容性与公平性，提高基本公共服务均等化水平。这就要求坚持经济发展与民生改善、经济效率与社会公平协调发展，以已经取得的福利成就和经验为前提，确保福利发展速度和经济发展水平相互协调、动态适应。实现福利增量发展，可以先在东部经济发达地区设立适度普惠型社会福利制度试验区，从政策上支持有条件的地区先行先试，率先构建适度普惠型社会福利制度。在试点成功后，再逐步在中西部有条件的其他地区推广。这方面，国家民政部已经与广东、江苏、浙江等沿海经济发达地区签署合作协议，支持这些地区率先构建适度普惠型社会福利制度。例如，2013 年，民政部在江苏省昆山市、浙江省海宁市、河南省洛宁县、广东省深圳市等地开展适度普惠型儿童福利制度建设试点，以儿童福利为先导，探索构建适度普惠型社会福利制度，这标志着国家在推动适度普惠型社会福利制度试点方面取得了新的重要进展。下一步，国家应当给予这些地区充分的政策优惠与制度创新空间，赋予其在社会福利体制改革乃至整个民政管理体制改革中更大的自主权，鼓励相关地区率先探索现代社会福利管理体制和运行机制，通过区域性体制创新和地方性知识积累，为全国社会福利体制改革提供经

① 胡鞍钢：《中国地区差距的变迁情况》，《人民论坛》2011 年第 22 期。

验。需要指出的是，“速效莫求”，开展适度普惠型福利制度建设试点，不能搞地区平衡、“撒胡椒面”，不宜在全国各地区“广撒网”，不能追求“短平快”、“揠苗助长”，而应在真正符合条件的经济发达地区先行试点，循序渐进地推进，确保改革试点真正取得成效，逐步实现从局部普惠到整体普惠、从地区普惠到全国普惠。

（二）既要扩面也要提标，实现“普”与“惠”协调发展

相比补缺型福利制度，适度普惠型福利制度具有广覆盖和高水平的特点，不仅能满足弱势群体的基本民生需求，还能帮助有需要的公民维持一定的生活质素，真正覆盖全民、惠及民生。构建适度普惠型社会福利制度，既要“扩面”也要“提标”，实现“普”与“惠”协调发展，确保福利发展沿着从“补缺化”到“普惠化”的轨道前进。“扩面”即扩大福利覆盖面，让更多民众受益。“提标”即提高福利标准，实质上惠及民生。首先，要循序扩大福利覆盖面，逐步将社会各类人群纳入覆盖范围，建立覆盖城乡居民的社会福利体系，实现城乡统筹和应保尽保。要将以“扶老、助残、救孤、济困、赈灾”为重点的传统补缺型福利制度升级为全民适度共享的现代普惠型福利制度，实现从“优先照顾弱者”到“弱者照顾与全民普惠兼顾”的转变。新福利制度的覆盖对象不仅包括以弱势群体、贫困群体和优抚群体为主的传统民政对象，也包括更大范围的一般群体和有需要的普通公民；不仅包括具有城市户籍的城市公民，也包括符合条件的边缘弱势群体、流动人口以及外来务工人员。在优先保障贫困群体和弱势群体基本民生需求的基础上，逐步将福利覆盖范围扩大到更广泛的社会群体，真正实现应保尽保、民生对象全覆盖。

其次，要渐进提高福利标准，创新福利供给方式，提高福利给付水准和保障能力，实现福利主功能从维持生存到促进发展、从被动补救到主动回应、从贫困救助到投资人力的转变。不仅保障贫弱群体的基本民生需要，还关注有需要的公民在教育、医疗卫生、住房、就业等方面的支付能力。不仅保障受助人的基本生活，而且通过配套服务改善受助人的生活质素，帮助他们维持一定的生活水平，促进人力发展与社会投资。一直以来，我国福利供给主要采取基本收入援助和物质救助的方式，主要是保障贫困和弱势群体最基本的生活需求。这种基本物质救助式福利供给主要局限于消极的救助补偿，强调福利供给的“输血”功能，忽视了它的“造血”功能，结果不仅难以帮助贫困者实现生存权、有效满足其基本需要，

更谈不上帮助他们摆脱贫困、实现发展权，反而有可能造成他们陷入“低收入—低消费—低收入—低消费”的恶性循环，从而形成一个代际传递的持续性贫困群体。[①] 因此，为提高福利供给效果效益，不仅要增加福利投入、扩大福利范围、提高福利标准，还要创新福利供给方式，更加关注预防性、发展性福利（如个人与家庭服务、社会保险、全民医疗卫生等），更加关注人力资本与社会投资（如技能训练、积极就业、创业资助、小额贷款、社区发展等），提升个人、家庭和社区的自我发展能力，推动福利服务从事后补救到事前预防、从“输血”到“造血”的转变。诚如英国著名学者安东尼·吉登斯（Anthony Giddens）所言，传统福利制度主要通过提供收入援助和实物救助的方式进行福利供给，如今应该倡导一种积极主义福利（positive welfare），确立“无责任即无权利”（no rights without responsibilities）的原则，通过增强人力资本和人的发展能力来应付“风险社会”带来的各种危机，变被动式福利为积极型福利，变补救性福利为预防性福利，变传统型福利国家为社会投资型国家。[②] 安东尼·哈尔、詹姆斯·梅志里也说，传统的社会政策单纯把减少贫困、提供福利当作社会政策的目标，而到如今，减少贫困、增强社会保护、提高发展能力、获取可持续性生计（sustainable livelihood）以及消除社会排斥，都已经成为社会政策的合理目标，因而应当采取更为全面、更具发展导向性的社会政策模式。[③]

（三）既要公平也要效率，实现可持续福利发展

福利供给的普惠，主要是追求福利分配结果的公平，确保为不同社会群体提供基本的、不同标准但最终大致均等的公共福利。福利权的普惠，主要是追求福利分配起点的公平和过程的公平，强调的是权利平等和机会均等。在很大程度上，只有福利供给普惠而没有福利权普惠，就不会有真正的普惠型社会福利制度。社会福利实质上是“从某种程度的经济福利与安全到充分享有社会遗产并依据社会通行标准享受文明生活的权利等一

---

① I. P. 盖托碧、卡利德·山姆斯主编：《有效地摆脱贫困》，陈胜华等译，经济管理出版社 1996 年版，第 12 页；［美］迈克尔·谢若登：《资产与穷人——一项新的美国福利政策》，高鉴国译，商务印书馆 2005 年版，第 214—216 页。

② Giddens, A., *The Third Way: The Renewal of Social Democracy*, Cambridge: Pclity Press, 1998.

③ ［美］安东尼·哈尔、詹姆斯·梅志里：《发展型社会政策》，罗敏等译，社会科学文献出版社 2006 年版，第 6 页。

系列权利”，其核心是公民能够享有平等的社会权利和国民待遇。[①] 为什么要强调福利权？这是因为，真正的福利普惠，并不仅是福利结果的普惠，更是福利权利和福利机会的普惠，即让公民在经济社会发展中享有平等的生存和发展权利，共同分享经济发展和社会进步所带来的福祉和成果。但在相当长一段时期内，福利权不平等以及由此衍生的福利分配过程中的机会不均等、过程不平等，成为加剧福利不平等和社会不公的重要原因。例如在社会福利分配中存在制度上的区别对待，甚至对特定群体存在歧视，更多的福利资源用于城市而不是农村，更多的社会保障资源用于城镇职工，而忽视了农民和农民工。在这种情况下，要构建适度普惠型社会福利制度，不仅要增加社会福利供给，扩大福利总量，也要解决福利供给过程中存在的权利不平等和机会不均等的问题，保障广大民众享有基本社会权利和平等的发展机会，缩小城乡之间、区域之间、群体之间的福利待遇差距。

社会福利要实现可持续发展，必须兼顾效率与公平两种基本价值。可以说，公平原则是福利的基本价值，但是福利也不能放弃效率原则。失去公平原则，福利便偏离了正义的方向，甚至沦为加剧社会不公和贫富悬殊的工具；失去效率原则，福利发展难以为继，不具备可持续发展能力，甚至陷入“超前消费”、“寅吃卯粮”，这样的福利制度注定难以为继。因此，构建适度普惠型社会福利制度，既要坚持公平原则，又要讲究效率，力争在公平和效率之间找到最佳结合点，实现某种动态上的平衡。“如果说市场经济天然追求效率，社会福利则天然追求公平。这种公平性意味着，社会福利作为国家对公民的应尽的义务，国家必须承认所有公民在充分享有社会福利保障上的权利，将其纳入社会保障体系的范围中，没有理由将一部分人排除在外。”[②] 从公平角度讲，构建适度普惠型社会福利制度，必须高举公平、正义的大旗，努力追求福利分配和福利机会的公平，实现基本公共服务的均等化，减少区域之间、城乡之间、群体之间的福利不平等，着力解决福利权不平等以及由此衍生的福利分配过程中的规则不平等、机会不均等和过程不平等问题，确保民众在经济社会发展中享有平等的生存权和发展权，共同分享社会进步所带来的成果。从效率角度讲，

① 郭忠华、刘训练编：《公民身份与社会阶级》，江苏人民出版社 2007 年版，第 8 页。

② 李琼：《以福利普惠推进公民权利平等化》，《长江日报》2009 年 8 月 5 日。

构建适度普惠型社会福利制度，不能“寅吃卯粮”、不计成本，否则没有效率，公平也无从保障；而应量力而行、循序渐进，综合考虑经济社会水平、地方财政实力和民生福利需求，将有限的福利资源优先向农村、边远、贫困、民族地区倾斜，向贫困群体、特殊群体、弱势群体倾斜，优先解决基本生活保障、教育、医疗卫生、住房和就业等关系民众日常生活的最紧迫的重点民生问题。

（四）既要福利规模也要福利质量，走内涵式福利发展之路

一般认为，普惠型社会福利是指向全体具有公民身份（citizenship，又被译为“公民资格”）的社会成员提供的、涵盖基本生活主要方面、普惠全民的社会福利体系，是一种比补缺型福利发展水平更高的社会福利形态；不仅具有更高的福利规模水平，也具有更优的质量结构。[①] 因此，构建适度普惠型社会福利制度，不仅需要福利规模增长，也需要福利质量改善；不仅需要福利水平升级，也需要福利结构升级。近年来我国以规模速度为主要导向的粗放式福利发展策略取得了很大的成效，但随着福利投入的持续增加、福利改革的逐步深入，这种福利发展的边际成本递增，而产生的边际效益却递减，因而必须适时转变福利发展方式，坚持规模水平和质量结构相统一，改变粗放式福利发展策略，走以质量效益为主的内涵式福利发展之路。

英国著名经济学家庇古根据边际效用基数论提出两个基本的福利命题：国民收入总量越大，社会经济福利就越大；国民收入分配越平等，社会经济福利就越大，他据此认为，经济福利在相当程度上取决于国民收入的总量和国民收入在社会成员之间的分配情况。[②] 因此，要增加国民经济福利，必须在生产方面增加国民收入总量，即扩大“经济蛋糕”；在分配方面提高国民收入分配的均等化水平，即分好“经济蛋糕”，前者重在福利总量规模，后者重在福利质量效益。庇古的福利经济学观点是对增量式福利发展策略的很好注脚，特别是对于我国这种处于社会转型阶段的发展中国家具有很强的借鉴和指导意义。增量式福利发展路径的精华在于：盘活“存量福利”，做大“增量福利”，在做大“经济蛋糕”的同时分好“经济蛋糕”，实现基本公共服务的均等化和公共福利资源的公平分配。

① 彭华民：《中国组合式普惠型社会福利制度的构建》，《学术月刊》2011 年第 10 期。

② ［英］庇古：《福利经济学》，金镝译，华夏出版社 2007 年版。

在某种程度上，眼下分好“经济蛋糕”比做大“经济蛋糕”更具紧迫性，也更为重要，这是因为，分好“经济蛋糕”往往比做大“经济蛋糕”更难，而且在生产与分配、效率与公平的天平上我们往往更容易倾向于前者。

如何分好“经济蛋糕”，确保民生福利实现“有质量的增长”？一方面，要构建制度化的民生净福利支出增长机制，建立社会福利与物价指数、经济增长相关的联动机制，保证经济增长与社会福利协调发展，确保“经济蛋糕”在做大的同时能够更好地实现公平分配。这方面可以借鉴西方发达国家的经验，构建以民生福利为导向的公共财政支出结构，形成以民生福利支出为核心的公共财政支出监测评估体系，优化和公开民生福利支出的详尽科目，对社会福利支出及其构成情况进行动态的检测和评估，稳步提高福利支出水平和总体规模。① 另一方面，要建立民生福利发展水平评价指标体系，把福利支出结构、收益分配结构、福利投入绩效等纳入福利评价指标体系，对福利规模水平和质量结构进行动态的监测、评估和测算，及时评估民生财政投入的效益性、效率性和效果性，从而提高社会福利发展的质量和效益。要通过制度化的民生支出增长机制与分配机制，确保把投向“民生”的钱“用在刀刃上”，切实让有照顾需要的社会群体受益，让民众能够实实在在分享到经济社会发展的成果。在提高福利规模水平的同时，还要解决福利分配不公正、运行体制不健全、福利结构不完善等制约社会福利发展的深层“瓶颈”问题，实现社会福利“有质量的增长”。

三 阶梯式普惠型社会福利的理论依据

考虑到社会发展阶段性、地区发展不平衡性以及福利需求层次性，笔者认为，我国应当采取阶梯式福利发展策略，构建阶梯式普惠型社会福利发展模式，将社会福利普惠化供给与阶梯化供给相结合，分阶段、分层次、分步骤，从区域普惠到全国普惠，从弱者普惠到全民普惠，逐步构建

① 贡森、葛延风等：《福利体制和社会政策的国际比较》，中国发展出版社 2012 年版，第 221—222 页。

层次有别、功能互补、相互支持、多重保障的阶梯式普惠型社会福利制度。

（一）社会发展阶段性

普惠型社会福利制度是建立在一定的经济水平与社会条件的基础之上的。按照发达国家的经验，当一个社会人均 GDP 超过 10000 美元，那么它就具备实现"福利起飞"的条件。[①] 根据国际货币基金组织（IMF）公布的 2013 年世界各国人均 GDP 排名数据，2013 年，我国（不含港澳台地区）人均 GDP 为 6747 美元，排名第 81 位，低于世界平均水平 10486 美元，尚处于中等收入国家的水平，与高收入国家的发展差距还很大。2013 年，我国一些西部经济欠发达地区（如甘肃、贵州）人均 GDP 低于 4000 美元，落后于伊朗（2013 年人均 GDP 为 4750 美元）、突尼斯（2013 年人均 GDP 为 4345 美元）、巴拉圭（2013 年人均 GDP 为 4169 美元）等亚非拉发展中国家。截至 2013 年 10 月，我国城乡低保人口超过 7300 万，绝大部分低保人员处于绝对贫困或相对贫困状态。按照世界银行规定的每人每日消费水平低于 1.25 美元的贫困线标准，我国还有 1 亿多人生活在贫困线以下。这说明，我国依然人口多，底子薄，发展不平衡、不协调，从人均水平上来看经济和社会发展水平还不高，仍然是一个发展中国家并将长期属于发展中国家。无论是从总体国民收入水平还是从人均国民收入水平来看，我国依然处于改善民生阶段，谈不上"福利起飞"，更遑论建立高水平福利社会。对此，有学者指出，我国民生建设还处于"民生解决"阶段，正在向"民生改善"阶段迈进，离"民生发展"阶段还有很长一段路程。[②]

从总体上讲，我国还不具备"福利起飞"的条件，更不具备建立高水平福利社会的条件。但是，我国经济总量位居世界第二，整体经济发展水平已迈入中等收入国家行列，已经到了全面改善民生的阶段。根据国际货币基金组织（IMF）公布的数据，2013 年我国 GDP 达到 91813.77 亿美元，经济总量已居世界第二，人均国内生产总值为 6629 美元，人均国民收入达到中等收入国家的水平。按照世界银行规定的高收入国家和地区的

① ［日］武川正吾：《福利国家的社会学：全球化、个体化与社会政策》，李莲花、李永晶、朱珉译，商务印书馆 2011 年版，第 231 页。

② 唐任伍：《跨越"民生陷阱"优化民生发展》，《中国教育报》2012 年 9 月 28 日。

标准[①]，我国不少东部沿海发达地区的经济发展已经达到高收入国家和地区的水平，初步具备“福利起飞”和建立适度普惠型社会福利制度的条件。2012 年我国共有 49 个城市（不含港澳台地区）的人均 GDP 超过 10000 美元，其中，苏州、广州、深圳、天津等 16 个城市的人均 GDP 超过 15000 美元，2013 年北京、上海的人均 GDP 超过 14000 美元。总之，经过改革开放三十多年的发展，我国经济实力大幅提高，综合国力大大增强，人民生活水平不断提高，已经具备改善民生、提高福利的基础和条件。特别是在过去相当长的一段时期内，我国采取的是高增长、低福利的发展路线，过于追求经济增速和 GDP 总量，对改善民生、提高福利关注不够，投入也不够，民生改善长期滞后于经济发展，存在“一条腿长、一条腿短”的问题，现在是时候弥补和偿还过去民生建设“所欠旧账”了。

综上所述，无论是从发展基础、已有条件还是补偿过去改善民生“所欠旧债”的角度讲，我国已经到了全面改善民生的阶段。一方面，从经济总量位居世界第二、整体迈进中等收入国家行列、部分发达地区达到高收入国家标准等发展基础看，我国已经迈入全面改善民生的历史新时期，应当适时推动社会福利体系从“补缺型”向“适度普惠型”的转变，构建适度普惠型社会福利制度。另一方面，从作为世界最大的发展中国家、处于社会主义初级阶段、人均发展水平还比较低、许多中西部地区经济欠发达等现实国情看，我国不能一步到位建设高水平福利制度，而应采取阶梯式福利发展策略，分阶段、分步骤、分地区，构建阶梯式普惠型社会福利模式，针对部分地区（东部沿海发达地区）、部分项目（底线民生、基础民生）、部分群体（贫困和弱势群体）率先探索局部性的适度普惠型社会福利制度，在此基础上从区域普惠到全国普惠，从低度普惠到高度普惠，从弱者普惠到全民普惠，逐步构建层次有别、功能互补、相互支持、多重保障的阶梯式普惠型社会福利制度。

（二）地区发展不平衡性

我国地区经济社会发展很不平衡，针对这种地区发展水平悬殊，有学

① 根据世界银行 2013 年关于人均国民收入（GNI per capita）的标准，人均国民收入低于 1035 美元为低收入（Low income），介于 1036 美元到 4085 美元为中等偏下收入（Lower middle income），介于 4086 美元到 12615 美元为中等偏上收入（Upper middle income），高于 12616 美元为高收入（High income）。

者形象地提出了“一个中国、四个世界”的观点。[①] 根据《中国统计年鉴》的统计资料，我国“一五”计划的第一年（1952 年）贵州省的人均 GDP 为 58 元，而上海市为 419 元，两个区域间存在 7.22 倍的差距；而到了 2008 年，这一差距则扩大为 10.06 倍，地区发展差距不降反升。[②] 有学者运用联合国开发计划署（UNDP）提出的“人类发展指数”（HDI）[③] 来研究我国地区发展差距，发现全国发展水平呈现比较明显的阶梯化趋势，2008 年，北京、上海、天津、广东、江苏、浙江等东部沿海经济发达地区的 HDI 一般高于 0.8，处于高人类发展水平；河北、吉林、福建、江西、重庆等中东部地区的 HDI 一般介于 0.8 与 0.7 之间，处于中等偏上的人类发展水平；贵州、云南、西藏、青海等西部欠发达地区的 HDI 一般低于 0.7，处于中等人类发展水平；其中，上海是人类发展指数最高的地区，其 HDI 值达到 0.908，人类发展水平最低的是西藏，其 HDI 值仅为 0.630，前者高出后者 44.13%。[④] 2011 年，广东省 GDP 和财政收入分别达到 53210 亿元、5515 亿元，同期西藏自治区 GDP 和财政收入分别仅为 606 亿元、55 亿元，广东 GDP 和财政收入分别是西藏 GDP 和财政收入的 88 倍和 100 倍。[⑤] 2013 年，天津市人均 GDP 达到 16000 美元，贵州省人均 GDP 仅为 3700 美元，前者是后者的 4.32 倍。

我国东部、中部、西部地区发展呈现明显的阶梯性，发展极不平衡的现实国情决定了在全国一步到位建成适度普惠型社会福利制度并不现实，

---

① 胡鞍钢：《中国地区差距的变迁情况》，《人民论坛》2011 年第 22 期。

② 金相郁、武鹏：《中国区域经济发展差距的趋势及其特征——基于 GDP 修正后的数据》，《南开经济研究》2010 年第 1 期。

③ 人类发展指数 HDI（Human Development Index）是联合国开发计划署（UNDP）在《1990 年人文发展报告》中提出的，根据预期寿命、受教育年限、人均国民收入等指标计算得出的综合指标，用来衡量联合国各成员国经济社会发展水平。在 UNDP 发布的《2014 人类发展报告》中，UNDP 依据 HDI 值将世界各国人类发展水平划分为：极高、高、中、低四组，HDI≥0.8 属于极高人类发展水平（very high human development），0.7≤HDI<0.8 属于高人类发展水平（high human development），0.55≤HDI<0.7 属于中等人类发展水平（medium human development），HDI<0.55 属于低人类发展水平（low human development）；2013 年，我国人类发展指数为 0.719，全球排名第 91 位，首次从中人类发展指数国家，跨入高人类发展指数国家行列。参见 UNDP, *Human Development Report 2014*, 2014, http://hdr.undp.org/en/content/human-development-report-2014。

④ 李晶、郭立文：《中国人类发展的区域差距和空间格局分析》，《统计与决策》2013 年第 23 期。

⑤ 资料来源：国家统计局《国家数据（分省年度数据）》。

至少在短期不具备可行性。因而，符合现实国情的路径是采取阶梯式福利普惠化发展策略，先在北京、上海、广东、江苏、浙江等东部沿海经济发达地区设立若干个普惠型社会福利制度改革试点区，支持这些有条件的地区先行先试，以儿童福利、老人福利、残疾人福利和其他福利制度为先导，率先构建中国特色适度普惠型社会福利制度，在这些地区试点成功并取得经验后，再在有条件的其他地区逐步推广应用，实现从个别福利项目普惠到整体福利项目普惠，从局部普惠到全国普惠，最终在全国范围建成适度普惠型社会福利制度。

（三）福利需求层次性

社会福利旨在满足人民福利需求，福利需求有三个基本层次：维持基本生活的生存性需求（A 类）、应付各种风险的安全性需求（B 类）、促进人力投资的发展性需求（C 类）。生存性需求（A 类需求）以维持最基本的生存条件为界限，无法满足这种需求则衣食住行极度匮乏，甚至难以生存；安全性需求（B 类需求）是保障在失业、缺乏收入以及遭受各种意外风险或灾害的情况下能够维持正常生活，基本生活水平不至于遭受太大影响，无法满足这种需求则有可能陷入相对贫困，甚至绝对贫困的状态；发展性需求（C 类需求）是通过改善物质资本、人力资本或社会资本进而提高自我发展能力，获得更多发展机会和更高生活质素，无法满足这种需求便只能维持目前的生活水准，难以实现自我发展和提高生活质素。

A、B、C 三类福利需求呈现明显的层次性、递进性。相比较而言，在很大程度上，贫困群体和弱势群体更多地需要满足 A 类需求，劳动就业人口与在职工作人员更多地需要满足 B 类需求，一般群体、有需要者以及普通公民更多地需要满足 C 类需求。① 不仅如此，三个层面的福利需求呈现一种依次递进的关系，在很大程度上前一种福利需求的基本实现是后一种福利需求得以实现的前提条件，只有满足了前一种福利需求，才能更好地满足后一种福利需求。福利需求的层次性决定了构建普惠型社会福

① 当然，不同群体在福利需求上的差异是相对的，并不是绝对的。比如说，贫困和弱势群体也具有安全性需求、发展性需求，劳动就业人口与在职工作人员也具有发展性需求，但就需求的紧迫性、次序性、层次性而言，只有先满足了前一种福利需求，才能更好地满足后一种福利需求。从这个意义上讲，贫困和弱势群体的首要任务是满足生存性需求，维持基本生活；劳动就业人口与在职工作人员的首要任务是满足安全性需求，获得经济上的安全。

利制度很难一步到位实现各层次福利项目及各类人群的福利普惠。福利需求层次性要求构建阶梯式普惠型社会福利发展模式，坚持普惠化供给与阶梯化供给相结合，优先照顾弱者又兼顾普惠全民，依次发展主要面向贫弱群体的生存性福利、主要面向就业人口的安全性福利和主要面向一般公民的发展性福利，逐步实现从局部普惠到整体普惠，从部分人群普惠到全民普惠，构建层次有别、功能互补、相互支持、多重保障的阶梯式普惠型社会福利制度。

四　阶梯式普惠型社会福利的政策操作

基于社会发展阶段性、地区发展不平衡性以及福利需求层次性，笔者建议采取阶梯式普惠型社会福利发展模式，先在北京、上海、广东、江苏、浙江等东部沿海经济发达地区设立普惠型社会福利制度综合改革试点区，支持有条件的地区先行先试，以若干福利项目为先导，重点突破“社会救助——社会保险——社会服务——公共福利”阶梯式福利供给过程中存在的重难点问题，率先探索构建中国特色适度普惠型社会福利制度，在这些地区试点成功并取得成功经验后，再在有条件的其他地区逐步推广应用，最终在全国范围建成适度普惠型社会福利制度。构建阶梯式普惠型社会福利模式，要从福利供给路径、福利供给次序和福利供给内容三个方面入手，坚持普惠化供给和阶梯化供给的统一，生存福利、安全福利和发展福利的统一，社会救助、社会保险、社会服务和公共福利的统一。

（一）供给方式：普惠化供给和阶梯化供给统一

从福利供给方式看，阶梯式普惠型社会福利制度包括普惠化供给和阶梯化供给两种方式（见图5－2）。前者追求应保尽保、全民覆盖的福利理想，后者关注弱者优先、适当倾斜的现实诉求。在很大程度上，普惠化体现了福利的基本价值，它意味着面向全体国民、公民权利平等、机会均等、国家保障的一视同仁，体现了福利的核心价值——公平；阶梯化负载了福利的现实约束条件，它意味着福利资源有限、优先照顾弱者、重点保障基本民生，是效率原则在福利供给中的政策应用。在福利供给过程中，应当坚持普惠化供给与阶梯化供给相结合，优先照顾弱者又兼顾普惠全民。

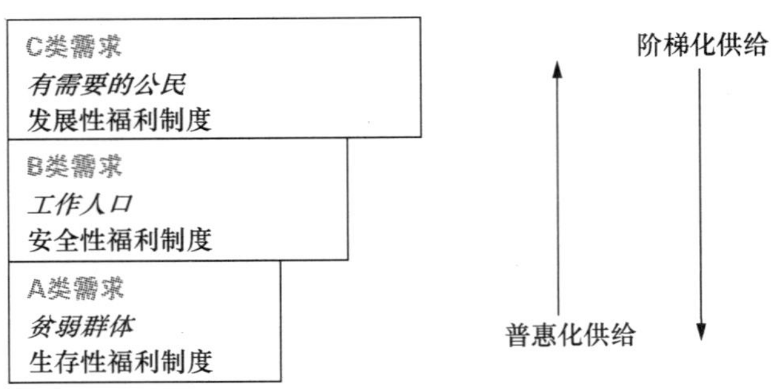

图 5－2　阶梯式普惠型社会福利的供给方式及次序

普惠化供给以需要为本、普惠全民为原则，重点是保障福利机会的平等以及基本公共服务的均等，解决福利权不平等、福利机会不均等、福利覆盖不充分和社会安全网不健全的问题，让社会福利普遍惠及有需要的人，形成覆盖全民，尤其是弱势群体、保障民生的多重安全网。正如党的十八大报告所讲，“要加紧建设对保障社会公平正义具有重大作用的制度，逐步建立以权利公平、机会公平、规则公平为主要内容的社会公平保障体系，努力营造公平的社会环境，保证人民平等参与、平等发展权利”。普惠化供给的核心是权利平等、机会均等、公平分配，保障全体国民能够公平、公正地享有均等的公共服务和基本福利，保障广大民众在基本生活、社会保障、教育、医疗卫生、住房、就业和文化体育等方面享有平等的权利和机会。就现实政策操作而言，当务之急是推进基本公共服务均等化，加快建设全民基本医疗卫生、基本养老、基本住房等社会保障，消除福利分配过程中因为户籍、身份、单位等因素造成的制度性排斥，缩小城乡、地区、行业、群体之间的福利差距，建设更加公平、包容、可持续、城乡一体化的社会福利体系。

阶梯化供给以弱者优先、阶梯供给为原则，优先解决基本民生问题，满足弱势群体的福利需求。在阶梯化供给方式中，社会福利资源分配沿着阶梯化路径进行，重点向农村、边远、贫困、民族地区倾斜，向弱势群体、贫困群体和特殊群体倾斜，向基础民生需求和底线民生福利倾斜。阶梯化供给的核心是兜住底线、保障基本、弱者优先，夯实底线保障的“最后的安全网”，优先保障老、弱、病、残、幼、贫、困等弱势群体的基本民生需求，使他们可以维持最基本的生活水平，保证每一个社会成员“有尊严地生存下去”。就现实政策操作而言，应当进一步深化社会救助制度改革，全面实施临时救助制度，不断提高城乡低保、农村“五保”、医疗卫生救助、大病救助、基础养老金、残疾人保障及孤儿保障等底线民生保障水平，加快编织多层次、覆盖全民、保障基本民生的“社会安全网”。

（二）福利次序：生存福利、安全福利和发展福利统一

从福利供给次序看，阶梯式普惠型社会福利制度包括生存性福利、安全性福利和发展性福利三种不同性质的福利（见表5－1）。其中，生存性福利制度以最低保障、弱者优先为原则，主要是满足生存性民生需求即A类需求，为贫困和弱势群体提供基本生活保障，起到最低保障和最后兜底的作用。生存性福利制度属于底线民生、基本保障，是福利阶梯化供给的重点，目的是保证老、弱、病、残、幼、贫、困等弱势群体能够维持基本生活，主要包括最低生活保障、专项救助、临时救助、紧急救助以及基础教育、基本医疗卫生等最基本的公共服务。安全性福利制度以应保尽保、全面覆盖为原则，主要是满足安全性民生需求即B类需求，为在职工作者和劳动人口提供安全保障，起到柔性调节和安全保障的作用。安全性福利制度属于基本民生、安全保障，目的是保障劳动就业人口在遭遇失业、丧失收入以及遭受各种意外风险的情况下能够维持正常生活，主要包括养老保险、医疗卫生保险、失业保险、工伤保险、生育保险等社会保险。发

表5－1　　生存性福利、安全性福利、发展性福利供给次序

供给次序	福利性质	福利对象	福利项目
生存性福利	补救性福利，底线民生、基本保障，主要解决A类需求	老、弱、病、残、幼、贫、困等弱势群体	最低生活保障、专项救助、临时救助、紧急救助、基本医疗卫生救助等最基本公共服务
安全性福利	预防性福利，基本民生、安全保障，主要解决B类需求	在职工作者、劳动就业人口	养老保险、医疗卫生保险、失业保险、工伤保险、生育保险等社会保险
发展性福利	发展性福利，需要为本、服务均等，主要解决C类需求	有需要的群体、一般公民	个人与家庭服务、积极就业、创业资助、小额信贷、权益保护以及更高层次的公共福利

展性福利制度以需要为本、服务均等为原则，主要是满足发展性民生需求，即C类需求，为有需要的群体乃至全体公民提供发展性、均等化社会服务，起到促进人力投资与社会发展的作用。发展性福利制度属于高级民生，目的是提高民众的自我发展能力，为他们提供更多、更好的发展机会，主要包括个人与家庭服务、积极就业、创业资助、小额信贷、职业训练、权益保护、更高层次的公共服务等。

上述三个层面的福利制度呈现一种依次递进的关系，分别依次满足贫弱群体的生存性需求、工作人口的安全性需求和有需要公民的发展性需求，前一层面福利制度的基本实现是后一层面福利制度实施的前提条件，只有先满足了前一种福利需求，才能更好地满足后一种福利需求，三种福利制度共同组合为广覆盖、多层次、全方位的社会安全网。因此，在福利供给次序上，要坚持生存福利、安全福利和发展福利的统一，优先解决生存福利、安全福利，适度解决发展福利，最终通过增强人力资本、社会资本和人的发展能力来应付危机、解决需求，变消极性福利为积极性福利，变补救性福利为预防性福利、发展性福利。换言之，要优先解决“学有所教、劳有所得、病有所医、老有所养、住有所居”的基本民生需求，在此基础上逐渐提高民生内涵质量，推动基本民生改善向高级民生改善的转变，实现“学有优教、劳有高得、病有良医、老有颐养、住有宜居”①。

（三）福利类型：社会救助、社会保险、社会服务与公共福利统一

从福利供给类型看，阶梯式普惠型社会福利制度包括社会救助、社会保险、社会服务与公共福利四种福利制度（见表5－2）。社会救助制度以最低保障、弱者优先为导向，即为贫困、低收入以及老弱病残等贫弱群体提供基本生活保障，起到基本保障和最后兜底的作用。社会救助主要包括最低生活保障、低收入救助以及教育、医疗卫生等专项救助，旨在为收入低于一定水平的贫困和低收入者提供基本生活保障。社会保险制度以应保尽保、全员覆盖为导向，即为在职工作者和劳动人口提供安全保障，起到柔性调节和安全保障的作用。社会保险主要涵盖养老、医疗卫生、失业、工伤、生育等保险项目，旨在为在职人员应付各种风险提供基本保障。社会服务制度以需要为本、分类供给为导向，为弱势群体提供服务支持，为有需要的公民提供支持性社会服务。社会服务制度主要是为特殊群体和有

① 唐任伍：《跨越“民生陷阱”优化民生发展》，《中国教育报》2012年9月28日。

需要的人提供的支持性社会服务，包括家庭综合福利服务、青少年服务、残疾人服务、安老服务、社区综合服务等。公共福利制度以适度普惠、社会投资为导向，为有需要的群体乃至全体公民提供发展性、均等化、适度普惠的公共福利，起到促进人力投资与社会发展的作用。公共福利包括教育、医疗卫生保健、住房、权益保护等更高层次的公共福利，致力于增进全民福利，提升发展能力并消除社会排斥，具有人力发展与社会投资的作用。

表5-2　　社会救助、社会保险、社会服务与公共福利

福利制度	社会救助	社会保险	社会服务	公共福利
福利项目	低保、专项救助、临时救助、紧急救助	养老、医疗卫生、失业、工伤、生育等保险	家庭、安老、青少年、康复、社区综合、就业等服务	教育、医疗卫生保健、住房、权益保护等高层次公共服务
福利对象	贫困和弱势群体	劳动就业人口	特定群体、有需要者	有需要者及一般公民
供给主体	政府	政府、企业与个人	政府、社会组织	政府、企业、社会组织
福利资格	收入审查+类型划分	社会统筹+个人账户	类型划分+需求划分	需求划分+适度普惠
福利目标	为贫弱群体提供基本保障	为劳动就业人口提供安全保险	为特定和有需要的群体提供支援服务	增进全民福利，提升发展能力、消除社会排斥
福利性质	补救性福利	预防性福利	支持性、发展性福利	支持性、发展性福利

根据福利次序、福利类型和保障水平的不同组合，普惠型社会福利制度完整地覆盖了社会救助、社会保险、社会服务与公共福利四种梯度式福利制度。其中，社会救助是“最后安全网”，属于底线民生，主要是满足A类需求，构成阶梯式普惠型社会福利制度的基石；社会保险是“基本安全网”，属于基本民生，主要是满足B类需求，构成阶梯式普惠型社会福利制度的中枢；社会服务是“重要安全网”，属于重要民生，既可以满足A类需求，也可以满足C类需求，构成阶梯式普惠型社会福利制度的关键环节；公共福利是“高级安全网”，属于高级民生，主要是满足C类

需求，构成普惠化社会福利制度的顶梁柱。上述四种福利制度基本上实现了民生项目全包含、民生对象全覆盖，共同组合为层次有别、功能互补、相互支持、多重保障的阶梯式普惠型社会福利体系（见图5-3）。

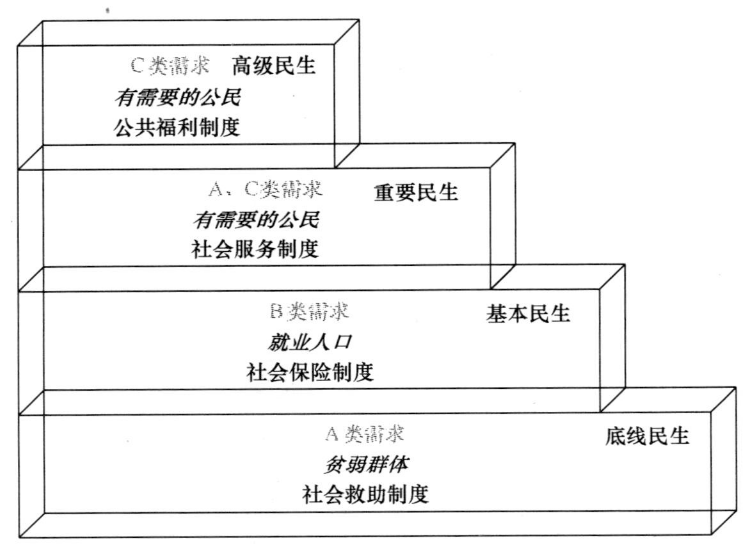

图5-3　阶梯式普惠型社会福利体系

综上所述，阶梯式普惠型社会福利发展模式，完整跨越了底线民生、基本民生、重要民生、高级民生等多重民生，全程覆盖了贫弱群体、劳动就业人口、特定群体、有需要者以及普通公民等多重群体，依次满足了生存性福利、安全性福利、发展性福利等多重需求。在某种程度上，这种阶梯式普惠型的福利发展策略，符合安东尼·哈尔、詹姆斯·梅志里所谓"整体性社会政策"的要义，即不仅要改善基本生活保障、社会保险、教育、医疗卫生、住房等基本社会服务，还要致力于提升人力资本、消除社会排斥、增强人的发展能力；不仅要优先照顾弱者、实现最低保障、夯实"最后的安全网"，还要增进全民福利、获取可持续性生计、提供多重安全网，从而实现从传统补救性社会政策向整体性发展型社会政策的转型。①

① ［美］安东尼·哈尔、詹姆斯·梅志里：《发展型社会政策》，罗敏等译，社会科学文献出版社2006年版，第51—54页。

事实上，社会福利的普惠在很大程度上是公民社会福利权的普惠，而不仅仅是福利项目及其覆盖对象的普惠。社会福利普惠化供给力行让公民社会福利权惠及全体公民，本质上承载了追求平等的社会理想。社会福利阶梯化供给则承认社会福利在不同群体之间“合理的差异”，本质上回应了追求公平的现实诉求，即优先照顾弱者民生需求又兼顾一般公民服务需要，体现平等公民权又尊重合理差异，对不同层次需求和不同群体的公民提供差异化友好型福利服务供给。除了促进公民福利权以外，社会政策还应具有满足个人及其群体需求以及提升社会团结的功能。① 这意味着，美好的社会福利政策既要追求平等的社会理想，让每一位公民都能享受平等的国民待遇，从制度上保证福利分配的权利平等和机会均等；又要回应追求公平的现实诉求，优先照顾弱者，解决基本民生问题，对多元化社会群体提供差异化福利服务。阶梯式普惠型社会福利模式，融合了公平与效率两种价值，追求福利理想又立足现实国情，优先照顾弱者又兼顾普惠全民，满足个人需求又促进社会团结，惠及多重民生，合乎社会福利本义和中国特色福利社会的发展方向。

① ［英］诺尔曼·金斯伯格：《福利分化：比较社会政策批判导论》，姚俊、张丽译，浙江大学出版社2010年版，第11页。

第六章　京沪粤苏构建适度普惠型社会福利制度研究[1]

自2007年民政部提出在全国“推动社会福利由补缺型向适度普惠型转变”以来，各地普惠型社会福利建设明显加速，一系列民生新政策和新举措先后落地。但是，对于近年来各地探索适度普惠型社会福利制度涌现的做法和经验，很少有研究进行比较系统的总结和反思。本章以北京、上海、广东、江苏为例，探讨近年来我国沿海经济发达地区率先构建适度普惠型社会福利制度的进展以及经验成效，探讨沿海发达地区社会福利发展对全国社会福利改革的启示意义。

一　北京探索适度普惠型社会福利制度的经验

2012年，北京GDP总量17879.4亿元，在全国城市名列第二，人均GDP达到87475亿元（折算后为13857美元），地方财政收入4512.9亿元，城镇居民人均可支配收入36469元，经济和社会发展水平在全国领先。[2] 按照世界银行2013年规定的高收入国家和地区人均GDP为12616美元及以上的标准，北京已经迈入高收入地区行列。与经济发展和改善民生需求相适应，近年来北京提出“大民生”构想，在全国率先探索适度普惠型民生福利格局，加快推进基本公共服务均等化。根据《北京市“十二五”时期民政事业发展规划》，北京将全力保障和改善民生，强化

① 本章部分内容系笔者所主持的深圳市哲学社会科学“十二五”规划2012年度课题“深港合作背景下深圳率先建设普惠型社会福利制度战略研究”（125C029）的阶段性成果，原文曾以论文的形式发表，参见刘敏、王芳《普惠型社会福利建设的经验与问题——以广东、上海和北京为例》，《兰州学刊》2013年第10期。

② 资料来源：北京市统计局、国家统计局北京调查总队《北京统计年鉴（2013）》。

基本公共服务，加快形成城乡一体民政事业格局、适度普惠型民生福利体系。近年来北京主要从推进社会福利城乡一体化、构建多层次大福利制度、扩大福利覆盖面等方面，探索构建与经济发展水平相适应、城乡居民共享的适度普惠型社会福利制度。

（一）推进社会福利城乡一体化

探索城乡社会福利一体化发展格局，推动基本福利均等化发展，缩小城乡福利差距。在全国率先建立了新型农村养老保险制度和城乡无社会保障老年居民养老保障制度，率先启动城乡无医疗卫生保障老年人和学生儿童大病医疗卫生保险制度，实施了城镇无业居民医疗卫生保险制度，完善农村新型合作医疗卫生制度，基本实现了养老、医疗卫生保障城乡全覆盖。促进城乡低保融合，从 2007 年到 2012 年，先后 7 次调整城乡低保标准，城乡低保标准分别从月人均 330 元、90 元提高到月人均 520 元、380 元，城乡低保标准差距从 3. 7∶1 缩小到 1. 4∶1。按照《北京市“十二五”时期民政事业发展规划》，到 2015 年全市城乡低保标准有望实现统一，低保标准占该市年人均消费支出的比重将达到 30%。促进城乡养老保障融合，2008 年推行城乡一体化无保障老人福利养老金制度，将具有北京户籍、年满 60 周岁、不享受社会养老保障的老人统一纳入基本养老保障，每月提供 200 元福利养老金，初步建立了城乡无保障老年居民福利养老金制度。2009 年推出城乡一体化居民养老保障制度，将符合参保条件的城乡居民统一纳入居民养老保险制度，率先实现了城乡养老保障制度一体化和全覆盖。经过近年来的快速发展，北京基本社会保障体系初步实现了从城镇职工保障向城乡全民保障、从城乡二元保障向城乡一体化保障的转变。

（二）构建多层次大福利制度

突破传统“小福利”制度过于强调贫困救助的不足，构建多层次“大福利”制度，福利供给不仅面向老弱病残、贫困、低收入等弱势群体，还向更广泛的社会群体延伸；不仅只关注底线民生、贫困救助和基本保障，还致力于推进公共服务均等化、提高民生幸福水平。增加社会福利投入，2008 年至 2012 年，全市民政事业费支出从 57. 50 亿元增至 126. 10 亿元，累计增长 119. 30%，年均增长 23. 86%。[①] 大力发展社会服务，

① 资料来源：北京市民政局《2012 年北京市民政事业发展统计公报》，http：//www. bjmzj. gov. cn/news/root/tjnb/2013 - 10/108500. shtml？NODE_ ID = root。

2008 年至 2012 年，全市社区服务机构从 2567 个增加到 6244 个，累计增长 143. 24%，年均增长 28. 65%。促进福利项目整合，初步形成了以就业保障、生活保障、养老福利、医疗卫生福利、教育福利和住房福利为主的多层次大福利制度。其中，就业保障制度主要包括失业和工伤保险、城镇下岗职工再就业服务和农民工就业保护；生活保障制度主要包括城乡低保、农村五保户供养、流浪乞讨人员救助和灾民生活救助；养老福利制度主要包括城镇职工基本养老保险、城乡居民养老保险和老年人福利服务；医疗卫生福利制度主要包括城镇职工基本医疗卫生保险、城乡医疗卫生保险和新型农村合作医疗卫生；教育福利制度主要包括免费义务教育、职业教育补助、流动人口子女教育和专项教育救助；住房福利制度主要包括经济适用房、廉租房、住房公积金、住房补助金和专项住房救助。

（三）扩大福利覆盖面

扩大医保覆盖面，将城乡无医疗卫生保障老年人和学生儿童纳入大病医疗卫生保险制度，为其提供年人均 100 元至 1400 元不等的大病医疗卫生保险费。2011 年，将城乡低收入家庭中的重病患者、重残人员和老年人等群体纳入城镇居民基本医疗卫生保险和新型农村合作医疗卫生范围。扩大高龄和残疾人津贴覆盖面，对 90 周岁至 99 周岁的老年人每月发放 100 元高龄津贴，对百岁及以上老年人每月发放 200 元高龄津贴，对 60 岁以上老年人和重度残疾人每月发放 100 元养老助残券补贴。扩大老人和残疾人补助覆盖面。2011 年，将享受百岁老人补助医疗卫生人群范围扩大至该市户籍 95 周岁及以上老年人。2012 年向 40 余万老年人发放 3. 9 亿元养老（助残）券，为 60 岁及以上该市户籍的困难老年人购买意外伤害险。2013 年，对入住社会福利机构的残疾人提供个人补贴，根据残疾程度和家庭经济情况提供每人每月 200 元至 1000 元不等的生活补贴。发展“9064”养老服务体系，提出“90% 居家养老，6% 社区养老，4% 机构养老”的养老服务目标，即到 2020 年，90% 的老年人通过社会化服务在家庭养老，6% 的老年人通过政府购买服务在社区托老，4% 的老年人入住养老服务机构集中养老。根据“9064”的养老保障规划，先后实施居家养老（助残）券服务制度、高龄老年人补助医疗卫生制度等 20 余项养老保障政策，初步形成了以居家为基础、社区为依托、机构为补充，多元化投资、多层次发展、专业化服务的新型养老服务格局。

二　上海探索适度普惠型社会福利制度的经验

2012年，上海GDP总量为20181.72亿元，在全国城市位居第一，人均GDP为85373元（折算后为13524美元），地方财政收入3743.71亿元，城市居民家庭人均可支配收入40188元，经济和社会发展水平全国领先。[①] 按照世界银行关于高收入地区的标准，上海已经迈入高收入地区行列。伴随经济社会发展和综合实力提高，近年来上海市不断加强和改善民生，率先探索构建适度普惠型社会福利制度。2012年第十三次上海市民政会议强调，构建与经济发展水平相适应的适度普惠型社会福利体系。《上海市民政事业发展"十二五"规划》提出，"十二五"时期上海将"重点突出对老年人、残疾人、困境儿童和优抚对象的福利服务，逐步推动社会福利服务对象由特定群体向更多社区居民拓展"。近年来上海主要从构建综合社会安全网、解决"支出型"贫困问题和创新多元化福利供给机制等方面，探索构建与经济发展水平相适应的适度普惠型社会福利制度。

（一）夯实综合社会安全网

以保障和改善基础民生、底线民生为重点，发展综合救助和专项救助，完善以基本生活保障为基础，以医疗卫生救助、教育救助、临时救助和综合帮扶为补充的社会救助体系。不断扩大社会保障的覆盖范围，2006年将符合条件的高龄无保障老人统一纳入社会保障，2007年将城镇重残无保障人员全部纳入基本医疗卫生保障。建立社会救助标准与物价指数、人均消费支出、最低工资标准、经济和社会发展等关联因素的联动机制，多次启动临时价格补贴，覆盖各类困难和低收入人群。不断提高社会救助标准，完善"最后的社会安全网"，2002年至2013年，城镇低保标准从290元/月提高到640元/月，增长了121%，年均增长10.1%；农村低保标准从2240元/年提高到6000元/年，增长了168%，年均增长14%（见图6－1、图6－2）。截至2013年年底，全市共有各类社会救助对象23.99万人，其中城镇低保对象20.47万人、农村低保对象3.23万人、农村

① 资料来源：上海市统计局、国家统计局上海调查总队《上海统计年鉴（2013）》。

"五保"供养对象0.29万人，2013年累计支出各类救助资金16.53亿元。完善医疗卫生救助、教育救助、临时救助和综合帮扶，至2013年底，实施医疗卫生救助23.33万人，支出资金1.94亿元；面向低保和低收入家庭中义务教育阶段的学生发放教育助学券5.3万人次；实施临时救助189.19万户次，支出临时救助资金7.74亿元；开展综合帮扶对象4.85人次，支出综合帮扶资金9953.11万元。①

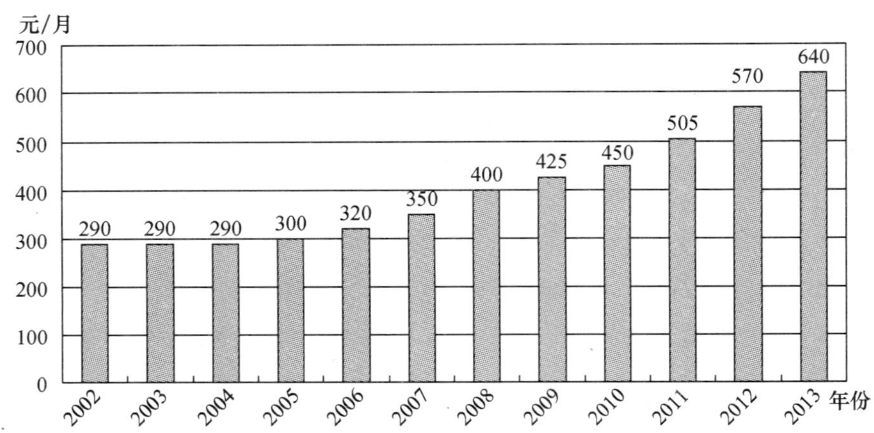

图6-1 2002—2013年上海市城镇居民最低生活保障标准变化

资料来源：上海市民政局《2013年上海民政工作发展报告书》。

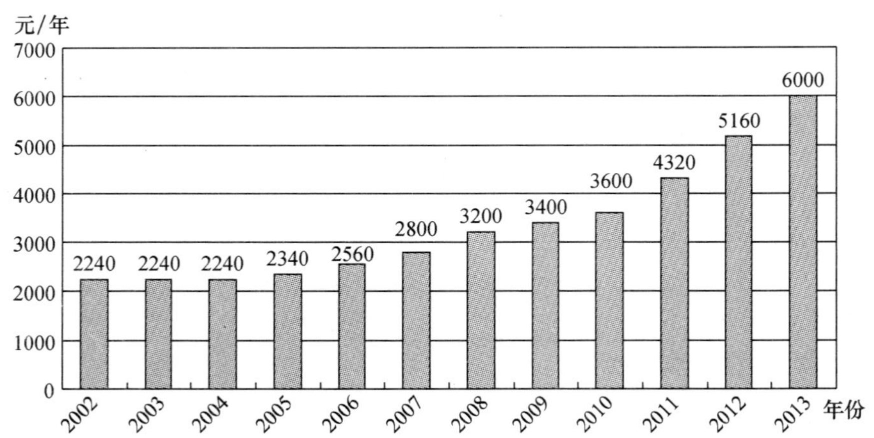

图6-2 2002—2013年上海市农村居民最低生活保障标准变化

资料来源：上海市民政局《2013年上海民政工作发展报告书》。

① 资料来源：上海市民政局《2013年上海民政工作发展报告书》。

（二）解决“支出型”贫困问题

在全国率先开展支出型贫困救助，建立因病支出型贫困家庭生活救助制度，将“支出型”贫困对象的基本生活纳入最低生活保障制度。2013年9月起，正式实施《上海市因病支出型贫困家庭生活救助办法（试行）》，对该市户籍符合条件的因病支出型贫困家庭提供全额或差额救助，针对低保制度尚未覆盖到的，城乡居民因患病导致自负医疗卫生费用支出较大，实际生活水平低于最低生活保障标准的家庭，由政府给予基本生活保障。“支出型贫困”是相对于“收入型贫困”而言的，是指虽然家庭人均收入高于贫困线，但实际上因大病、子女就学、突发事件等原因造成家庭刚性支出远超家庭收入的承受能力，导致家庭实际生活水平处于贫困状态。自2008年起先后在杨浦、闸北、长宁等区进行试点，探索解决“支出型”贫困问题，初步形成了静安区“五四三二一”帮扶救助体系、长宁区“四医联动”医疗卫生保障模式、虹口区四项帮扶机制、徐汇区“五可”帮困救助模式。这些政策改变了过去仅仅根据家庭收入决定是否享受社会救助的政策操作模式，而改为以家庭实际支出和重大刚性支出作为是否享受福利的参考依据。

（三）创新多元化福利供给机制

整合政府、社会、市场多元资源，构建官商民三方合作公益平台，推进公益项目创投，2013年公益项目创投和招投标累计资助社区服务项目482个，覆盖人群近200万。2011年至今，连续举办三届“上海公益伙伴日”，搭建社会组织和企业交流的平台，积极链接各方资源，实现公益慈善领域的资源对接，形成和深化政府、社会组织与企业的三方伙伴关系。充分发挥上海作为全国经济中心和国际化大都市的人才优势，推动社会工作队伍的专业化和职业化。根据上海市民政局的统计，截至2013年底，上海市各类持证社会工作者超过1.55万，注册登记的专业社工机构达到115家，在全国城市处于领先地位。大力扶植社会组织发展，推动政府向社会组织购买社会服务，建立了市民中心、民间组织服务中心和街道社会组织联合会等新兴政社合作平台。2013年底，全市经民政部门核准登记的社会组织共11607家，其中社会团体3789家、民办非企业单位7666家（含涉外民办非企业单位36家）、基金会152家，每万名户籍人口拥有社会组织数达到8.1家，提前实现《上海市“十二五”规划》提出的“到2015年上海每万名户籍人口拥有社会组织数量将达到8家”的目标。

三　广东探索适度普惠型社会福利制度的经验

2012 年，广东 GDP 总量达 57067. 92 亿元，连续二十余年位居全国第一，人均 GDP 为 54095 元（约合 8570 美元），地方财政收入 6229. 18 亿元，城镇居民人均可支配收入 30226. 71 元。[①] 2013 年，广东 GDP 规模进入 62164 亿元、突破 1 万亿美元，人均 GDP 为 58500 元（约合 9600 美元）[②]，成为全国首个经济总量超 6 万亿元人民币、1 万亿美元的省份，紧追全球经济总量排名第 14 位的韩国[③]（GDP 为 1. 30 万亿美元）、第 15 位的墨西哥（GDP 为 1. 26 万亿美元）。按照世界银行 2013 年规定的人均国民收入的标准，广东已经进入了中等偏上收入地区行列。[④] 伴随经济社会发展水平不断提高，近年来广东努力改善民生福利，探索构建与经济发展水平相适应的适度普惠型社会福利制度。2009 年，广东省人民政府与国家民政部签署《共同推进珠江三角洲地区民政工作改革发展协议》，提出率先探索建立普惠型社会福利制度。同年《广东省基本公共服务均等化规划纲要（2009—2020 年）》发布，提出“推动社会福利服务由补缺型向适度普惠型转变。”2011 年，广东省《关于加强社会建设的决定》出台，提出“推动普惠型社会福利体系建设”。近年来广东主要从推广政府购买服务、发展个人与家庭社会服务、增加民生净福利支出等方面，探索建立适度普惠型社会福利制度。

（一）增加民生净福利支出

提出“普惠共享，保障和改善民生”，将教育、医疗卫生、住房、收入分配、养老、就业和社会保障等纳入核心民生范畴，把增加净福利支出

① 资料来源：广东省统计局、国家统计局广东调查总队《广东统计年鉴（2013）》。

② 资料来源：2014 年 1 月 16 日广东省省长朱小丹在广东省第十二届人民代表大会第二次会议上做政府工作报告，http：//www. gd. gov. cn/gdgk/gdyw/201401/t20140122_ 192438. htm。

③ 根据世界银行公布的 2013 年全球经济数据，2013 年全球 GDP 总量超过 1 万亿美元的国家共有 15 个，排名顺序分别是美国、中国、日本、德国、法国、英国、巴西、俄罗斯、意大利、印度、加拿大、澳大利亚、西班牙、韩国、墨西哥，其中韩国、墨西哥分别为 1. 30 万亿美元、1. 26 万亿美元，在全球排名分列第 14 位、15 位。

④ 根据这个标准，人均国民收入低于 1035 美元为低收入，1036—4085 美元为中等偏下收入，4086—12615 美元为中等偏上收入，高于（含）12616 美元为高收入。

作为改善民生的重点。2011 年，在全国率先公布了第一个省级幸福指标体系，将教育、医疗卫生、住房、社会服务和社会保障等广义社会福利纳入幸福指数的核心指标以及各级政府绩效考评范围。据统计，“十一五”期间，广东省在教育、医疗卫生、生活保障、就业、住房等方面的财政投入超过 1 万亿元，占一般预算支出的比重达到 58%。2009—2012 年，广东用于教育的地方财政支出从 803.2 亿元增加到 1501.22 亿元，增幅 86.9%，年均增速 21.7%；用于社会保障和就业的地方财政支出从 401.50 亿元增加到 611.04 亿元，增幅 52.2%，年均增速 13.1%；用于医疗卫生的地方财政支出从 252.85 亿元增加到 505.14 亿元，增速 99.8%，年均增速 25.0%。[①] 2012 年，广东用于广义民生的财政支出达到 4781.18 亿元，占财政总支出的 65.8%。2013 年广东省财政民生支出占公共财政预算支出的比重首次超过 70%，就业、教育、社会保障、医疗卫生等重点支出同比增长保持在 10% 以上。

（二）推广政府购买服务

2012 年，广东在全国率先推出了《政府向社会组织购买社会服务暂行办法》，首次明确了政府向社会组织购买服务的范围、程序方式和资金安排等；在全国首次发布政府向社会组织购买服务项目目录，将政府购买服务经费纳入政府财政预算，262 项公共服务项目进入第一批政府采购服务范围。设立省级培育发展社会组织专项资金，加大社会组织和政府购买服务孵化力度，安排 1.2 亿元专项资金，通过政府购买服务的方式，资助社会组织开展公益慈善和社会福利等服务项目。第一批 510 个社会组织获得资助 1.05 亿元。广州、深圳、佛山、东莞、中山等地纷纷探索公共财政支持社会服务体制，推出政府公共财政购买社工岗位和社会组织服务项目，政府购买社会服务的规模迅速扩大。以广州为例，2008 年政府购买社会服务的资金为 400 万元，2009 年达到 2000 万元，2010 年增至 8000 万元[②]，2012 年投入政府购买服务的市级财政投入达到 2.93 亿元，2013 年政府购买服务的市级财政经费达到 3.61 亿元，当年仅用于政府委托社工服务项目的资金投入就达到 1.25 亿元。[③] 目前广州政府购买服务总量在全国各大城市名列前茅。再以深圳为例，2008 年，深圳开始用福彩公

① 资料来源：广东省统计局、国家统计局广东调查总队《广东统计年鉴（2013）》。

② 刘茜：《广州 2012 年投 2.6 亿元用于政府购买社会服务》，《南方日报》2012 年 6 月 13 日。

③ 刘怀宇：《去年广州市政府购买服务花了 3.61 亿》，《南方日报》2014 年 3 月 4 日。

益金购买社工服务，2010年开始“打包”购买“社区服务中心”等公益项目，2008—2013年，市财政资金用于购买社工服务的支出超过4亿元。据统计，2013年广东各级政府购买社工服务资金总额达8.04亿元，其中，财政投入6.68亿元；近5年来全省各级政府累计投入社工事业的资金达19.17亿元。[①] 根据《广东社会工作发展报告（2014）》，就社会组织数量、政府购买服务资金总量、获全国社会工作者职业水平认证人数三项指标而言，广东均在全国排名第一：截至2013年底，广东省社会工作组织达到约500家（占全国社工机构总数的3成以上），全省政府购买社会工作服务资金（包括政府财政支出及福彩公益金支出等）达到11.11亿元（占全国购买社工服务资金总额的5成以上），全省通过国家社会工作者职业水平考试的人数达到2.4万人。[②]

（三）发展个人与家庭社会服务

改变以现金和实物为主的传统社会福利，大力发展社会服务，将社会服务从老人、儿童和残疾人服务拓展延伸至教育、医疗卫生、就业、文体和精神慰藉等各个层面，构建个人、家庭、社区三位一体的综合社会服务体系。2012年底，全省已建立街镇社区服务中心947个、城乡社区公共服务站5360个，建有家庭服务中心（含社区服务中心）1150个，其中近400个服务中心通过政府购买服务运营。以广州为例，近年来借鉴香港经验，大力发展社区综合服务中心和家庭综合服务中心，2012年底已建立150个街镇家庭综合服务中心，其中，街道家庭综合服务中心已经覆盖全市所有街道，数量达到137个，2015年有望实现全市50%以上的街道拥有独立的社区综合服务中心。再以深圳为例，近年来全面推广建设社区服务中心，大力发展个人、家庭与社区“三位一体”的社会服务体系，采用服务购买方式，由政府指导和资助，由民间专业服务机构作为服务供给主体，为社区老人、青少年、妇女、儿童、残疾人、优抚安置对象、特困人员、矫正人员等各类群体提供一站式、个性化、专业性社会服务，到2013年底深圳市已建成389家社区服务中心，按照深圳市“十二五”规划提出的目标，到2015年深圳社区服务中心将覆盖每一个基层社区，总

---

① 李强、周潺：《粤社工机构数量增至550家　近5年政府购买社工服务资金近20亿元》，《南方日报》2014年1月1日。

② 罗观翠主编：《广东蓝皮书：广东社会工作发展报告（2014）》，社会科学文献出版社2014年版。

数有望达到700个。

四　江苏探索适度普惠型社会福利制度的经验

2012年，江苏GDP总量达54058.22亿元，经济总量在全国排名第二，人均GDP为68347元（约合10827美元），人均GDP突破1万美元，达到全球中等偏上收入地区的水平，地方财政收入6229.18亿元，城镇居民家庭人均可支配收入为29677元。[①] 伴随经济和社会发展水平的不断提高，江苏不断加强和改善民生，积极探索构建适度普惠型社会福利制度。2010年，江苏省人民政府和国家民政部签署《共同推进江苏民政事业率先发展合作协议》，以部省合作为契机，建立适度普惠型社会福利制度试验区，推动全省福利制度由补缺型向适度普惠型发展。2011年，江苏省召开全省适度普惠型社会福利制度建设推进会，会议提出大力推动福利制度从“补缺型”向“适度普惠型”转变，力争在“十二五”期间建成“适度普惠”的全国试验区。当年，江苏发布实施《江苏省民政事业发展第十二个五年规划》，提出树立“服务均等、适度普惠”的理念，努力使江苏成为探索现代民政事业发展的先行区、建立适度普惠型社会福利制度的试验区。近年来，江苏省以老年人福利、儿童福利、残疾人福利为先导，探索建立以适度普惠型老年人福利体系、适度普惠型儿童福利体系、适度普惠型残疾人福利体系为主线的适度普惠型社会福利制度。[②]

（一）探索老年人适度普惠型福利体系

主要从突出老年人权益保障、发放高龄老人尊老金、发展养老服务体系等方面构建适度普惠型老年人社会福利体系。2011年3月起率先实施《江苏省老年人权益保障条例》，突出老年人权益保障，对老年人各项权益保障的政府职责、家庭职责、经费保障等方面均作出明确规定。2011

① 资料来源：江苏省统计局、国家统计局江苏调查总队《江苏统计年鉴（2013）》。

② 严格而言，这种以老年人、儿童、残疾人等特定群体为主要对象的福利制度不能称为“适度普惠型福利制度”，但是考虑到其在中国当前发展阶段具有一定的客观性和合理性，这里也把其纳入分析范围。实际上这种福利制度最多只能称为“局部适度普惠型福利制度”，因为它追求的是在局部范围、特定群体中扩大福利受益面，这明显不同于一般意义的普惠型福利制度，前者面向特定群体，以弱者优先为导向；后者面向各类群体，以全民普惠为导向。

年起，向全省210余万80岁以上老年人发放尊老金，按照80—89周岁、90—99周岁和100周岁以上三个年龄段，每人每月分别发放50元、100元、300元的尊老金。全面发展居家养老服务网络，大力支持公办养老机构发展，积极扶持民办养老机构建设，推广民办社区居家养老服务中心。截至2013年初，全省100%的市、县均已建成床位数150张以上的公办养老机构，就近服务于各地养老需求，全省各类养老机构及城乡社区养老服务设施养老床位总量达到35.2万张，全省城市社区居家养老服务中心初步实现了全覆盖。[①] 根据2014年4月印发的《江苏省人民政府关于加快发展养老服务业的实施意见》，“到2020年，全面建成以居家为基础、社区为依托、机构为支撑、信息为辅助，功能完善、服务优良、覆盖城乡的养老服务体系”，“符合标准的社区居家养老服务中心覆盖所有城乡社区。养老床位总数达到每千名老年人40张，护理型床位占养老床位总数达到50%以上，养老护理人员岗前培训率达到100%、持证上岗率达到90%以上。”

（二）发展儿童适度普惠型福利体系

主要从建立困境儿童基本生活保障制度、完善困境儿童医疗卫生和教育等专项救助等方面探索构建适度普惠型儿童社会福利体系。2011年起实施《关于进一步加强孤儿保障工作的意见》，建立孤儿基本生活保障制度，在生活保障方面，从2011年起，在社会散居孤儿每人每月600元、福利机构集中养育孤儿每人每月1000元最低养育标准的基础上，按照当地经济社会发展水平和城乡居民收入增长幅度，建立孤儿基本生活最低养育标准自然增长机制；在医疗卫生保障方面，将孤儿全部纳入城镇居民基本医疗卫生保险、新型农村合作医疗卫生、城乡医疗卫生救助等制度覆盖范围；在教育保障方面，将孤儿全部纳入教育资助政策体系，优先予以资助。目前江苏省已经建立了贫困家庭儿童重大疾病慈善救助制度，利用彩票公益金和社会慈善力量对孤残儿童和困难家庭残疾儿童予以帮助，通过儿童福利指导中心加强对孤残儿童、困境儿童及其家庭的服务。[②] 2013年6月，民政部在江苏昆山等地启动适度普惠型儿童福利制度试点，以困境

① 王珏玢：《江苏公办养老机构覆盖所有市县》，新华网江苏频道，2013年2月26日，http://www.js.xinhuanet.com/2013-02/26/c_114805259.htm。

② 刘丹丹：《江苏省困境儿童福利保障制度探索》，2014年1月14日，http://www.jsfzb.gov.cn/art/2014/1/14/art_76_38282.html。

儿童为重点，将儿童群体按照孤儿、困境儿童、困境家庭儿童、普通儿童四个层次，并依不同类型按不同标准予以福利保障，建立困境儿童基本生活保障制度。2014 年 5 月，民政部在江苏省昆山市等地试点的基础上，启动第二批适度普惠型儿童福利制度建设试点，江苏盐城市、张家港市、海门市入选改革试点地区。

（三）构建残疾人适度普惠型福利体系

主要从提供残疾人护理补贴、发放贫困残疾人托养服务补贴、促进残疾人积极就业等方面着手，构建适度普惠型残疾人社会福利体系。2013 年 2 月起实施《江苏省残疾人护理补贴发放管理办法》，为符合条件的重度残疾人提供护理补贴，其中省定重度残疾人护理补贴最低发放标准为：农村不低于每人每月 50 元，城镇不低于每人每月 100 元。2013 年 3 月起实施《江苏省残疾人保障条例》，对九种不同情形的残疾人给予救助、补贴和优惠，其中，对低保对象中的残疾人提供基本生活、医疗卫生、教育和住房等救助；对低保对象中的重度残疾人发放重残补贴；对低保对象以外无固定收入的重度残疾人发放生活救助金；对一户多残、依老养残等特殊困难家庭中的残疾人发放生活救助金；对特殊困难重度残疾人和流浪乞讨残疾人实施特别救助；对遗弃的残疾儿童，送福利机构实施集中供养；对贫困家庭中生活不能自理的重度残疾人发放护理补贴；对独生子女伤残家庭的老龄父母发放护理补贴或者优先安排机构养老；对符合保障条件的残疾人家庭优先给予住房保障，对重度残疾人家庭予以优惠。2013 年 5 月起实施《江苏省残疾人托养服务补贴省补资金管理办法》，为全省托养机构的贫困残疾人提供每人每年 1000—4000 元的托养服务补贴。2013 年 12 月起实施《江苏省用人单位按比例安排残疾人就业补贴和超比例奖励办法》，对用人单位按比例和超比例安排残疾人就业的，给予不同程度的补贴和奖励，支持符合条件的残疾人积极就业。

除了以老年人福利、儿童福利、残疾人福利为先导之外，江苏也在积极探索全民适度普惠型福利制度。例如，推行适度普惠式基本殡葬补贴，将困难人员纳入基本丧葬服务费“免单”对象，鼓励有条件的地区实行全民普惠殡葬服务制度，对本地户籍所有居民免除基本丧葬费用；发展多元化福利服务供给模式，推行鼓励社会资本兴办社会福利机构的优惠政策，探索“民办公助”、“公办民营”的新型服务模式；加快推进社保和就业、教育、医疗卫生、住房等基本公共服务的均等化，将福利对象从弱势群体向更广泛的社会群体拓展。在探索构建适度普惠型社会福利制度的过程中，近年来江苏福利投入及其保障水平不断提高，改善民生进入历史快车道。2009—2012 年，社保和就业支出从 299.17 亿元增至 557.77 亿元，增幅为 86.44%，年均增速为 21.61%；教育支出从 680.63 亿元增至 1350.61 亿元，增幅为 98.44%，年均增速为 24.61%；医疗卫生支出从 198.21 亿元增至 418.14 亿元，增幅达到 110.96%，年均增幅达到 27.74%；民政事业费支出从 99.65 亿元增加到 197.10 亿元，增幅达到 97.79%，年均增速达到 24.45%。① 2009—2012 年，江苏 GDP 从 34061.2 亿元增加到 54058.2 亿元，累计增加 58.71%，年均增幅为 14.68%，同期社保和就业、教育、医疗卫生等基本民生和热点民生投入增速明显高于经济增长速度。②

五　京沪粤苏民生治理创新的启示意义

京沪粤苏改善民生福利各有地域特色，从不同角度丰富了中国特色"民生学"的内涵，构成了地方民生治理创新的"经验样本"。京沪粤苏构建适度普惠型社会福利制度所取得的经验，是对中国特色社会福利发展模式的有益探索，在一定程度上代表了我国探索适度普惠型社会福利制度的最新成果，对全国社会福利制度改革具有积极的启示意义。受篇幅所限，下文简要分析这种启示意义。

（一）"先福带后福"，走增量式福利发展之路

社会福利建基于一定的经济发展水平，综观当今全球福利水平最高的国家，大多也是经济发展水平最高的国家。按照发达国家的经验，人均 GDP 在 10000 美元以上是影响社会福利发展水平的重要分水岭，高于此线意味着初具发展高水平福利的条件，低于此线则不具备"福利起飞"的条件。坦率地讲，我国许多中西部经济欠发达地区尚处于改善基本民生的阶段，尚不具备建立普惠型社会福利制度的经济条件，只能在东部沿海经济发达地区先行试点，鼓励和支持有条件的地区先行先试，率先探索适

① 资料来源：江苏省统计局、国家统计局江苏调查总队《江苏统计年鉴（2013）》。

② 资料来源：江苏省统计局、国家统计局江苏调查总队《2009 年江苏省国民经济和社会发展统计公报》、《2012 年江苏省国民经济和社会发展统计公报》。

度普惠型社会福利制度。2012 年，京沪粤苏四地人均 GDP 分别为 13857 美元、13524 美元、10827 美元、8570 美元，根据世界银行 2013 年规定的高收入国家和地区人均 GDP 为 12616 美元及以上的标准，京沪已迈入世界高收入地区行列，粤苏达到世界中等偏上收入地区水平，四地基本上具备了构建适度普惠型社会福利制度的经济条件。京沪粤苏横跨环渤海、长三角、珠三角等中国三个经济最发达地区，无论从经济实力、财政收入，还是人民生活水平来看，都在全国处于领先位置，率先改善民生、推动“福利起飞”具有良好的优势和条件。近年来京沪粤苏都采取了增量式福利发展之路（incremental approach），强调适度普惠型社会福利制度要与地方经济社会发展水平相适应，根据经济发展水平渐进式地提高福利投入和标准，实现经济效率与社会公平两相兼顾、经济增长与民生改善协调发展。这种增量式福利改善策略非常符合我国现实国情，有助于保持充足的福利弹性，吸取西方福利国家的经验教训。这说明，中国特色福利社会的理想路径，就是走增量式福利发展之路，在沿海经济发达地区先行试点，鼓励符合条件的地区先行“福利起飞”，率先建成适度普惠型社会福利制度，通过“先福带后福”，“以点带面、分步推广”，最终在全国建成中国特色适度普惠型社会福利体系。

（二）突出弱者照顾，优先发展基本民生安全网

如前所述，构建普惠型社会福利制度，应当坚持普惠化供给与阶梯化供给相结合，优先照顾弱者又兼顾普惠全民。在很大程度上，正确处理“弱者照顾”与“全民普惠”的关系，是构建适度普惠型社会福利制度首先要面对的问题。京沪粤苏改善民生，都突出优先照顾弱者，主要采取阶梯化供给路径，优先保障基本民生，将公共福利资源用在“刀刃上”，体现了福利供给的层次性和次序性。北京市优先拓展老年人、儿童、残疾人等传统福利项目，发展以保障基本生活为主的社会救助制度，逐步将教育、医疗卫生、就业、住房等公共福利纳入多层次“大福利”体系，推动基本公共服务的均等化和城乡一体化，初步构建了多层次、覆盖多重民生的综合社会安全网。上海市重点突出对老年人、残疾人、困境儿童和优抚对象的福利服务，夯实以最低生活保障制度和配套社会救助项目为基础的“最后安全网”，探索解决支出型贫困问题，无论是在福利支出水平，还是在福利支出项目上都将公共福利资源优先投放弱势群体以及基本民生项目。广东省重点提高城市低保、农村“五保”、医疗卫生救助、基础养

老金等基本民生保障水平，将底线民生支出列为各类财政支出中优先保障位置，建立覆盖城乡的底线民生保障体系。江苏省以老年人福利、儿童福利、残疾人福利为先导，优先保障“老弱病残幼贫”等弱势群体的基本民生需求，探索以老年人福利、儿童福利、残疾人福利为主线的适度普惠型社会福利制度。京沪粤苏是我国经济最发达的地区，经济发展达到全球中上等收入地区的水平，按照经济发展水平，他们有能力大幅度提高福利水平，甚至发展适度普惠型福利项目，但这些地区并未一味追求全民普惠，而是优先保障弱势群体的基本福利需求，重点发展基本民生安全网，防止过高的福利水平影响经济发展和地区竞争力。这说明，我国尚处于改善民生的初级阶段，在处理弱者优先与全民普惠的关系上，应结合现实国情，突出阶梯化供给，优先照顾弱者，优先发展基本民生，重点发展多层次、广覆盖、保兜底的基本民生安全网，在此基础上逐步发展全民适度普惠型社会福利体系。

（三）增支提标扩面，提高民生净福利水平

福利规模是衡量一个国家和地区社会福利发展水平最重要的指标之一，它主要通过福利支出、保障标准和覆盖面等指标反映出来。如前分析，与经济体量相比，目前我国社会福利总体规模偏小，福利支出占公共财政支出比重不高，福利保障标准和覆盖面较低，福利发展水平不仅远低于西方发达国家，甚至低于许多发展中国家。因此，要提高我国福利发展水平，首先要解决福利规模不足的问题，弥补福利“短板”，解决经济发展与民生改善“一条腿长，一条腿短”的问题。如何扩大福利总量？这方面，借鉴京沪粤苏福利发展的经验，可以重点从“增支、提标、扩面”三个方面入手，多角度提高民生净福利水平。一谓“增支”，即增加福利开支，提高福利支出占公共财政支出的比重。例如，2009—2012 年，江苏省用于社保和就业、教育、医疗卫生的福利支出从 1178.01 亿元增加到 2326.52 亿元，增幅达到 97.50%，年均增速达 24.38%，福利支出增速明显高于同期经济增速。二谓“提标”，即提高福利标准，提升福利保障水平。例如，2002—2013 年，上海根据经济增长和物价上涨情况多次调高最低生活保障标准，农村低保标准从 2240 元/年提高到 6000 元/年，增长了 168%，年均增长 14%。三谓“扩面”，即扩大福利覆盖面，让更多的人分享经济发展和民生改善的成果。例如，近年来北京市率先建立了新型农村养老保险制度和城乡无社会保障老年居民养老保障制度，启动城乡无医疗卫生保障老年人和学生儿童大病医疗卫生保险制度、城镇无业居民医疗卫生保险制度，基本实现了养老、医疗卫生保障城乡全覆盖。一言以蔽之，“增支”是要实现福利投入从少到多，“提标”是要实现福利标准从低到高，“扩面”是要实现福利覆盖面从窄到宽，三者结合就是从支出、标准和覆盖三个方面扩大福利总量和规模，提高民生净福利水平。过去我国在经济发展上采取了优先做大“经济蛋糕”、再重点分好“经济蛋糕”的增量式策略，经济发展取得了举世瞩目的成就。如今我国可以将发展经济的成功经验复制到民生改善，采取先做大“福利蛋糕”、再重点分好“福利蛋糕”的方法，最大化发挥增量式福利发展策略的社会效益。做大“福利蛋糕”实际上就是要扩大福利总量，增加福利支出及其占公共财政支出的比重，扩大福利受益面，提高福利标准以及基本民生保障能力，从而推动福利从“补缺型”向“适度普惠型”的转变。

第七章　深圳构建适度普惠型社会福利制度研究[①]

深圳作为我国改革开放的前沿阵地和经济最发达的地区之一，在率先构建适度普惠型社会福利制度方面具有得天独厚的优势与条件，也取得了重要进展。本章对深圳率先构建适度普惠型社会福利制度的优势条件、重要意义、目标定位、主要进展、经验成效以及面临的问题进行比较系统的研究，并立足深圳实际，借鉴香港经验，对深圳率先构建适度普惠型社会福利制度提供政策建议，探讨阶梯式普惠型社会福利体系建构方法与路径，提出根据"适度普惠、参照香港、国内领先"三大原则，分步构建与深圳经济社会发展水平相适应、总体水平国内领先、覆盖全民、重点保障基本民生的阶梯式普惠型社会福利体系。

一　深圳普惠型社会福利目标的提出

率先构建适度普惠型社会福利制度对于深圳经济发展和社会建设具有重要的意义，这是深圳经济社会向更高水平发展的必然要求，是深圳社会建设先行先试的重要突破口，也是深圳建设民生幸福城市的重要任务。

（一）意义与依据

在当前民生建设日益成为社会建设重心的背景下，率先探索构建适度普惠型社会福利制度，对于深圳经济发展和社会建设具有重要的意义。首

① 本章主要内容系笔者所主持的深圳市哲学社会科学"十二五"规划2012年度课题"深港合作背景下深圳率先建设普惠型社会福利制度战略研究"（125C029）的阶段性成果，原文曾以论文的形式发表，载入本书时做了较大幅度的补充和修改，原文参见刘敏、王芳《深圳率先建设普惠型社会福利制度探讨》，《开放导报》2013年第4期。

先，这是深圳经济社会向更高水平发展的必然要求。改善民生，既是经济发展最终的落脚点，也是推动经济可持续发展的重要保障。2012 年深圳 GDP 总值突破 2000 亿美元，人均可支配收入突破 4 万元，人均 GDP 近 2 万美元，人均 GDP 达到高收入国家水平。深圳经济社会向更高水平发展，要求适时推动经济增长与社会福利同步发展，提高社会福利水平和民众生活质量。其次，这是深圳社会建设先行先试的重要突破口。社会福利是民生之本，也是社会建设的核心内容。党的十八大报告提出“加强以保障和改善民生为重点的社会建设”。要在以民生改善为重点的社会建设方面有所突破，必须在学有所教、劳有所得、病有所医、老有所养、住有所居上持续取得新进展，编织覆盖全民、保障基本民生的安全网，推动适度普惠型社会福利制度的建立和发展。最后，这是深圳建设民生幸福城市的重要任务。近年来，深圳市在全国率先提出建设“民生净福利指标体系”和“民生幸福城市”，力争到 2020 年率先建成民生幸福城市。深圳市建设民生幸福城市的任务指标大部分涵盖教育、医疗卫生、住房、收入分配、就业和社会保障等社会福利范畴，这些指标既是民生建设的重要任务，也是适度普惠型社会福利制度的基本内容。在某种程度上，建设民生幸福城市，就是以人民福祉为重，突出民生质量和幸福指数，构建与经济发展水平相适应的适度普惠型社会福利体系。

（二）条件与优势

深圳率先构建适度普惠型社会福利制度具有独特的优势和条件。首先，深圳经济发展水平较高，2013 年深圳 GDP 总量突破 2300 亿美元，GDP 总量超过葡萄牙（2200 亿美元）、新西兰（1813 亿美元），接近芬兰（2569 亿美元）；人均 GDP 突破 22000 美元①，超过我国台湾地区（20930 美元）、葡萄牙（20727 美元），人均 GDP 不仅位居国内城市前列，而且远远超过世界银行 2013 年规定的高收入国家和地区人均 GDP 为 12616 美元及以上的标准。根据中国社会科学院发布的《城市竞争力报告 2014》蓝皮书，全国 294 个城市综合经济竞争力排名，深圳位居第二，仅次于香港。其次，深圳城市化水平较高。深圳是全国为数不多的既没有农村又没有农业人口的城市，没有城乡二元社会结构，城市化率达到 100%，因而突破城乡二元结构、构建适度普惠型社会福利制度的历史包袱较少。再

① 卢丽涛：《深圳人均 GDP 超台逼韩 居民分享 1/6》，《第一财经日报》2014 年 4 月 30 日。

次，深圳福利发展基础条件较好。深圳的经济基础比较雄厚，财政收入、居民收入水平等相关经济社会发展指标位居全国前列，这为率先构建适度普惠型社会福利制度提供了较好基础。2013 年，深圳公共财政预算收入达到 1731 亿元，在全国城市中排名第四，仅次于上海（4109.5 亿元）、北京（3661.1 亿元）、天津（2078 亿元）这三个直辖市，超过苏州（1331 亿元）、广州（1140.5 亿元）。[①] 有人力资源研究调查机构发表 2013 年第一季度全国各大中城市人均薪资排行榜，深圳以平均月薪为 6787 元的水平排名第二，仅次于上海平均月薪 7112 元，北京排名第三，平均月薪为 5453 元。[②] 此外，深圳社会服务基础较好，社会组织和社会工作者队伍发展水平在全国城市名列前茅，每万人拥有社区服务机构数、社会组织数和注册社工数在全国位居前列。2012 年末，深圳每万人拥有社区服务机构数达到 6.8 个，超过北京（4.9 个）、上海（1.4 个），在全国城市处于领先地位。目前深圳每万人拥有社会组织 4.2 个，每万人拥有注册社工 2.8 个，在全国城市中名列前茅。最后，深圳毗邻香港，区位优势明显，便于借鉴香港社会建设和社会福利的先进经验，随着深港一体化发展，两地在社会建设和社会服务等方面的交流互动越来越密切，合作基础良好并且合作前景广阔。

（三）进展与成效

近年来，深圳市在探索建立适度普惠型社会福利制度方面一直走在全国城市的前列。2007 年，深圳在全国城市率先颁布实施《深圳市民生净福利指标体系》，用民生净福利指数综合反映市民的生活福利状况，并从收入分配与公平、安全水平、社会保障水平、公共服务水平、人的全面发展水平五大方面选取了 21 项具体指标，综合反映深圳市民生福利状况以及民众公平分享经济社会发展成果的总体情况。2009 年，深圳市与民政部签订《推进民政事业综合配套改革协议》，在民政部的支持下率先探索建立普惠型社会福利制度，发展多元化社会福利服务供给模式，建立资金保障与服务保障相结合，以孤残儿童、残疾人、老年人、重点优抚对象、低保对象和其他困难群众为重点对象的普惠型社会福利制度。2010 年，

① 宿小庆：《中国城市竞争力排行榜最有钱的 50 个城市在哪里》，《投资时报》2014 年 2 月 10 日。

② 转引自奥一网《2013 一季度深圳人均月薪 6787 元排名全国第二》，http://szhome.oeeee.com/html/201305/31/7496.html。

普惠型社会福利制度建设问题被深圳市委、市政府列为25项重大调研课题之一。2011年，深圳市出台“十二五”规划纲要和《关于社会建设的决定》，将普惠型社会福利制度建设列为深圳改善民生和社会建设的重要任务。同年发布《深圳市民政事业发展“十二五”规划》，提出健全社会福利体系，提高社会福利水平，到2015年将实现“普惠型社会福利制度体系基本形成，总体福利水平、社会服务规模和体制机制运转效率处于国内领先，达到香港上世纪90年代的社会福利水平。”2012年，深圳市第二次全市民政会议再次强调，到“十二五”末，深圳将基本建成整体社会福利水平国内领先，与经济社会发展水平相适应的普惠型社会福利制度。

按照《深圳市民政事业发展“十二五”规划》，深圳市到2015年将实现“普惠型社会福利制度体系基本形成，总体福利水平、社会服务规模和体制机制运转效率处于国内领先，达到香港上世纪90年代的社会福利水平。”从这个规划目标可以看出，深圳市普惠型社会福利建设目标包含如下几个关键词：（1）“福利体系”，即“普惠型社会福利制度体系基本形成”。（2）“总体福利水平”处于国内领先地位。（3）“社会服务规模”国内领先。（4）体制机制运转效率国内领先。（5）总体福利水平和规模达到“香港上世纪90年代的社会福利水平”。总而言之，深圳市适度普惠型社会福利制度的建设目标是，坚持“适度普惠”、“参照香港”、“国内领先”三大定位，立足本地实际，在全国率先构建中国特色普惠型社会福利制度。其中，“适度普惠”是指社会福利“与深圳经济社会发展水平相适应”；“参照香港”是指以香港社会福利制度为参照目标，力争使深圳总体福利水平“达到香港上世纪90年代的社会福利水平”；“国内领先”是指深圳“总体福利水平、社会服务规模和体制机制运转效率处于国内领先”。

经过多年的发展，深圳市社会福利制度建设取得了长足进步，福利支出持续增加，福利覆盖面不断拓展，福利水平稳步提高，已初步形成了由社会救助、特殊津贴、社会保险、社会服务、公共福利五部分构成，主要面向贫弱群体、工作人口以及其他有需要者的多层次社会福利体系，这为下一步构建适度普惠型社会福利制度打下了良好的基础（见表7－1）。

深圳市社会福利体系主要包含如下层次。一是以家庭经济状况调查（需要家庭收入或资产审查）为基础的社会救助计划，主要包括最低生活保障、低收入居民社会救助以及针对单亲、残疾等特殊群体的救助计划，内

表 7－1　　深圳市多层次社会福利体系

	社会救助	特殊津贴	社会保险	社会服务	公共福利
福利项目	低保、低收入救助、专项救助、临时救助等	高龄老人津贴、重度残疾人津贴、优待抚恤①等	养老、医疗卫生、失业、工伤、生育等社会保险	家庭服务、青少年服务、残疾人服务、安老服务、社区服务等	教育、医疗卫生和住房
福利目标	为贫困和低收入者提供基本生活保障	为需要照顾的特殊群体提供津贴和补助	为工作人口应付各种风险提供安全保障	为特定群体和有需要的市民提供支持性服务	为有需要者和符合条件的市民提供公共福利
福利对策	收入低于贫困线的贫困和低收入者	特殊群体（高龄老人、残疾人、优抚对象）	劳动人口与在职工作者	特殊群体（老人、儿童、青少年等）及有需要的市民	有需要的群体和合乎条件的市民

容涵盖最低生活保障、低收入救助、专项救助和临时救助等各方面，旨在为收入低于一定水平的贫困和低收入者提供基本生活保障。二是针对特殊群体的特殊津贴计划，主要包括为失能老人、高龄老人、灾害受害者、优抚对象等提供一定的津贴和补助金，旨在为特殊群体提供基本生活保障。三是针对劳动就业人口的社会保险，内容涵盖养老、医疗卫生、失业、工伤和生育等保险项目，旨在为在职人员应付各种风险提供安全保障。四是个人与家庭社会服务，旨在为特殊群体和有需要的人提供支持性服务，包括家庭综合服务、青少年服务、残疾人服务、安老服务、社区综合服务等社会服务。五是公共福利制度，旨在为有需要者和符合条件的市民提供公共福利，主要包括教育、医疗卫生和住房等方面的公共福利。

二　深圳探索普惠型社会福利体系的经验

近年来，深圳将发展社会福利作为改善民生福利的重要目标，将公共财政支出重点向基础民生、底线民生和重点民生领域倾斜，主要从增加民生福利支出、提高基础民生保障水准、扩大社会福利覆盖面、发展社会服

① 优待抚恤主要是对符合条件的军人及其亲属予以优待抚恤，提供抚恤金、优待金、补助金等福利优待，就广义而言，可归为特殊津贴种类，即针对特殊群体的福利补助和优待。

务、创新福利供给机制等方面探索建立适度普惠型社会福利制度。

（一）增加民生福利支出

早在2007年，深圳市就在全国率先发布了《深圳市民生净福利指标体系》，将民生福利指标纳入政府绩效考核，探索建立以民生福利为重心的公共财政支出格局。2008—2012年，深圳GDP从7786.79亿元增加到12950.06亿元，增长66.31%，年均增长13.26%。同期，教育、医疗卫生、社保和就业三类民生福利支出从173.6亿元增至418.2亿元，增长140.90%，年均增长28.18%，民生福利支出增速明显快于经济发展速度。其中，教育支出从103.09亿元增至246.13亿元，增长138.75%，年均增长27.75%；社会保障与就业支出从37.90亿元增至66.78亿元，增长76.20%，年均增长15.24%；医疗卫生支出从32.61亿元增至105.29亿元，增长222.88%，年均增长44.58%。[①] 2013年全市公共财政预算支出约1671亿元，其中用于教育、医疗卫生、社会保障和就业、住房保障等九大类领域的广义民生支出达到1061亿元，占全市公共财政支出的比重达到63.5%[②]，其中，教育支出274.2亿元，增长11.4%；医疗卫生支出100.5亿元，增长18.4%；住房保障支出63.8亿元，增长21.9%。

（二）提高基础民生保障水准

适应改善民生需要，提高社会救助、社会保险、最低工资等基础民生保障水准。从2010年起，建立“第二条最低生活保障线”，将家庭收入低于最低生活保障标准1.5倍的低保边缘人员纳入社会救助范围之内，低收入家庭可享受除最低生活保障以外的专项救助和临时救助。2007—2013年，深圳市先后五次调高最低生活保障标准，低保标准从每人361元/月提高到每人560元/月。从2014年1月1日起，深圳低保标准由每人每月560元提高至620元。建立社会救助标准与通货膨胀、物价上涨等关联因素的联动机制，多次启动临时价格补贴，不断健全低收入群体社会救助机制。提高社会保险基金征缴额，不断扩大社会保险覆盖面，夯实社会保障“安全网”。2007—2012年，深圳市基本养老保险基金征缴额从139.99亿元增至378.47亿元，增长170.36%；失业保险基金征缴额从2.23亿元增至6.66亿元，增长198.66%。截至2012年11月底，深圳各险种参保总人数达到3792.61万

① 资料来源：深圳市统计局《深圳统计年鉴2013》。

② 丁荡新：《去年深圳民生领域花了1061亿元》，《深圳晚报》2014年1月24日。

人次，养老、医疗卫生、工伤、失业、生育保险参保人数分别为 795.61 万人、1149.92 万人、1003.72 万人、340.58 万人、502.78 万人，工伤保险参保人数居全国大中城市首位，各险种参保人数位居全国大中城市前列。[①] 提高最低工资标准，加强低收入就业人口福利保障，2007—2013 年，深圳市最低工资标准从 810 元/月（当时关内标准）提高到 1808 元/月，目前深圳市最低工资标准在全国城市名列前茅。

（三）扩大社会福利覆盖面

扩大特殊津贴覆盖面，近年来相继推出高龄老人津贴和重度残疾人津贴，目前高龄老人津贴已全部覆盖了 80 岁以上具有深圳户籍的高龄老人，其中宝安和南山等区的高龄津贴已扩大至 70 岁以上户籍老人。扩大综合社会保险覆盖面，2007—2012 年，深圳基本养老保险、失业保险、医疗卫生保险的参保人数，分别从 508.09 万人、179.62 万人、720.71 万人，增加到 811.50 万人、340.59 万人、1138.74 万人，增幅分别达到 59.72%、89.62%、58.0%。[②] 扩大非户籍人口福利覆盖面，先后实施“入户积分”、“全民医保”、“暂住证改居住证”等政策，面向非户籍人口推动基本公共服务均等化。例如，2012 年实施《深圳市住房保障制度改革创新纲要》，探索将非户籍住房困难人才家庭纳入住房保障范围；2013 年实施《深圳经济特区失业保险若干规定》，将外来务工人员纳入失业保险范围。实施“来深建设者重病救助”、“来深建设者子女重病救助”、“寻找需要帮助的人”和“雏鹰展翅计划”等公共援助项目，对符合条件并且有特殊需要的非深户籍人员提供公共援助，仅 2013 年救助人次就达到 2157。[③]

（四）发展社会服务

在巩固社会救助和社会保险等福利项目的基础上，以社区服务中心为平台，以社区家庭、妇女、儿童、老人为重点服务对象，大力发展面向个人、家庭和社区的综合社会服务体系，通过多元化的社会工作手法，为有特殊需要的个人和家庭提供专业化社会服务。社区服务中心采用项目化运作模式，由政府指导和资助，整合社会资源，由民间专业服务机构作为服

---

① 杨立勋：《2012—2013 年深圳社会发展形势分析与预测》，载张骁儒主编《深圳社会发展报告（2012—2013）》，社会科学文献出版社 2013 年版，第 5 页。

② 资料来源：广东省统计局、国家统计局广东调查总队《广东统计年鉴 2008》、《广东统计年鉴 2013》。

③ 深圳市民政局：《深圳市民政局 2014 年度公共服务白皮书》。

务供给主体，为社区老人、青少年、妇女、儿童、残疾人、优抚安置对象、特困人员、矫正人员等各类群体提供一站式、个性化、专业性社会服务。社区服务中心的运营主体为具有独立法人资格的社会组织，服务项目经由政府招投标以购买服务的形式下放社区，运营经费主要来源于政府购买或资助费用，社区内公共服务设施的场地统一交由中心使用，运营团队以专业社工为骨干，一般要求配置6名以上全职工作人员，其中注册社工应占50%以上。以社区服务中心为综合平台，整合社区服务资源，引入专业社工的服务，在社会服务供给过程中，政府购买服务、社区提供场地、社区服务中心提供服务、社工开展社会工作，从而构建了“政府主导、社会参与、民间运作”的社会服务运行机制。2011 年第二季度至 2014 年第二季度，社区服务中心数量从 143 个激增到 391 个，累计增长 173.43%，年均增速达到43.36%，这从一个侧面反映了近年来深圳社会服务业的快速发展局面（见图 7 - 1）。2008 年 9 月—2013 年 9 月，社会组织数量从 3316 个增加到 5401 个，社会福利单位床位数从 2540 个增加到 5567 个，期间社会服务机构和设施发展速度相当明显。[①] 目前深圳拥有 100 多家社工机构和近 3000 名注册社工，社会工作服务遍及老年人服务、残疾人服务、儿童服务、青少年服务、妇女服务、家庭服务、外来工服务、社区矫正等十几个服务领域。

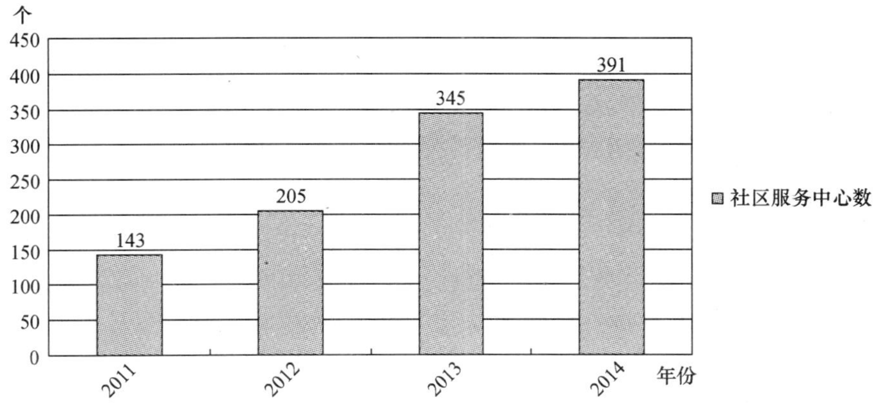

图 7 - 1　2011—2014 年深圳社区服务中心数量

说明：1. 资料来源：深圳市民政局，2010—2014 年历年第二季度《深圳民政事业统计数据》；2. 图中数据为各年度第二季度统计数据。

① 深圳市民政局：2008—2013 年历年《深圳民政事业统计季报表》。

（五）创新福利供给机制

突破政府绝对主导的行政化供给模式，借鉴香港社会服务的经验，发展多元化福利供给，推广政府购买服务，将社会工作服务和相关福利服务纳入政府购买服务范围，推动社会福利服务的多元化、专业化、社会化。特别值得一提的是，深圳将社会工作服务纳入政府购买服务范围，并在购买社工服务和探索多元化福利供给方面走在全国的前列。2007 年，深圳开始用福彩公益金购买社工服务，当年购买社工岗位 40 余个，2008 年购买岗位数量增至 200 余个，2009 年超过 400 个，2010 年起除了购买社工岗位外，还开始“打包”购买“社区服务中心”等公益服务项目。[①] 2008—2013 年，深圳市财政资金用于购买社工服务的支出超过 4 亿元。2009 年，深圳市的“社会工作服务纳入政府采购”被评为“中国社会政策十大创新”，对全国社会服务创新产生了良好的示范效应。目前在深圳，政府购买服务已延伸至十余个社会服务领域，社会组织承接社会服务已经成为公共服务供给的常态。

三　深圳社会福利发展水平指标分析

作为我国改革开放的“窗口”和经济最发达的地区之一，深圳是全国最早提出“率先构建普惠型社会福利制度”的城市之一，近年来在这方面也取得了长足的进步。下文对比分析深圳、广州、北京、上海和香港五大城市的主要福利指标值，探讨深圳市社会福利建设总体情况，并结合存在的问题提出相应的政策建议。从表 7－2 可见，选取若干主要福利指标，可以对比分析深圳、广州、北京、上海和香港的社会福利发展水平。需要特别指出的是，由于不同地区统计口径不尽相同，且有些指标数据难以获得，所以表中只是选择了部分福利指标和 2011—2012 年统计数据，有限的指标数量和统计数据决定了这种数据分析存在明显的局限性，但毕竟可以管中窥豹，在一定程度上反映不同城市社会福利的发展水平。综合比较分析表 7－2 中五大城市各项福利指标情况，不难发现深圳市社会福利水平呈现如下几个比较明显的特征。

① 李春伟：《公益金支持社工薪酬的“深圳样本”》，《公益时报》2012 年 12 月 7 日。

表7-2　2011—2012年深圳、广州、北京、上海和香港主要福利指标比较

一级指标	二级指标	深圳	广州	北京	上海	香港
社会救助	低保覆盖率	0.40% (1.07)	1.32% (10.71)	1.47% (18.74)	2.76% (39.11)	6.08% (43.5)
	低保支出（亿元）	0.54	—	9.15	14.98	195.48
	医疗卫生救助支出（亿元）	0.085	—	0.97	1.63	—
社会保险	社保和就业支出占政府支出比	3.26% (51.89)	11.22% (132.48)	10.94% (354.88)	10.66% (417.50)	—
	养老保险参保人数（万人）	769.12	565.63	1089.4	902.58	—
	医疗卫生保险参保人数（万人）	1114.62	724.85	1188.0	1342.06	—
	失业保险参保人数（万人）	300.13	362.48	881.0	604.22	—
社会服务	每万人社区服务机构数（个）	6.8 (7203)	—	4.9 (10093)	1.4 (3436)	—
	每万人社会组织数（个）	4.2 (4442)	3.4 (4279)	3.7 (7512)	4.4 (10384)	38.5 (27244)
	每万人注册社工数（人）*	2.8 (2905)	3.6 (4609)	—	1.5 (3490)	26.1 (18450)
公共福利	社会福利支出（亿元）*	14.56	—	104.62	51.26	433.46
	教育支出占政府支出比	12.37% (196.79)	14.84% (175.33)	16.03% (520.08)	14.03% (549.24)	17.61% (678.91)
	医疗卫生支出占政府支出比	4.95% (78.69)	5.73% (67.67)	6.95% (225.49)	4.85% (190.03)	11.75% (452.97)

说明：

1. 主要资料来源：《深圳统计年鉴2012》、《广州统计年鉴2012》、《北京统计年鉴2012》、《上海统计年鉴2012》、《广东统计年鉴2012》、《香港统计年刊（2013年版）》。“—”表示缺省值，栏目缺少相应数据。内地支出单位为人民币，香港支出单位为港元。

2. 低保覆盖率栏目括号数据为低保人数（单位：万人），香港采用综援受助人数据。

3. 表中内地的政府支出仅指当地地方财政一般预算支出，不含政府基金支出；香港政府支出为广义政府支出，含政府基金支出。2011年，深圳、广州、北京、上海地方财政支出分别为1590.60亿元、1181.25亿元、3245.23亿元、3914.88亿元，香港公共支出为3856.41亿港元。

4. 表中低保支出、城市医疗卫生救助支出，以及社区服务机构数为2012年第四季度数据（参见各地社会服务统计季报表）。其中，社会福利支出因在内地政府统计中未单列，暂用民政事业经费代替，实际上是民政系统的社会福利支出。①

5. 社保和就业、教育、医疗卫生等支出占政府支出比的相应栏目内括号数据为当年相应项目支出数，单位为亿元。

6. 每万人社会组织数栏目括号内数据是2011年底各地社会组织数（参加各地社会服务统计报表和香港社会指标统计网）。2011年年末，深圳、广州、北京、上海、香港常住人口数分别为1046.7万、1275.1万、2018.6万、2347.5万、707.2万。

7. 每万人注册社工数栏目括号内数据是2014年初各地注册社工数（参见各地社会工作者协会网站和香港社会工作者注册局网站）。

① 在表7-2中，香港的社会福利支出主要是社会福利署的福利支出，考虑到民政系统、社会福利署分别是内地和香港负责福利供给的主要政府部门，因而通过这部分支出对比可以在一定程度上反映内地城市和香港的社会福利水平。

（一）社会救助水平与其他一线城市存在明显差距

深圳社会救助覆盖率和救助开支明显偏低，不仅低于广州、北京和上海，更远低于香港。2012 年第四季度，深圳、广州、北京和上海的低保人数分别为 1.07 万、10.71 万、18.74 万、39.11 万，从低保覆盖率看，广州、北京和上海分别是深圳的 3.3 倍、3.7 倍、6.9 倍。从低保支出看，北京、上海是深圳的 16.9 倍、27.7 倍。城市医疗卫生救助支出方面，深圳也远低于内地其他一线城市，2012 年第四季度，深圳医疗卫生救助支出为 0.085 亿元，北京和上海的城市医疗卫生救助支出分别为 0.97 亿元、1.63 亿元，分别是深圳的 11.4 倍、19.2 倍。导致深圳和其他城市社会救助水平存在明显差距，其中一个客观原因是社会救助主要面向户籍人口，在这些城市中，深圳市户籍人口相对较少，且户籍人口贫困发生率较低，这在客观上降低了社会救助开支和覆盖率。2011 年末，深圳、广州、北京、上海户籍人口分别为 267.9 万、814.6 万、1277.9 万、1419.4 万，香港人口为 707.2 万。但是，即便考虑到这个客观因素，深圳市社会救助总体水平与其他城市依然存在差距，特别是跟香港相比差距更大。2012 年第四季度，香港“综援”受助人数达到 43.5 万，综援覆盖率达到 6.08%，无论是在相对水平还是绝对水平上都远远超过深圳的低保人数及覆盖率。

（二）公共福利支出水平偏低

深圳在社保和就业、社会福利、教育、医疗卫生等方面的公共开支水平明显低于广州、北京和上海，与香港的差距更大。2011 年，深圳社保和就业支出仅 51.89 亿元，占政府预算开支的 3.26%。相比之下，广州、北京和上海的社保和就业支出分别达到 132.48 亿元、354.88 亿元、417.50 亿元，分别占政府预算开支的 11.22%、10.94%、10.66%。2012 年第四季度，北京、上海的民政事业经费支出分别达到 104.62 亿元、51.26 亿元，深圳仅为 14.56 亿元，支出规模仅为北京的 13.9%、上海的 28.4%。教育支出方面，无论是支出规模还是占政府支出比重，深圳在广州、北京、上海和香港等城市中都排名垫底。医疗卫生支出方面，深圳的支出规模和占政府支出比重低于广州和北京，只是医疗卫生支出占政府支出比略高于上海。深圳在社会福利事业发展规划中提出要参照香港的经验，但对比深港两地关键福利指标可发现，深圳与香港的公共福利水平差距相当悬殊。2011 年，香港教育支出达到 678.91 亿港元，占公共开支的

17.61%，在各项开支中排名第一；深圳教育支出仅为196.79亿元，占政府预算开支的12.37%；同年，香港医疗卫生支出达到452.97亿港元，占公共开支的11.75%；深圳医疗卫生支出仅为78.69亿元，占政府预算开支的4.95%。无论是从绝对支出水平（即上述福利项目开支）还是从相对支出水平（即上述福利项目开支占公共开支百分比）看，深圳都远落后于香港。

（三）社会服务质素具有一定优势

这主要表现在深圳市每万人拥有社区服务机构数、社会组织数和注册社工数都位居全国前列。2012年末，深圳每万人拥有社区服务机构数达到6.8个，北京和上海分别为4.9个、1.4个，这在一定程度上反映深圳的社区服务机构发展较快，服务覆盖面较广。2011年末，深圳共有社会组织4442个，每万人拥有社会组织数达到4.2个，高于广州市的3.4个和北京市的3.7个，略低于上海市的4.4。截至2014年3月，深圳共有社工2905人，每万人拥有注册社工数为2.8个，高于上海的1.5个，但低于广州的3.6个。从每万人拥有社会组织数和注册社工数这两个指标看，深圳市社会服务具有一定的优势，社会组织和社会工作队伍的发展水平在全国处于领先地位，但与香港相比，深圳的差距仍然比较大。目前香港注册社工达18450人，注册社会组织达27244个。相比之下，深圳注册社工仅2905人，注册社会组织仅4442个，注册社工数和注册社会组织数分别仅为香港的15.8%、16.3%。每万人拥有社会组织数和每万人拥有注册社工数分别仅为香港的10.9%、10.7%，差距相当悬殊。

通过对比分析深圳、广州、北京、上海和香港五个城市的主要福利指标，可以发现深圳总体福利水平、福利覆盖面和保障水平仍然偏低，无论是从绝对值还是从相对值来看，深圳的关键福利指标值皆低于广州、北京和上海等内地一线城市，更远落后于香港，特别是在社会救助、社保和就业等方面的开支水平与其他一线城市存在较大差距，教育和医疗卫生支出水平也明显偏低。虽然深圳市在社会服务方面占有一定优势，每万人拥有社会组织数、每万人拥有注册社工数位居全国前列，但相关指标值仍远远落后于香港。社会救助、社会保险和公共福利支出偏低反映社会福利普惠化程度不高，总体福利水平、福利覆盖面和保障水平仍然偏低，福利补缺型色彩较为浓厚。深圳市提出到2015年将实现“普惠型社会福利制度体系基本形成，总体福利水平、社会服务规模和体制机制运转效率处于国内领先，达到香港上世纪 90 年代的社会福利水平。”那么，“香港上世纪 90 年代的社会福利水平”究竟怎样？1996 年，香港在教育、房屋、医疗卫生和社会福利四个方面的开支占公共支出的比重分别为 17.9%、11.5%、11.9%、8.5%，四项社会支出占公共支出的 49.8%，其中教育、医疗卫生和社会福利三项开支总数占公共支出的 31.9%。[①] 2011 年，深圳的教育、医疗卫生、社保和就业三项支出占政府支出的比重分别为 12.4%、5%、3.3%；社会支出（不含住房）占政府支出的 20.7%，比香港的 31.9%低了 11 个百分点。由此可见，深圳要实现总体福利水平“达到香港上世纪 90 年代的社会福利水平”，真正建成适度普惠型社会福利制度，依然任重而道远。普惠型社会福利制度，不仅意味着民众能够享有较高水准的福利服务，还意味着他们能够享有基本民生保障的平等权利以及基本公共服务的均等机会。这就要从“增支、扩面、提标”三个方面加快福利适度普惠化，适度增加福利投入，适时扩大福利覆盖面，适量提高福利水平，超越传统补缺型福利格局。

主要福利指标差距的背后，反映了深圳社会发展存在两个明显短板问题：（1）经济发展和社会发展失衡，社会福利滞后于经济发展的问题比较突出，存在经济发展和社会民生“一条腿长，一条腿短”的问题，社会福利、教育和医疗卫生等社会事业发展水平与深圳作为全国重要经济中心城市的地位明显不匹配。（2）福利补缺主义格局依然未有实质性突破。从主要福利指标的情况来看，社会福利普惠化程度不高，福利补缺型色彩较为浓厚，现行社会福利体系依然属于“补缺型”社会福利，与建立“适度普惠、国内领先、参照香港的普惠型社会福利制度”的目标依然存在较大差距。从表面上看，由于社会福利主要面向当地户籍人口和贫弱群体，而在五个城市中深圳市户籍人口最少，且户籍人口中的贫困发生率较低，因此深圳社会福利支出水平比广州、上海和北京低应在意料之中。但若深入检视，便发现这种观点经不起推敲，与广州、上海和北京相比，尽管深圳在经济总量上不占有优势，但在人均 GDP 和地方财政收入等方面并不逊色，甚至还具有一定的优势；加之深圳市城市化率已达 100%，没有城乡二元社会结构，户籍人口相对少、贫困发生率相对低、历史包袱比

① 桂世勋、黄黎若莲主编：《上海与香港社会政策比较研究》，华东师范大学出版社 2003 年版，第 31 页。

较轻，所以深圳更应大幅增加社会福利开支，扩大福利受益面和覆盖率，率先突破补缺型福利格局，推动社会福利适度普惠化。

四　深圳社会福利发展面临的突出问题

尽管深圳市社会福利建设取得长足的进步，但与快速发展的经济水平相比，与建设现代化国际化先进城市的发展定位相比，深圳现行的社会福利体系依然属于“补缺型”社会福利，与建立适度普惠型社会福利制度的目标相比尚有较大差距，这突出表现在如下几个方面。

（一）“补缺型”色彩浓厚

深圳社会福利制度的“补缺型”表现在如下几个方面：一是福利项目以补救性福利为主，福利功能依然偏重贫困救助和基本保障，主要投向社会救助、弱者保护等底线民生、基本民生项目，社会服务以及在教育、医疗卫生、住房等方面更高层次的公共福利相对较少，预防性、发展性福利项目明显不足。二是福利对象以社会弱势群体为主，福利保障主要偏重优先照顾“老弱病残幼贫”等弱势群体。在社会福利对象方面，深圳社会福利以两类弱势群体为主：第一类是收入低于一定水平的贫困和低收入者，如低保对象、低收入者和特困人员；第二类是高龄老人、残疾人、灾民、优抚对象等特殊群体。三是福利形式以基本现金和实物为主，强调物质救助和基本生活保障，在教育、就业、培训、技术和卫生保健等方面更高水平的社会服务项目明显不足。四是福利覆盖小众群体，覆盖面比较窄，保障水平比较低，补缺型色彩较为浓厚。据统计，2010 年 12 月，深圳低保人数 12283 人，当年户籍人口 251.03 万，低保人数仅占总人数的 0.49%。[①] 相比之下，当年香港综援（全称为“综合社会保障援助计划”，简称“综援”，相当于内地的最低生活保障制度）个案 287822 宗，受助人 479167 人，其时香港人口总数 706.12 万，“综援”受助人占人口总数的 6.79%，其最低生活保障覆盖率远高于深圳。2012 年底，深圳、广州、北京和上海的低保人数分别为 1.07 万、10.71 万、18.74 万、39.11 万，

① 深圳市民政局：《2010 年 4 季度深圳民政事业统计数据》，http：//www.szmz.sz.gov.cn/xxgk/tjsj/zxtjbg/201107/t20110715_1676784.htm。

四大城市的低保覆盖率分别为 0.40%、1.32%、1.47%、2.76%，从低保覆盖率看，广州、北京和上海分别是深圳的 3.3 倍、3.7 倍、6.9 倍，近年来全国城乡低保覆盖率大约维持在 5%，深圳低保覆盖率仅为全国平均水平的 8%。凡此种种都说明，深圳社会福利制度主要面向局部人群（弱势群体）、局部项目（补救性项目）、局部功能（底线民生），覆盖率还不高，补救性色彩比较浓厚。

（二）福利普惠化程度不高

目前深圳市社会福利主要基于选择主义（selective），通过家庭经济状况调查和人口类型划分，重点面向贫困人口和弱势社群等部分群体和公民，而非基于普惠主义（universal），对更大范围的群体乃至全体市民提供的社会福利服务较少，社会福利的包容化、普惠化程度还比较低。除了免费九年义务教育之外，深圳很少有全民普惠、人人受益、无差别化的“普惠主义”社会福利项目，多数福利项目属于需要进行家庭资产、收入审查的救济性福利（如低保、医疗卫生救助、临时救助等社会救助），或需要符合特定年龄、生理以及社会条件的定向性福利（如高龄老人津贴、重度残疾人津贴、优待抚恤等），或与就业情况、工作单位紧密相关的差别化福利（如养老、医疗卫生、失业、工伤和生育等社会保险）。不仅如此，同全国其他城市一样，深圳的社会福利制度基本上设置了户籍身份的要求，市民福利资格的获得大多以拥有深圳户籍为前提条件，按照户籍身份的福利资格要求，大部分常住人口被排斥在公共救助、特殊津贴和社会服务等社会福利制度之外。2010 年，深圳年末常住人口 1037.2 万，户籍人口 251.03 万，仅占常住人口总数的 24.2%，非户籍人口 786.17 万，占到常住人口总数的 75.8%，这意味着深圳常住人口中超过 75% 的人基本上被排斥在社会福利制度之外，无法享受基于公民社会权应当享有的公共服务和社会福利。此外，同全国其他地区一样，深圳社会福利制度存在较强的分割性，不同地区、行业和部门之间的社会福利水平存在明显的差距。这方面比较突出的问题是长期以来饱受诟病的社会保险“双轨制”乃至“多轨制”，机关事业单位人员与企业人员在养老、医疗卫生等社会保险方面的待遇差距悬殊，按照现行的差别化社保待遇，前者退休后的养老金替代率往往能达到 80% 的水平，后者的养老金替代率往往只有 45% 的水平。

（三）福利保障水平偏低

如前所述，深圳在社保和就业、社会福利、教育、医疗卫生等方面的公共开支水平明显低于广州、北京和上海，与香港的差距更大。从福利支出规模看，2012 年年底，北京、上海的民政事业经费支出分别达到 104.62 亿元、51.26 亿元，深圳仅为 14.56 亿元，支出规模仅为北京的 13.9%、上海的 28.4%，差距十分明显。2010 年，深圳财政一般预算支出 1266 亿元，其中用于社会保障和就业的支出 47.8 亿元，社会保障和就业支出仅占政府财政预算支出的 3.78%。[①] 同年，香港社会福利支出达到 376 亿元，占政府开支总额的 16.8%，在政府各项开支中排名第二，仅次于教育支出（占政府开支总额的 22.9%）。[②] 从社会福利水平看，2010 年，深圳低保标准为 415 元/月，当年深圳市职工平均工资为 4205 元/月，低保标准仅占职工平均工资的 9.87%。香港"综援"标准因个案类型情况不同而不同，没有统一的标准，但平均折算下来超过 3000 元/月，据统计，目前香港收入中位数为 13400 元/月，综援标准占收入中位数的比重超过 20%。2014 年，深圳低保标准为每人 620 元/月，最低工资标准为 1808 元/月，低保标准仅为最低工资标准的 34.29%。2014 年 7 月，深圳市 2014 年人力资源市场工资指导价发布，工资平均数为 4360 元/月，低保标准仅为平均工资的 14.22%。另据国家统计局深圳调查队调查统计，2013 年深圳居民人均家庭总收入 50023 元，其中人均可支配收入 44653 元，即人均可支配收入为 3721 元/月；按照每人 620 元/月的低保标准，目前深圳低保标准仅为人均可支配收入的 16.66%。国际社会一般将中位收入的 50% 划定为相对贫困线，美国、日本、加拿大、中国台湾等国家和地区一般将中位收入或平均收入的 30%—40% 作为贫困线标准，而目前深圳低保标准仅为人均可支配收入的 16.66%、最低工资标准的 34.29%，保障水平相当低，与发达国家和地区贫困线标准的差距很大。这种低保标准基本上属于绝对贫困线，只能保障最基本的生存需求，受助人仅凭低保维持生活虽不至于食不果腹、衣不遮体，但也只能勉强度日，维持最起码的生存条件。如前所述，深圳福利保障水平明显偏低，一些关键福利指标值不仅低于广州、上海、北京等内地一线城市，与香港社会福利水平的差距更为悬殊，福利投入相对不足、福利保障水平偏低成为制约深圳民生福利向更高水平发展的"瓶颈"问题。

---

① 深圳统计局：《2011 年深圳统计年鉴》，http：//gdidd.jnu.edu.cn/doc/gdtjnj/sztjnj/2011/index.htm。

② 香港社会福利署：《社会福利署回顾 2009—2010 & 2010—2011》。

（四）社会服务规模和水平不足

一方面，社会服务项目和种类不健全，难以满足多元群体日益多样化的需求。深圳市社会福利延续了内地社会福利普遍存在的重弱势群体而轻一般公民服务、重经济福利而轻社会服务的特点，服务对象主要面向妇女、儿童、老人、残疾人等弱势群体，服务种类以家庭服务、青少年服务、残疾人服务、安老服务和社区综合服务为主，面向更广泛群体的外来人口服务、权益保护服务、积极就业服务、心理健康服务等服务明显不足，更缺乏违法者服务、医疗卫生保健服务、临床心理服务等新型社会服务。另一方面，社会服务的规模和投入不足，难以满足社会服务需求日益增长的需要。与社会救助和社会保险等福利项目相比，社会服务项目的经费投入较少，占整体社会福利的比重较低。2012 年第二季度，深圳民政事业经费实际支出 2. 9 亿元，社会服务经费仅 0. 14 亿元，仅占民政事业经费支出的 4. 83%。相比之下，2014 年，香港社会服务公共预算支出达到 157. 29 亿元，社会服务支出占到社会福利支出的 30%。此外，深圳市社会福利服务机构和从业人员明显偏少，与香港的差距较大。据统计，2011 年深圳市具备社工资格 2134 人，社工服务机构 43 家，政府购买项目和岗位社工 1300 多个。[①] 相比之下，香港注册社工超过 13000 人，社会服务机构超过 3000 家，每年服务超过 9010 万人次。总体来看，深圳在社会服务方面的经费投入、机构设施、服务质素难以满足民众日益增长的社会服务需求，服务投入不够、服务设施不足是普遍难题，社会服务能力跟不上市民服务需求迅速膨胀的需要。有调查显示，原特区内有 27. 5% 的社区没有足够的便民服务，近 20% 的社区没有足够的社区安全服务，39. 2% 的社区没有足够的社区医疗卫生保健服务，37. 3% 的社区没有足够的社区教育服务，47. 1% 的社区没有足够的社区文体服务。[②]

（五）多元化福利体制机制不健全

与国内其他城市相近，深圳市社会福利服务以政府行政供给模式为主，社会服务发展比较单一，多依靠政府投入，福利性、事业性服务项目占大多数，基本上以政府行政化供给为主，市场化、社会化、专业化水平还不高，服务供给难以满足多样化、个性化、高级化的服务需求。政府与

---

① 吴忠、余智晟主编：《深圳社会发展报告（2011）》，社会科学文献出版社 2011 年版，第 191 页。

② 江明君等：《深圳社区建设中存在的问题》，《今日中国论坛》2013 年第 12 期。

社会组织在福利供给中的合作程度还比较低，缺乏制度化、长效化机制，社会组织在福利供给中的作用未充分体现出来。在香港，政府与社会组织建立了制度化的公私伙伴关系，政府主要承担综援和紧急救助等小部分社会福利服务，社会组织提供全港90%以上的社会福利服务。在这种服务供给模式中，政府与社会组织的关系不仅是简单的“购买关系”，而是全方位的“伙伴关系”，这种官民合作体现在政策制定、资金支持、服务购买和福利监管等各方面。相比之下，深圳市绝大部分社会福利服务由政府部门或官办机构承担，政府在诸多领域大包大揽，既担当服务监管者，又担当服务供给者，福利监管与服务质素有待提高。政府与社会组织的合作主要停留于资金支持和服务购买上，在政策制定和服务监管等方面的合作层次和水平较低。社会组织普遍面临能力薄弱、资金和人才缺乏、服务水平不高、社会公信力不足等问题，承接政府职能转移和公共服务的能力还比较弱。尽管深圳市在政府购买服务的规模和水平上位居全国城市领先水平，但从服务购买的规模和质量上看，目前深圳市的政府购买服务还处于发展的初级阶段，与香港等发达地区的水平差距很大。2011—2012年度，香港社会福利署在社会服务方面资助民间社会服务机构的预算资金达到90.75亿元，而同期深圳政府向社会组织购买服务的费用约为1.5亿元①，暂且不考虑深港两地社会服务的专业化水准与服务质素，单从经费投入来看，深圳与香港在社会服务发展方面的差距就由此可见一斑。

五　深圳加快构建普惠型社会福利制度的对策

深圳可根据“适度普惠、参照香港、国内领先”的定位，发挥经济基础雄厚、体制改革优先、城市化水平高、深港合作不断深化等优势，借鉴香港社会福利经验，加快适度普惠型社会福利建设，分步构建与经济发展水平相适应、覆盖全民、重点保障基本民生、总体水平国内领先的“阶梯式普惠型社会福利体系”。

（一）完善多重保障民生安全网

要在完善贫困和弱势群体基本生活保障的基础上，逐步拓展社会福利

① 刘荣：《深圳政府拖欠社工机构费用达千万》，《南方都市报》2012年3月1日。

项目，完善阶梯式普惠型社会福利体系，提高社会福利普惠化水平。要让社会福利普遍惠及有需要的人（help people in need）和具有特定公民权的市民，形成覆盖全民尤其是弱势群体、保障民生的多重安全网。一方面，要坚持底线保障，优先和重点照顾老人、儿童、残疾人等最弱势群体，优先保障生存性福利需求和基础民生、底线民生，保障弱势群体的基本生活需要。另一方面，要坚持柔性调节，在教育、医疗卫生、住房、就业、个人及家庭社会服务等方面发展多元社会福利服务，适当照顾安全性、发展性福利需求和重点民生，满足有需要者和更广泛社会群体的多元化福利需求。鉴于深圳现行低保标准比较低，应当不断提高低保标准，完善低保标准与经济增速、通货膨胀、物价变化与收入变化的联动机制，确保最低民生保障“跑赢”通货膨胀。应在已有低保线的基础上，采取国际社会通行的相对贫困线计算方法，逐步形成两条福利标准线，完善层次有别、功能互补、相互支持、多重保障的多重民生安全网。第一条福利标准线是绝对贫困线，以现行低保和低收入线为基准，重点为贫困者、低收入者、特困人员以及老弱病残等弱势群体提供基本生活保障。第二条福利标准线是相对贫困线，以高于绝对贫困线150%—200%为基准，重点为低收入者、边缘弱势群体、支出型贫困家庭以及单亲和失业等特殊群体提供基本生活保障，不仅关注他们的基本生存所需，还关注他们在教育、医疗卫生、住房等基本公共服务方面的支付能力。

（二）提高福利瞄准率和覆盖率

应当进一步提高社会福利覆盖率，逐步将有需要的群体尤其是弱势群体都纳入社会福利安全网，提高社会福利的瞄准率。可以在巩固高龄老人津贴和重度残疾人津贴等现行各项现金津贴项目的基础上，适当增加津贴项目，照顾单亲、重病和失业等特殊群体的特别需求。比如，设立单亲补助金，帮助经济困难的单亲人士；设立生活补助金，为有经济困难的重病和健康欠佳人士提供经济支持；设立交通补助金，鼓励失业者外出寻找工作。此外，要克服重户籍人口服务、轻外来人口服务的思想观念，提高社会福利对非户籍常住人口的覆盖率。目前，非户籍常住人口占深圳常住人口总数的75%，建设普惠型社会福利体系不能忽视甚至漠视这部分人的福利需求。非户籍常住人口的福利服务重点有两个：一是逐步将有需要的外来人口纳入社会服务范围，重点增加针对农民工和其他外来流动人口的劳动保障服务、权益保护服务和临时救济服务，为他们参与深圳建设乃至融入深圳社会提供良好的居住、就业、教育和社会参与条件；二是重点扩大“五险一金”的覆盖面，提升外来人口在养老保险、医疗卫生保险、工伤保险、失业保险和生育保险等方面的参保率，特别是提高农民工群体在失业保险、工伤保险方面的参保率，扩大参保范围并解决社保跨区域“转移接续”难等问题，尽快实现参保者保险关系跨区顺畅转移，真正实现应保尽保和社会保险的全覆盖。

（三）拓展社会服务规模和种类

要进一步突破以基本现金和实物为主的传统社会福利模式，发展“津贴+服务”的新型社会福利模式，重点发展个人和家庭社会服务，将社会服务延伸至教育、医疗卫生、住房、就业、文体娱乐、精神慰藉等各个领域，不断完善教育福利、医疗卫生福利、老年福利、儿童福利、残疾人福利、就业福利、住房福利等多层次社会福利体系。要以发展新型社会服务为突破点，拓展个人—家庭—社区“三位一体”社会服务，通过专业社会工作队伍和专业社会组织，为有需要的市民提供一站式的个人和家庭问题的预防、支援和补救等社会服务。建议以香港经验为范本，在服务经费投入方面，增加社会服务投入，尤其是大力增加向民间机构购买社会服务的经费投入；在服务供给主体方面，在完善已有社区服务中心运营模式的基础上，大力发展民间社会服务机构，充分发挥民间机构在直接服务供给中的主力军作用；在服务供给方式方面，改变目前过度依赖政府投入、事业性服务项目独大的局面，大力扶持社会服务产业发展，推动社会服务的市场化、社会化、专业化；在服务供给种类方面，巩固并细化已有的家庭服务、青少年服务、残疾人服务、安老服务、社区综合服务等社会服务项目，开拓和发展临床心理服务、医务社会服务、康复服务、违法者服务和其他新型社会服务，尽快填补社会服务的“真空地带”。总之，通过增加服务经费投入、创新服务供给方式，拓展服务供给项目及种类，确保社会服务涵盖日常生活各领域，不断提高社会服务的专业化水平，满足多元化群体的多层次、多样化服务需求。

（四）增加民生福利净支出

国际社会衡量一个国家和地区福利规模和结构的一个常用指标是社会支出，美国、英国、德国、法国和日本等 OECD 发达国家的社会支出一般占到政府支出的 50% 以上，巴西、南非等新兴发展中国家的社会支出占政府公共财政支出的比重也在 40% 以上，香港的社会支出占政府公共支出的比重保持在50%左右。2011年，深圳社保和就业、社会福利、教育、医疗卫生等社会开支（不含住房）占政府公共财政支出的比重不足25%，即便加上住房保障开支，社会支出占公共财政支出的比重也不足30%。由此可见，作为有志于建设现代化、国际化先进城市的全国经济中心城市，深圳与发达国家乃至与一些发展中国家相比，在增加民生福利支出、提高民生保障水平方面依然有着很大的改进空间。据统计，2013年深圳人均GDP突破22000美元[①]，超过台湾地区、葡萄牙，逼近韩国。[②] 按照世界银行2013年规定的“人均GDP达到12616美元的属于高收入国家和地区”的标准，深圳远超高收入国家和地区的入门标准，已经迈入世界高收入地区的行列。按照深圳现有的经济和社会发展水平，完全有条件实现社会支出占公共财政支出的比重超过40%甚至50%，完全有能力建设民生福利水平更高的幸福民生城市。为此，深圳市务须解决经济发展和社会民生“一条腿长、一条腿短”的问题，不断增加在社会保障与就业、教育、医疗卫生、住房等民生福利方面的公共支出。既要提高社会福利的总体支出，也要适当提高社会福利支出占政府财政支出的总体比重，力争社会开支占政府开支的比重尽快达到40%乃至50%的水平。要保障社会福利支出有序提高，首先应强化以民生为导向的公共财政支出格局，建立动态的社会福利支出增长机制，每年随着经济发展水平的提高同步提高社会福利水平，根据经济发展形势和通货指数、物价指数的变化情况相应地调整社会福利保障标准，保证民生福利水平的净增长，不断提升深圳市的民生净福利水平。

（五）创新多元化福利供给机制

当务之急是进一步理顺和规范政府与社会组织在社会福利供给中的职能关系，建立一套规范运行、高效服务的多元化福利供给机制。要进一步突破政府主导的行政化服务供给模式，进一步明确政府、企业、社会组织和社区等不同行为主体在社会福利服务供给过程中的权责关系，探索在政

---

① 卢丽涛：《深圳人均GDP超过中国台湾地区逼近韩国》，《第一财经日报》2014年4月30日。

② 根据国际货币基金组织（IMF）公布的2013年世界各国人均GDP数据，2013年，韩国人均GDP为24328美元，中国台湾地区为20930美元，葡萄牙为20727美元。

府与社会组织之间建立公共服务伙伴关系。[①] 首先，要实现公共服务领域政府从“划桨角色”向“掌舵角色”的转变，搭建政府与社会组织互动合作的平台。[②] 政府的职能重心应放在制定政策、搭建平台、资金支持和服务监管等领域，将具体社会福利服务转移给社会组织承接，探索“官民合作、官督民营”的社会服务运行模式。其次，要加快编制政府职能事项转移目录、具备资质承接政府转移职能和购买服务的社会组织目录、政府职能部门购买服务目录及实施办法，完善政府购买服务、社会组织承接政府职能的配套政策，加快社会组织承接政府职能转移和购买服务事项。再次，要进一步强化社会组织在多元化福利供给中的作用，可以在儿童与家庭服务、老人服务和青少年服务等重点服务项目上，采取公办民营或者民办公助的方法，进行社会福利改革试点，探索包括服务购买、特许经营、合资合作和委托管理等形式的多元化福利供给模式。这方面的关键是要努力提高社会组织承接服务的能力，加强对社会组织与社工队伍的孵化培育，逐步实现社会服务项目化、购买服务契约化和服务承接制度化。最后，还要着力解决当前社会福利项目分散、交叉重叠、多头管理和各自为政的问题，加强跨部门和跨界别的政策衔接，建立由政府部门和社会组织共同参与的社会福利联席协调机制，提高社会福利的协同治理和综合服务水平。

在一定程度上，深圳市社会福利发展是我国社会福利发展的一个缩影。深圳市社会福利发展存在的福利保障水平偏低、福利覆盖面偏窄、民生改善滞后于经济发展等问题，在全国各地都不同程度地存在。导致福利发展滞后的原因很多，其中一个重要诱因是传统发展观的束缚。这种发展观推崇“GDP 主义”，将改善民生福利视为经济发展的包袱，习惯于用“最小化福利”思路来解决民生问题，对社会福利发展持消极态度，对西方福利国家的福利主义深怀警惕和戒备之心。盲目推崇西方福利国家的发展模式固然是思想误区，但一味抗拒西方福利国家的有益经验也是认知偏差。事实上，西方发达国家的经验表明，适当改善民生、发展福利不仅不会影响经济发展，反而能创造有效消费需求，促进人力发展和社会投资，增强国民幸福感和国家吸引力，从长期看有利于经济和社会的可持续发

---

① 敬乂嘉：《政府与社会组织公共服务合作机制研究——以上海市的实践为例》，《江西社会科学》2013 年第 4 期。

② ［美］保罗·乔伊斯：《公共服务战略管理》，张文礼、王达梅译，清华大学出版社 2008 年版。

展。综观当今全球最富裕国家，大多也是福利水平较高、竞争力较强的国家。2013 年人均 GDP 排名前 16 位国家，北欧国家占了 5 席，分别是挪威（第 2）、瑞典（第 7）、丹麦（第 8）、芬兰（第 13）、冰岛（第 18），其他西方发达国家占据 11 席，这些国家不仅是全球福利水平最高的地方，也是经济发展水平最高的地方。[①]

按照发达国家的经验，当一个社会人均 GDP 超过 1 万美元，那么它就具备实现“福利起飞”和建立较高水平福利社会的条件。[②] 2013 年，深圳 GDP 总量突破 2300 亿美元，人均 GDP 突破 22000 美元，整体经济发展水平达到了高收入国家的水准。从经济发展水平上看，深圳已具备“福利起飞”的条件，完全有条件率先构建中国特色适度普惠型社会福利制度。深圳要实现经济社会向更高水平、更高质量发展，务须纠正“GDP 主义”传统发展观，务须摒弃传统的补缺主义福利思路，借鉴西方发达国家的有益经验，适时适度改善民生福利，解决长期存在的经济发展与民生改善失衡问题，为建设民生幸福城市和中国特色福利社会创造新的“深圳经验”。

---

① 资料来源：国际货币基金组织（IMF）公布的 2013 年世界各主要国家和地区人均 GDP 数据。

② ［日］武川正吾：《福利国家的社会学：全球化、个体化与社会政策》，李莲花、李永晶、朱珉译，商务印书馆 2011 年版，第 231 页。

第八章　香港适度普惠型社会福利制度的经验与启示①

20世纪60年代是西方福利国家发展的黄金期，彼时香港构建现代社会福利制度的努力才刚起步。然而，在不到半个世纪的时间里，香港立足本地经济和社会人文实际，广泛借鉴全球福利经验，成功地在西方福利国家模式之外，构建了一套特色鲜明、高度制度化、在亚洲独树一帜的社会福利制度。香港福利制度被视为东亚福利体制的代表之一，香港也因具有较高的福利水平而被视为东亚福利社会的典范。② 关于香港福利制度的研究不少，但从适度普惠的视角研究香港社会福利制度经验的研究乏善可陈。本章在评述"剩余福利论"、"儒家福利论"和"生产主义福利论"的基础上，提出"适度普惠论"，认为香港福利制度已超越了最初剩余福利模式的设计，成为一种不同于西方福利国家、具有中国香港特色的适度普惠型社会福利模式，并从福利目标、福利对象、福利主体、福利水平和福利内容等方面分析香港适度普惠型福利制度构成及特色，探讨香港福利经验及其对内地的启示意义。

一　关于香港福利模式的理论争辩

众所公认，香港建立了比较完善的社会福利制度，其整体福利水平在

---

① 本章主要内容系笔者所主持的深圳市哲学社会科学"十二五"规划2012年度课题"深港合作背景下深圳率先建设普惠型社会福利制度战略研究"（125C029）的阶段性成果，原文曾以论文的形式发表，载入本书时做了较大幅度的补充和修改，参见刘敏《适度普惠理论视角下香港社会福利制度的经验与启示》，《澳门理工学报》2014年第3期。

② Wong, C. K., "Squaring the Welfare Circle in Hong Kong—Lessons for Governance in Social Policy", *Asian Survey*, Volume XLVIII, No. 2, 2008, March/April, pp. 323—342.

亚洲名列前茅，其教育、医疗卫生和社会服务水准令人瞩目。然而，对于香港社会福利体制属于何种模式，学术界一向是见仁见智，存在理论争辩，其中最具影响力的当属“剩余福利论”、“儒家福利论”和“生产主义福利论”。

（一）“剩余福利论”

麦克劳克林（Eugene McLaughlin）认为，香港社会福利制度属于典型的剩余型福利模式（Residual Welfare Regime），公共开支和福利水平相对较低，福利主要面向“市场竞争的失败者”和“最不能自助者”，以保障其基本需要为目的。[①] 威尔丁（Paul Wilding）认为，香港社会政策具有浓厚的自由主义和剩余主义特点，政府奉行“自由放任”和“积极的不干预主义”政策，对经济活动干预较少，社会福利政策强调个人、市场和第三部门的作用，政府在福利供给中主要扮演“最后帮助者”的角色。[②] 有人甚至将香港社会福利政策称为“没有福利主义的福利政策”，政府鼓励民众先在市场和家庭中寻求支持，当市场和家庭都失败后才向政府求助。[③] 一方面，香港社会福利制度在20世纪70年代创立之初，在很大程度上汲取和借鉴了英国济贫法以及公共援助制度的经验，强调集中救助“那些容易受到伤害的人——老人、残疾人士和穷人”等所谓的“最不能自助者”，福利的去商品化程度和再分配程度比较低，经济自由主义和福利剩余主义传统源远流长。[④] 另一方面，香港坚持走“低税制、低福利、高发展”的发展路线，奉行“经济不干预”的原则，拒斥高福利主义，重点发展公共援助，多数福利项目主要面向中低收入群体，并需通过严格的家计审查和资产审查，具有剩余福利的特点。有鉴于此，“剩余福利论”广受推崇。

---

① Mclaughlin，Eugene，“Hong Kong：a Residual Welfare Regime”，in Cochrane，Allan and Clarke，John（eds），*Comparing Welfare States：Britain in International Context*，London：Sage in association with Open University，1994.

② Wilding，Paul，“Social Policy and Social Development in Hong Kong”，*Public And Social Administration Working Paper Series*，1996，Vol. 3.

③ Chow，N. W. S.，“New Economy and New Social Policy in East and Southeast Asian Compact，Mature Economies：the Case of Hong Kong”，*Social Policy & Administration*，2003，37（4），pp. 411 – 422.

④ Hong Kong Government，*Help for Those Least Able to Help Themselves*，*A Program of Social Security Development*，Hong Kong：Government Printer，1977，p. 2.

（二）“儒家福利论”

琼斯（Catherine Jones）认为，与日本、韩国、中国台湾等东亚国家和地区一样，中国香港社会福利制度和儒家文化紧密相关，表现出浓厚的东方儒家文化特色，如重视家庭责任和社会关怀，鼓励好善乐施，强调自强自立、邻里互助和不依赖政府，因而属于“儒家福利体制”（confucian welfare states）。[①] 按照琼斯的观点，儒教主义福利体制不同于埃斯平－安德森所分类的自由主义、保守主义、社会民主主义等西方福利国家体制，而是一种新形态的、以家庭经济为重心，更加强调家庭、邻里与社群的社会福利体制。香港学者周永新也认为，香港社会福利制度受中国传统文化影响深远，推崇自食其力、自强不息，要求承担家庭和社会义务，遵循工作伦理，以依赖他人为耻，具有儒家文化特色。[②] 传统儒家思想在香港社会根深蒂固，香港人普遍重视家庭观念和家庭责任，推崇积善行德、家庭责任、社会义务和不依赖政府等观念。同时，香港政府一贯强调传统文化价值观，推崇儒家福利文化，倡导“关怀家庭、力求上进、自力更生、互相扶持、不愿意依赖‘福利’、极重视社会秩序，以及具备灵巧机智的特性”等华人传统价值观。因此，“儒家福利论”也有一定的市场。

（三）“生产主义福利论”

霍利廷（Ian Holliday）提出了“生产主义福利体制”之说，强调这是一种生产投资与经济发展优先、具有生产主义导向的福利资本主义（productivist welfare capitalism），他认为香港社会福利体制属于“东亚福利体制”的一种亚类型，即“为经济增长服务的类型”，以生产主义为导向，经济增长优先于社会发展，社会政策从属于经济发展的需要，政府的责任主要是促进经济发展，尽量减少公共开支和对市场的干预。[③] 香港学者莫家豪也将香港社会福利制度归为东亚“生产型福利资本主义”，“重经济发展而轻社会保障”，以高经济增长率和低社会福利支出为特征，通过持续的经济增长来改进民生福利，从而弥补相对滞后的社会政策。[④] 这

---

① Jones, C., “The Pacific Challenge: Confucian Welfare States”, In C. Jones (Ed.), *New Perspectives on the Welfare State in Europe*, London: Routledge, 1993.

② 周永新：《社会福利的观念和制度》，中华书局（香港）有限公司1995年版。

③ Holliday, Ian, “Productivist Welfare Capitalism: Social Policy in East Asia”, *Political Study*, 2000, Vol. 48, pp. 706－723.

④ 莫家豪：《金融危机后的东亚“生产主义福利体制”——基于我国香港和澳门地区的个案研究》，《浙江大学学报》（人文社科版）2011年第1期。

种东亚福利体制具有高社会投资与低社会保障支出、福利分层化、强调个人与家庭的福利责任等特点。[①] 长期以来，香港在经济政策上奉行“自由放任主义”思想，在社会政策上坚守“生产主义”导向，即经济发展第一，社会发展其次，维持相对较低的公共开支，社会政策扮演辅助经济发展的作用。[②] 香港社会福利政策所体现出来的生产主义特点，与日本、韩国和新加坡等东亚福利国家具有相似之处。[③] 因此，“生产主义福利论”拥趸也不少。

（四）“适度普惠论”

笔者认为，“剩余福利论”、“儒家福利论”、“生产主义福利论”对香港社会福利制度都具有一定的解释力，能够解释香港社会福利政策的部分性质和特征，但都不全面，有一定的偏颇之处。“剩余福利论”正确地看到了香港福利制度低度政府责任、低收入再分配、低去商品化的一面，但忽视了香港教育、公共医疗卫生和住房等社会政策具有一定的普惠主义的特点。“儒家福利论”正确地强调了香港福利制度的儒家文化特色，但低估了西方福利文化，特别是英国福利国家对香港社会政策的影响，例如，香港的医疗卫生保障政策就深受英国全民医疗卫生服务制度的影响。“生产主义福利论”正确地认识到了香港福利制度与其他东亚福利体制的相似之处，但忽略了其独有的香港特色，例如，香港社会福利制度同时融合了西方自由主义和中国传统儒家文化，福利低去商品化程度但又不缺适度普惠主义福利，福利制度以公共救助为主但又包含高度专业化的社会服务项目。在很大程度上，香港社会福利制度不完全属于东亚福利模式，也不能简单套用剩余福利模式来解释。正如香港学者周永新所说，“香港的社会政策，实在没法用传统的福利模式来分类，什么‘剩余模式’、‘结构式重分配’、‘第三条道路’、‘公私营结合’等，都无法形容香港的社会福利制度。”[④] 在20世纪六七十年代创立初期，香港社会福利制度确实是沿着剩余福利模式的路线行进，但经过近半个世纪的发展，它已超越了

---

① 王卓祺主编：《东亚国家和地区福利制度——全球化、文化与政府角色》，中国社会出版社2011年版。

② Maggie K. W. Lau，“Research for Policy：Mapping Poverty in Hong Kong and the Policy Implications”，*Journal of Societal & Social Policy*，2005，Vol. 4/3，pp. 1 – 16.

③ Christian Aspalter，“The East Asian Welfare Model”，*Journal of Social Welfare*，2006（15），pp. 290 – 301.

④ 周永新：《社会政策的观念和制度》，中华书局（香港）有限公司2013年版，第150页。

最初剩余福利模式的设计，具有适度和普惠的特点，成为一种不同于西方福利国家、具有香港特色的适度普惠型社会福利模式。

“适度”是指香港社会福利制度契合香港实际情况，与其经济发展水平和社会人文状况相适应，福利水平保持在适度区间且具有相当的弹性。“适度”包含“适合”与“适量”两层含义，前者是定性概念，指福利制度适应本地区的经济、政治和社会人文状况，合乎本地政情社情民情需要；后者是定量概念，指福利水平恰到好处，能满足民生福利需求，又不至于太慷慨进而掉进“福利陷阱”。从“适合”角度看，香港福利制度与香港社会古今融合、中西合璧的人文特点相适应，体现了多元并存、包容开放的特点，既保留了优秀传统中国文化，信守个人自强、家庭责任和社会互助等华人福利观，又汲取了西方福利国家特别是英国福利国家的经验，强调适度普惠、公民社会福利权。从“适量”角度看，香港福利制度强调公共支出“总量控制”，保证福利水准维持在合理的区间范围内，与经济发展水平动态适应。香港社会开支历来遵循“两个不超”的准则：一是1976年规定的公共开支规模不超过本地生产总值的20%；二是1987年规定的公共开支增速不超过本地生产总值的增速。[①] 虽然这两个准则并非每年都得到严格执行，但却是香港公共开支方面的重要指引。[②] 除了1998—2003年受亚洲金融危机影响公共支出略有增加外，近30年来香港公共支出占GDP的比重基本上维持在20%以内（见图8－1）。“两个不超”准则保证了香港社会福利在“总量控制”的前提下，充分运用“柔性调节”，按照政策目标优先次序来决定福利资源投放量，确保福利水平维持在合理区间。这是一种兼顾经济发展与改善民生的“增量式”福利发展策略，即以“存量福利”为基础，通过做大“经济蛋糕”，不断扩大“增量福利”，保证福利改善与经济发展维持一种动态的平衡关系，从而既能不断回应和满足改善社会民生的需要，又不会因为高福利而损害香港作为全球自由经济体和国际金融中心的竞争力。

---

① 保罗·惠廷、侯雅文、陶黎宝华主编：《香港的社会政策》，中国社会科学出版社2001年版，第8—9页。

② Tang, S. H., “A Critical Review of the 1995－1996 Budget”, in S. Y. L. Cheung and S. M. H. Sze (Ed.), *The Other Hong Kong Report* 1995, Hong Kong: Chinese University Press, 1995, pp. 172－173.

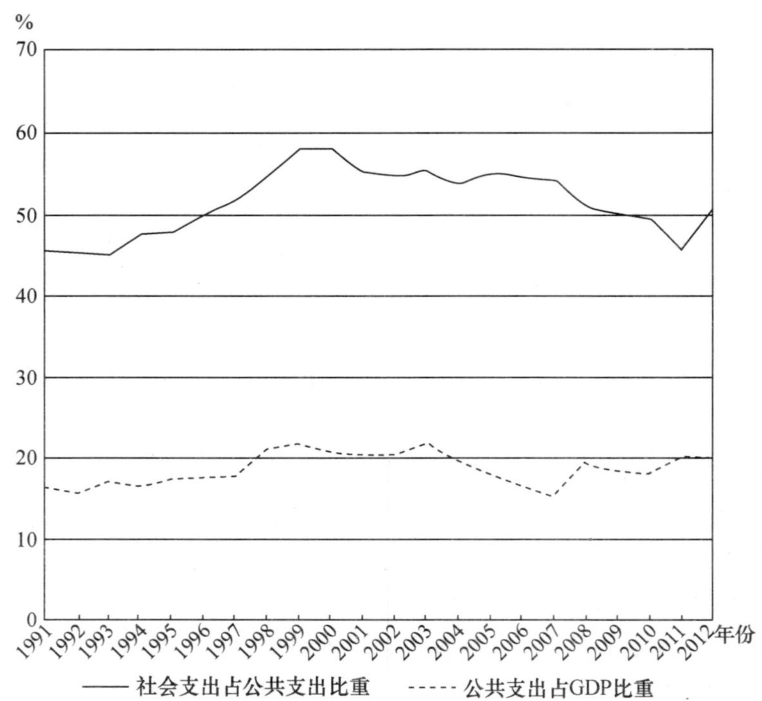

图 8－1　1991—2012 年香港公共支出占 GDP 比重、社会支出占公共支出比重变化趋势

“普惠”是指香港社会福利体制具有相当的普惠性和普及性，广泛惠及不同的阶层和群体。普惠（universality）有两层基本含义：一是“普”即覆盖面（broad coverage）广，二是“惠”即给付水平（high level）较高。① 香港福利制度的普惠集中体现在两个方面：一是覆盖面广，具有相当的包容性和普惠主义，不仅针对贫困和弱势群体，而且广泛惠及各类有需要的社会群体。例如，香港拥有完善的全民公立医疗卫生服务制度，全民 12 年免费基础教育制度，为近 50% 的香港市民提供住房保障的公屋制度，以及针对各类有特定需要人群的社会服务制度，这些社会福利制度的覆盖面相当广，覆盖了各类有需要的社会群体。二是保障水平较高，惠及多重民生，不仅满足基本生活保障，而且广泛惠及教育、医疗卫生、住房、社会服务等多重民生，整体社会福利水平在亚洲领先，不少福利服务

① Andreas Bergh，“The Universal Welfare State：Theory and the Case of Sweden”，*Political Studies*，2004，Vol. 52，p. 750.

的质素甚至能够比肩西方发达国家。对此，英国著名学者保罗·威尔丁（Paul Wilding）认为，香港社会福利制度的一大优势是拥有一套完善的、由公共财政支付的福利服务系统，虽然香港社会开支占 GDP 的比重低于西方福利国家，但香港福利制度在覆盖面、可获得性及服务质素方面拥有不错的表现，在教育、医疗卫生和公共服务方面的成就更为突出。[①] 例如，就社会支出占公共支出的比重而言，香港基本上达到 OECD 发达国家的水准。由图 8－1 可见，近 20 年来，香港社会支出占公共支出的百分比大体保持在 50% 左右波动，最低点是 45%（1992 年），最高点达到 58%（1999 年）。2010 年，香港社会福利支出达到 376 亿元（单位为港元，下同），占政府开支的 16.8%，在各项政府开支中排名第二，仅次于教育支出。[②] 2007 年，中国香港用于教育、医疗卫生、住房和社会福利的社会开支约占公共开支的 54.1%，高于韩国 41.2% 的水准，当年美国、英国和加拿大等许多 OECD 发达国家的社会支出[③]占公共开支的比重基本上在 50%—60% 之间（见图 8－2）。[④]

需要特别指出的是，香港福利制度的适度普惠有别于西方福利国家那种“从摇篮到坟墓”大包大揽的高度普惠主义，而是强调“应保尽保”的适度普惠主义。西方福利国家的“高度普惠”是建立在“高税收、高支出”的基础之上的，这些国家的公共支出占 GDP 的比重大多超过 40%，甚至达到 50% 以上（见图 8－3）。[⑤] 香港福利制度的“适度普惠”是建立在“低税收、低支出”的基础之上的，受低税制和公共支出“两个不超”准则的影响，香港的公共支出占 GDP 的比重很少超过 20%。西方福利国家的福利普惠，在很大程度上是福利资源的普惠，即向全社会或某一阶层的所有成员提供无差异的福利服务。相比之下，香港福利制度的普惠，在更大程度上是福利机会的均等，即保障公民在基本社会福利方面

---

① 梁祖彬：《香港的社会政策：社会保护与就业促进的平衡》，《二十一世纪》（香港中文大学）2007 年 6 月号。

② 香港社会福利署：《社会福利署回顾 2009—2010 & 2010—2011》。

③ OECD 国家社会支出并不包括教育支出，但考虑到在东亚国家和地区，教育是社会政策和民生福利的重要内容，加之在国内大多数研究中，教育支出也列为社会支出，图 8－2 中香港和 OECD 国家的社会开支是经过改进后的社会支出，其中包括教育支出。

④ 贡森、葛延风等：《福利体制和社会政策的国际比较》，中国发展出版社 2012 年版，第 217—218 页。

⑤ 有关数据参见 OECD Publishing，Government at a Glance 2011，Chapter 3，pp. 67－68，27 Jul，2011。

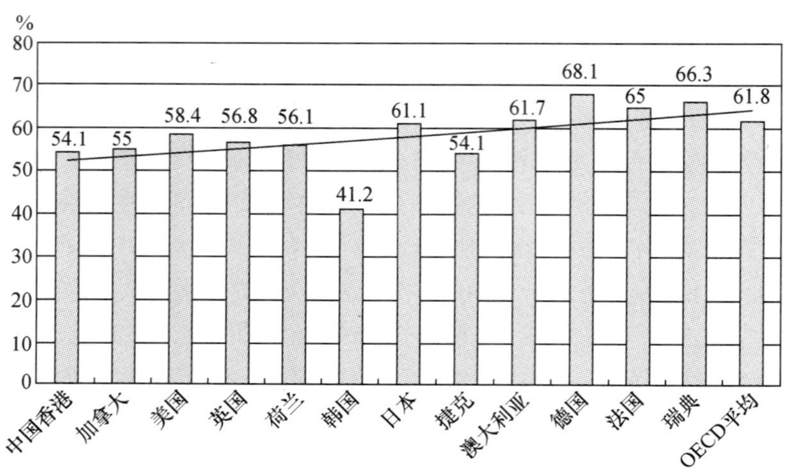

图 8－2　2007 年中国香港和 OECD 国家社会开支占政府公共支出的比重

享有平等的权利和机会，基本福利服务以外的则由市场来决定。对此，香港学者周永新写道："政府为市民提供'一视同仁'的服务，让他们得到基本的生活保障，患病时得到治疗，有合理的居住及工作环境和条件，每人都有发展的机会，但在这个平台以上，个人过着怎样的生活，必须交由他们自己来决定。"① 机会均等甚于结果平等，基本保障甚于全面保障，兼顾经济效率与社会公平，这是香港福利制度迥异于西方福利国家的价值取向。

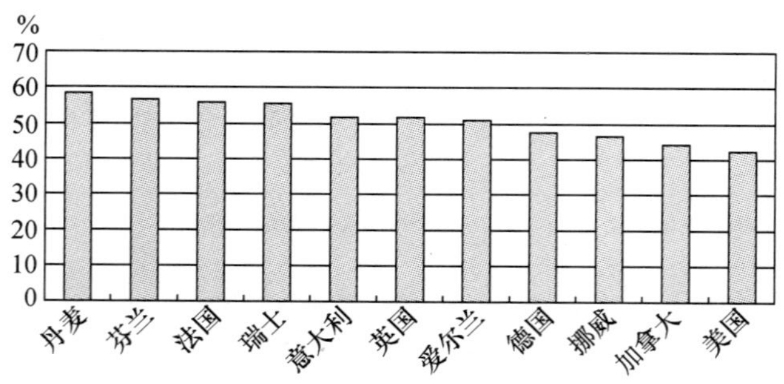

图 8－3　2009 年部分发达国家公共支出占 GDP 的比重

① 周永新：《社会政策的观念和制度》，中华书局（香港）有限公司 2013 年版，第 150 页。

二　香港适度普惠型社会福利制度构成

从广义福利的角度看，香港社会福利制度涵盖公共援助[①]、社会保险、社会服务和公共福利[②]四个层次，包含丰富多样的补救性、预防性和发展性福利项目，并非仅仅针对贫弱群体，而是覆盖各类有需要的群体。这些福利制度承担不同的福利功能，具有各自特定的福利项目、福利目标、福利对象、福利资格和福利形式，共同组合为香港适度普惠型社会福利制度（见表8－1），下面对相关福利制度进行简要介绍和分析。

表8－1　　香港社会福利制度主要构成

福利制度	公共援助	社会保险	社会服务	公共福利
福利项目	综援、公共福利金、意外伤亡赔偿以及紧急救济计划	强制性公积金等	家庭及儿童、安老、青少年、医务、康复、临床心理等服务	公屋、医疗卫生和教育
福利目标	为贫困者和弱势群体提供基本保障	为在职人士提供社会保险	为特定和有需要的群体提供社会服务	为有需要者和全民提供公共福利
福利对象	贫困和弱势群体（低收入、老人、残疾人、灾民等）	18岁至65岁的在职劳动者	特定群体（老人、儿童、青少年等）及有需要的群体	有需要的群体和合乎条件的香港公民
福利资格	收入审查＋类型划分	由雇主及雇员共同供款	类型划分＋需求划分	需求划分＋全民普惠
福利形式	收入支持＋实物救济，补救性福利	收入支持，预防性福利	服务支持，支持性和发展性福利	资产支持＋货币补贴，支持性和发展性福利

（一）公共援助制度

公共援助制度包括综援、公共福利金、三个意外伤亡赔偿及紧急救济

①　香港早期使用公共援助的概念，后来公共援助制度更名为综合社会保障制度。在香港，社会保障具有特定含义，不同于一般意义的社会保障概念，主要指公共援助，所以这里依旧采用公共援助的概念，以免概念混淆而引起误解，下文同理，专此说明。

②　香港并无专门的概念来称呼相关福利制度，为行文方便，考虑到公屋、医疗卫生和教育等项目面向各类有需要的群体，具有公共福利和适度普惠的特征，这里用公共福利来统称相关福利制度，以体现这些福利项目的公共性和普惠性。

等计划，旨在为贫困者及弱势群体提供基本生活保障。① 综援是“综合社会保障援助计划”的简称，主要是为经济困难的人士提供基本生活保障，资金主要来源于税收和政府拨款，面向收入低于一定水平的贫困群体，类似内地的最低生活保障制度。综援对象是收入和家庭资产低于政府规定的最低水平的贫困和低收入者，符合条件的综援对象可获得援助金。综援制度在实际操作中体现出很高的精细化和人性化水平，根据受助人的不同特点提供有针对性的救助。例如，综援金因人而异，具体包括标准金额、补助金（长期个案补助金、单亲补助金、社区生活补助金、交通补助金、院舍照顾补助金）和特别津贴，不同类别的综援对象根据其年龄和身体的不同状况可获得数额不等的标准金额，符合条件的特别个案可以申请特别补助金。目前资助金额最高的是需要经常护理的残疾儿童，每人每月资助标准为 5580 港元，资助金额最低的是 60 岁以下的非单亲健全成人，每人每月资助标准为 2155 港元；有高龄、伤残或经医生证明为健康欠佳成员的受助家庭，如连续领取援助金达 12 个月或以上可获发每年一次的长期个案补助金，单身人士每年 1910 港元，有 2 名或以上高龄、伤残或经医生证明为健康欠佳成员的家庭每年 3830 港元；单亲家庭每月可获发单亲补助金，每月 300 港元；非居于院舍而年老、残疾或经医生证明为健康欠佳的综援受助人，每月可获发社区生活补助金 285 港元；年龄在 12—64 岁，残疾程度达 100% 或需要经常护理的受助人每月可获发交通补助金 245 港元；居于非资助院舍而年老、残疾或经医生证明为健康欠佳的综援受助人，每月可获发院舍照顾补助金 285 港元；此外，申请人还可以根据家庭特殊情况申请特别津贴，以应付个人或家庭的特别需要。②

---

① 在香港，综援计划、公共福利金计划和三个意外伤亡赔偿及紧急救济等计划统称为“社会保障”，由政府承担，经费来源于政府公共财政支出，具体由社会福利署负责管理。但是，香港的社会保障概念与内地的社会保障概念不一样，在内地，社会保障有广义和狭义之分，广义的社会保障类似于西方国家的社会福利，狭义的社会保障主要是指社会保险。在香港，社会保障属于社会福利的基础组成部分，相当于公共援助，并且早期香港采用的是公共援助的概念，所以这里沿用“公共援助”的概念。

② 标准金额、补助金（长期个案补助金、单亲补助金、社区生活补助金、交通补助金、院舍照顾补助金）和特别津贴上述标准为 2014 年 2 月 1 日起生效的标准，参见香港特别行政区政府社会福利署主页“公共服务”资料介绍，http：//www. swd. gov. hk/tc/index/site_ pubsvc/page_ socsecu/sub_ socialsecurity/#CSSAsr。

表 8-2　　　　2012 年公共援助开支及资助个案

公共援助项目	政府开支（亿港元）	资助个案（万宗）
综援	197.73	26.76
公共福利金	105.80	69.34
紧急救助及意外赔偿	1.99	0.81
总计	305.51	96.91

公共福利金是为严重残疾或年龄在 65 岁或以上的香港市民，每月提供现金津贴，以应付因严重残疾或年老而引致的特别需要。公共福利金每月以现金津贴的形式支付，包括普通伤残津贴、高额伤残津贴、高龄津贴及长者生活津贴，类似内地的高龄老人和残疾人津贴。除长者生活津贴外，在本计划下发放的津贴均无须申请人接受经济状况调查。目前普通伤残津贴、高额伤残津贴、高龄津贴及长者生活津贴的标准分别为 1510 港元/月、3020 港元/月、1180 港元/月、2285 港元/月。意外伤亡赔偿及紧急救济包括暴力及执法伤亡赔偿计划、交通意外伤亡援助计划、紧急救济计划，分别为暴力罪行或执法行动中的受害人、交通意外的伤亡者亲属和自然灾害灾民提供现金或实物援助。根据特区政府统计处的统计，2012 年，公共援助开支达到 305.51 亿元，综援个案达 96.91 万宗，综援受助人数超过 120 万人（详见表 8-2）。[①] 2012 年，香港总人口为 715.46 万[②]，综援受助人占总人口的比重超过 16%，由此可见，综援的受益面相当广泛。

（二）社会保险制度

社会保险制度以强积金计划为主[③]，旨在为在职劳动人口提供社会保险。香港没有类似于内地由政府统筹的失业保险、工伤保险和医疗卫生保险制度。在香港，失业保险的角色在很大程度上由综援承担；工伤保险建基于强制性商业保险，政府强制雇主向商业保险机构购买劳工保险；医疗

① 资料来源：香港特别行政区政府统计处，《香港统计年刊》，2013 年，第 395 页。需要说明的是，香港综援申请一般是以家庭为单位，综援个案一般指接受综援资助的家庭，综援受助人一般指综援家庭中受到援助的人士，因此综援个案与综援受助人是两个不同的概念。

② 资料来源：香港特别行政区政府统计处《香港统计年刊》，2013 年，第 4 页。

③ 除强积金计划之外，香港还有针对特定群体的职业退休计划、法定退休金等退休保障计划，但相比之下，强积金覆盖面最广、保障人数最多，受篇幅所限，这里主要介绍强积金计划。

卫生保险的角色主要由公共医疗卫生政策承担。在强积金制度推出前，香港一直缺乏完善的养老保障制度，只有公务员、教师等少数群体可享受养老保障。强积金计划涵盖了除部分豁免人士以外的绝大部分工作人口，受篇幅所限，这里主要分析以强积金为核心的养老保险制度。强积金是“强制性公积金”的简称（Mandatory Provident Fund Schemes，简称“强积金”或“MPF”），是香港特区政府于2000 年12 月1 日正式实行的一项由雇员和雇主供款的退休保障政策。① 根据强积金管理规定，除部分豁免人士（享受法定退休计划或公积金计划的公务员和公办学校教师等）外，所有18 岁至65 岁并长期在香港居住和工作的雇员和自雇人士（属于获豁免的自雇人士除外），都必须参加强积金计划。雇主和雇员分别按参保人士月收入的5%或以上向强积金计划供款，参保人士达到65 岁退休年龄方可提取强积金，但参保人士由于死亡、丧失行为能力、永久离开香港及提早退休的原因，可在退休年龄之前提取强积金。

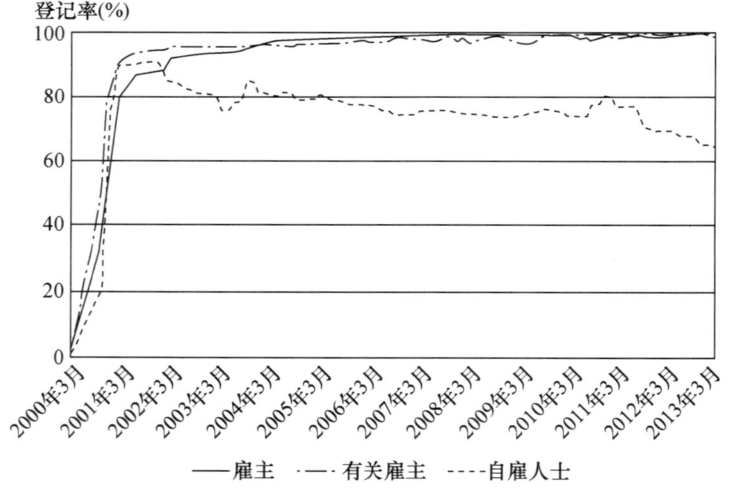

图8 –4　2000—2013 年香港强积金计划参保人员登记情况

资料来源：转引自香港强积金管理局《香港强积金管理局2012—2013 年报统计数据》。

在强积金制度实施以前，香港大约只有30%的就业人口（主要是公务员、教师等群体）享有退休保障，强积金制度实施以后，约85%

① 强积金由雇员和雇主按照相应义务和一定比例供款，属于强制性供款计划，政府并未运用税收进行资助和调节，因而不具有再分配的功能。

的总就业人口获得各类退休保障。根据香港强积金管理局的统计，截至2013年3月31日，强积金净资产值达4553.3亿港元，雇主、雇员、自雇三类人员参保人数分别达到25.91万、237.64万、21.9万，三类群体的参保率分别达100%、98%、65%，综合参保率达到96%。[①] 由图8-4可见，2001年以来，雇主和雇员参加强积金的登记率基本上保持在95%以上，2013年雇主和雇员登记率分别达到100%、98%，除自雇人士参加强积金的登记率近年来略有下降之外，雇主和雇员的登记率保持总体平稳和高位运行，这从一个侧面说明了强积金基本上实现了应保尽保、全员覆盖。

（三）社会服务制度

社会服务制度旨在为特定和有需要的群体提供社会服务。香港社会服务制度覆盖个人服务、家庭服务和社区服务三大层次，包括家庭及儿童福利服务、安老服务、青少年服务、医务社会服务、康复服务、临床心理服务、违法者服务、社区发展等主要类别。其中，家庭及儿童福利服务主要是协助个人和家庭预防或应付各类家庭问题，服务范围涵盖领养、家务指导、幼儿、家庭生活教育、寄养、受虐妇女住宿等20余种服务。安老服务主要是照顾长者各方面的生活需要，提供各种社区支持服务（如长者地区中心、邻舍中心和度假中心）和院舍照顾服务（如护养院、安老院），提升长者生活质素，实现"老有所属、老有所养、老有所为"的目标。青少年服务主要是帮助青少年应付各种成长中的问题，促进青少年健康成长，服务种类包括学校社会工作服务、边缘青少年服务、吸毒人士服务等。医务社会服务由专业社会工作者驻于公立医院和专科诊所，为病人及其家属提供及时心理社会辅导和援助。康复服务主要是协助残疾人士全面康复、发展体能及适应社会生活，服务范围涵盖智障人士、精神病康复者、肢体伤残人士等十余种服务。临床心理服务主要是为市民提供临床心理服务，通过心理咨询和治疗，帮助受困人士渡过难关。违法者服务主要是通过感化服务、社区支持服务以及各种生活技能训练，帮助违法者改过自新，重新融入社会，成为守法公民。社区发展服务主要是开展各种社区服务，巩固社区和邻里网络，促进社区发展和社会融合，包含社区中心各类服务项目、邻舍层面社区发展计划、边缘及弱势群体支援计划。

---

① 资料来源：香港强积金管理局《香港强积金管理局2012—2013年报统计数据》。

表 8－3　　2011—2012 年度按服务类别划分的预算资助额度

服务类别	财政拨款额度（亿元）	百分比（%）
康复及医务社会服务	29. 80	32. 8
老人服务	29. 12	32. 1
青少年服务	12. 59	13. 9
家庭及儿童福利	9. 48	10. 5
社会福利支援	7. 97	8. 8
社区发展	1. 30	1. 4
违法者服务	0. 49	0. 5
总计	90. 75	100

资料来源：香港社会福利署《2011 年—2012 年度“津贴拨款资讯”》。

香港社会服务制度主要面向儿童、老人、青少年、病人、残疾人、心理障碍者、违法者等特定群体和有需要的公民，提供一站式、针对各类社会问题的预防、支援和补救性服务，涵盖日常生活各个领域，能够满足不同群体的多元化、多层次服务需求。2011—2012 年度，社会福利署资助非政府机构约 2584 个服务单位的预算资助金额为 90. 75 亿元，表 8－3 是按照不同服务类别划分的预算资助额度分布情况，按照服务类别来划分，预算资助最高的是康复及医务社会服务（32. 8%），其次为老人服务（32. 1%），接下来依次是青少年服务（13. 9%）、家庭及儿童福利（10. 5%）、社会福利支援（8. 8%）、社区发展（1. 4%）、违法者服务（0. 5%），这反映了香港公共财政对各类社会服务的资助情况。根据社会福利署的统计，2011 年，各类社会服务的政府开支总额为 110. 32 亿元，服务人数达到 295. 02 万人，服务对象覆盖了各类有需要的社会群体；2014 年，香港社会服务公共预算支出达到 157. 29 亿元。香港社会服务以高素质的社会工作者队伍和专业的服务水准著称于世，具有很高的专业化水平和服务素质，在亚洲处于领先地位。

（四）公共福利制度

公共福利制度以公屋、医疗卫生和教育为核心，旨在为有需要者和全民提供公共福利。公屋政策是香港政府为收入和家庭资产低于一定限额的中低收入群体提供的住房保障制度，包括公共租住房屋和资助自置居所房屋等。公共房屋是政府为低收入居民提供的住宅，由政府出资兴建并拥有业权或产权，以廉价租金出租给居民。申请公屋的家庭或个人，必须是年满 18 周岁的香港永久居民，其每月家庭总收入及现时的总资产净值，不得超过政府规定的最高入息及总资产净值限额。家庭人数不同，对入息和资产限制的要求也不同，例如，按照 2014 年 4 月 1 日生效的最新标准，一口之家申请公屋，每月最高入息限额为 9670 港元，总资产净值限额为 221000 港元；四口之家申请公屋，每月最高入息限额为 23910 港元，总资产净值限额为 455000 港元。香港公屋政策经过 70 年的发展，已成为最具香港特色的社会政策之一。香港学者周永新认为："公屋政策是香港政府最重要的社会政策。从财政支出的角度看，政府对公屋支出虽及不上教育，但以影响的人数而言，公屋却凌驾于其他社会服务之上。"① 根据香港房屋委员会的统计，2012 年，香港共有 110.36 万户家庭、334.1 万人居住在公屋，占香港家庭总数和人口总数的 47%。换言之，香港有近 50% 的人口居住于公屋，享受政府提供的基本住房保障，在地少人多、寸土寸金的香港，公屋政策对于解决中低收入家庭的住房问题、实现居者有其屋所发挥的重要作用由此可见一斑，香港的公屋政策也成为由政府提供基本住房保障、解决民众住房问题的成功典范。

公共医疗卫生也是香港公共福利的重要组成部分。经过一百多年的发展，香港的医疗卫生制度形成了以政府为主、市场为辅，由公立医疗卫生和私立医疗卫生系统构成的二元医疗卫生体制，其中，公共医疗卫生以"全民保障"为宗旨，提供基本医疗卫生服务，由公共税收支付，目的是要确保没有人会因为有病无钱而得不到疗治；私营医疗卫生以"用者自付"为原则，提供由个人支付的私人医疗卫生服务，让个人可以自由选择更高质量和更舒适的服务。② 香港的公共医疗卫生制度沿袭了英国全民健康服务制度，以"全民保障"为原则，采取公办医疗卫生服务的形式，通过医院管理局辖下的公立医院为全体市民提供价格低廉的医疗卫生健康服务。香港公立医院的经费主要来源于政府财政拨款，政府以预算拨款的形式给公立医疗卫生机构提供经费。与私立医院相比，公立医院的收费相当低廉，基本上属于象征性收费，符合条件的经济困难人士看病时还能减收或豁免个人支付的部分费用。2011 年 3 月—2012 年 3 月，香港医院管

---

① 周永新：《社会保障和福利争议》，香港天地图书有限公司 1994 年版，第 22 页。

② 练路：《不让任何人因贫穷得不到医疗卫生服务》，新浪财经，http：//finance. sina. com. cn/leadership/mroll/20140107/173017872720. shtml。

理局总收入423.17亿元，其中来自政府补助的收入达到376.37亿元，占总收入的88.94%，来自医疗卫生收费的收入仅为30.29亿元，仅占总收入的7.16%，其余3.90%的收入主要来自社会捐赠和投资收益。[①] 由此可见，香港公共医疗卫生的经费主要来源于公共财政，医疗卫生服务收费所占比重很小。对于香港公共医疗卫生的作用，英国学者弗兰克·韦尔什认为，"任何一项统计数据都无法充分反映出免费、便捷的医疗卫生服务给人们带来的精神上的安全感。"[②]

教育是香港公共支出最大的福利项目。香港自1978年起实施九年免费义务教育，2009年开始提供12年免费义务教育，免费义务教育已涵盖从小学至高中12年，并设有多种形式的学费减免、资助和借贷计划，确保没有学生会因为经济困难而无法接受教育。目前，香港教育主要由香港特别行政区政府教育局管理，主要包括学前教育（幼儿园教育）、12年免费教育以及大专以上教育。其中，12年免费教育通过公立学校或政府津贴资助，为适龄儿童和青少年提供六年制免费小学、免费三年制初中课程及免费三年制高中课程。2013年1月，香港特区行政长官梁振英发表任期内首份施政报告时表示，特区政府教育局将成立专责委员会，研究免费幼儿园教育的可行性。如果学前教育也被纳入义务教育，香港有望实现15年免费义务教育。

近20年来香港社会支出结构发生了明显变化（见图8－5），教育、医疗卫生、社会福利等支出增势大体平稳，相比之下，住房支出波动较大，在1999年到达顶点后一路下挫，在2007年探底后缓慢回落，但增速明显下滑。受亚洲金融危机影响，2003年香港特区政府宣布无限期中止"居者有其屋计划"，停建及停售"居屋"，后又终止"租者置其屋"计划，这直接导致住房支出大幅缩减并从此陷入低谷。在香港现有社会支出中，教育支出稳居第一，医疗卫生支出位列其次，社会福利支出排名第三，房屋支出垫底。从表8－4可见，2010—2012年，在香港各项福利开支中，教育开支稳居第一，其次是社会福利（公共援助和社会服务）和医疗卫生支出，最后是公屋开支，四项开支占政府公共开支的比重大体保持在50%左右。以2012年为例，当年香港公共开支4055.27亿元，其中

① 资料来源：香港医院管理局《香港医院管理局统计年报2011—2012》。

② ［英］弗兰克·韦尔什：《香港史》，王皖强、黄亚红译，中央编译出版社2009年版，第536页。

教育、社会福利、医疗卫生和住房总开支达到2053.47亿元，占公共开支总数的50.64%。

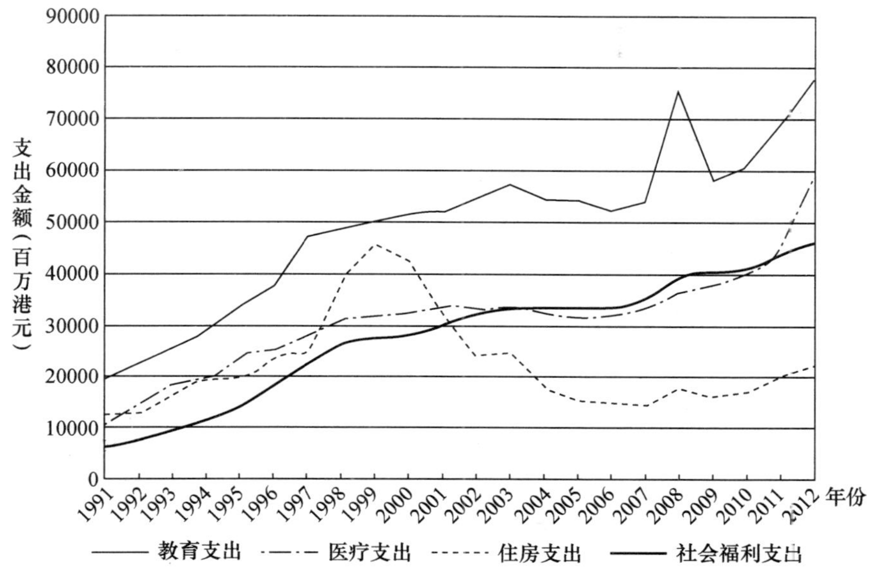

图8-5　1991—2012年香港教育、医疗卫生、住房、社会福利等支出变化情况

资料来源：香港特别行政区政府统计处2001—2012年历年《香港统计年刊》。

表8-4　　2010—2012年香港社会福利开支

福利项目	2010年	2011年	2012年
教育	60719（18.94%）	67891（17.61%）	77799（19.19%）
社会福利	40519（12.64%）	43346（11.24%）	45940（11.33%）
卫生	39890（12.44%）	45297（11.75%）	59491（14.67%）
房屋	16938（5.28%）	18918（4.91%）	22117（5.45%）
四项开支合计	158066（49.31%）	175452（45.50%）	205347（50.64%）
公共开支总数	320570（100%）	385641（100%）	405527（100%）

资料来源：香港特别行政区政府统计处《香港统计年刊（2013年版）》，第247页，表中"社会福利"主要包括公共援助和社会服务开支，各栏目括号内百分比数据是指各福利项目占公共开支的比重。

总之，香港适度普惠型社会福利制度具有高度的制度化和专业化水准，涵盖公共援助、社会保险、社会服务和公共福利四个层次，包含丰富多样的补救性、预防性和发展性福利项目，在基本生活、教育、医疗卫生、住房和社会服务等方面建立了比较完善的社会安全网，为香港的经济发展和社会稳定提供了强有力的保障。当然，香港福利制度也面临不少问题，特别是近年来伴随经济转型、人口老龄化、贫富悬殊恶化等导致的贫困问题，以及相关社会问题恶化，香港社会福利制度面临严峻挑战，例如，养老保险制度仍是“软肋”，现行的强积金制度漏洞不少，屡遭诟病；福利改革缺乏系统的顶层设计和中长期规划，在一定程度上存在“头痛医头、脚痛医脚”的问题；福利支出水涨船高，公共财政不堪重负；社会福利需求持续扩大，但受体制所限福利供给的增长空间极为有限，福利供需不平衡的矛盾日益突出等。但这些都瑕不掩瑜，香港福利制度以其高度的制度化、专业化、高效、精简的特点而在亚洲独树一帜，成为东亚福利体制的典范之一。

三　香港适度普惠型社会福利制度特色

如前所述，香港社会福利制度与香港经济发展和社会人文特点相适应，以其鲜明的特色、高度制度化水平而在亚洲独树一帜。根据我们的研究，从福利目标、福利对象、福利主体、福利水平和福利内容五个方面看，香港社会福利制度表现出如下鲜明特色。

（一）福利目标：社会投资，发展导向

香港历来强调社会政策对促进经济发展的作用，认为社会政策的目标应从传统的收入维持，转向增强人力投资、促进经济发展和社会融合。在福利目标上，香港福利制度强调“支援个人及家庭，协助真正有需要的人，并提供机会，使他们可以自力更生，力争上游，从而促进社会团结和谐”，政府将大部分福利开支投在教育、医疗卫生和住房等方面，用以促进人力投资和经济发展。由于具有社会投资和发展导向的特点，香港福利制度被称为“东亚生产主义福利体制”的一种亚类型。近年来香港广泛推行社会投资的理念，提升个人、家庭和社区的自我发展能力，着力推动福利服务从事后补救到事前预防、从“输血”到“造血”的转变。例如，大力倡导“工作导向型福利”，推行“自力更生支援计划”和“深入就业援助计划”，力推积极就业和受助人“重返劳动力市场”；2001 年成立“社区投资共享基金”和“携手扶弱基金”，深化官商民三方合作，巩固

社区支持网络，为弱势社群投资社会资本，截至2013年底，“社区投资共享基金”覆盖全港18个区的268项社区发展计划，参与机构达到7000个，参加人数达到45万人，建立互助网络1600个，支援家庭30200个；2008年设立儿童发展基金，试行资产社会政策，通过建立个人账户、提供储蓄配额、减免税收等方式，帮助贫困儿童及家人积累资产。这些社会投资和发展主义福利项目及举措，合乎全球福利改革方向，梅志里（J. Midgley）推崇的发展型社会政策、古柏（P. Taylor－Gooby）倡导的新福利主义、吉登斯提出的积极福利和社会投资国家模式，就是对福利国家改革方向很好的理论写照。

（二）福利对象：弱者优先，适度普惠

香港社会福利制度奉行“弱者优先”的原则，强调救助“那些容易受到伤害的人——老人、残疾人士和穷人”等所谓的“市场竞争的失败者”和“最不能自助者”，重点为贫困和弱势群体提供基本保障。在“弱者优先”的原则下，香港重点发展公共援助，福利支出向弱者倾斜，福利对象以弱者为主，优先照顾基本民生需求。社会福利署每年70%以上的福利开支用于综援金和公共福利金，贫困和弱势群体是主要受益者。例如，2010年社会福利署的总开支为394亿元，其中综援金和公共福利金开支达276亿元，占总开支的70%；2014年社会福利署预算总支出为559亿元，其中综援金和公共福利金支出达402亿元，占预算总支出的72%。此外，社会服务制度主要面向儿童、青少年、老人、残疾人等弱势群体，公屋制度主要为中低收入群体提供基本住房保障。在弱者优先的前提下发展公共医疗卫生、教育和社会服务等普惠主义福利，让福利惠及各类有需要的群体。12年免费义务教育惠及所有适龄入学儿童及其家庭，公共医疗卫生制度为全民提供价格低廉的医疗卫生服务，公屋制度为近50%的市民提供住房保障，社会服务制度为各类有需要者提供支援性社会服务。这些组合式福利项目实现了应保尽保、全民覆盖，兼顾了弱者优先和全民普惠。

（三）福利主体：责任分担，伙伴关系

早在20世纪70年代，香港就提出建立政府与社会组织的伙伴关系，探索多元化福利服务。经过四十余年的发展，香港建立了包括整笔拨款津贴制度、社会服务竞投制度、中央转介制度、服务表现监察制度等在内的一整套比较完善的福利监管体系和运行机制，政府和社会组织在多元化福利供给中建立了制度化的责任分担机制，形成了富有香港特色的公私伙伴关系。这种伙伴关系超越了简单的“服务购买关系”，扩及政策咨询、服务购买、项目实施、行业监管等广泛领域，而成为比较全面的“伙伴关系”。政府将大部分直接福利服务交给社会组织来运营，政府主要负责政策制定、资金支持和服务监管等宏观事务；社会组织负责提供具体福利服务，反映市民的服务需求和意见，并向政府提供政策建议。从福利开支看，政府在福利供给中承担了主要作用，除强积金主要由个人和企业供款外，教育、医疗卫生、住房和社会福利的资金主要来源于政府财政拨款。2012 年，香港公共开支为 4055.3 亿元，占 GDP 的 19.9%，其中用于教育、医疗卫生、住房和社会福利的社会开支为 2053.5 亿元，占公共开支的 50.6%。从直接服务看，社会组织在福利服务供给中承担了主要作用，除“综援”和紧急救助等部分社会服务外，社会组织提供全港 90% 以上的社会福利服务，其雇佣的社会工作人员占全部社会工作人员的 80%。2012 年，香港注册社会组织数超过 30000 个，每万人拥有社会组织数超过 40 个，社会组织在民生建设和福利服务供给中发挥极为重要的作用。

（四）福利水平：适度均衡，动态调节

不同于西方福利国家的高福利刚性，香港福利支出历来遵循量入为出的原则，强调“够用就好，过犹不及”。在福利投入上，香港奉行渐进主义财政策略（incremental budgetary approach），对高福利持谨慎态度，控制公共支出总量，保持福利支出稳健增长。早在 20 世纪七八十年代，香港就确立了“公共开支规模不超过 GDP 的 20%、公共开支增速不超过 GDP 增速”的准则，其目的就在于保证福利开支量入为出。除了 1998—2003 年受亚洲金融危机影响公共开支略有增加外，1981—2010 年香港公共开支占 GDP 的比例基本上控制在 20% 以内，保持了较高的连续性和稳定性。此外，香港定期编制“社会保障援助物价指数”（简称“社援指数”），根据经济增速、通货膨胀和物价指数以及住户开支调查结果，动态调节福利标准。例如，由于亚洲金融危机影响，1998—2003 年香港经济下滑，社援指数随之年均下调 1.7%；2003—2008 年，香港经济复苏，社援指数随之年均上调 3.4%。[①] 可见，香港福利支出对经济增速和通胀指数的反应相当灵敏，体现了适度均衡、动态调节的特点。对于香港福利水平的这种适切性特点，香港学者黄黎若莲形容为“虽然瘦削但不至于

① 香港特别行政区政府统计处：《香港社会及经济趋势（2009 年版）》，第 207 页。

吝啬，并且具有相当的有效性和稳定性”[①]。

（五）福利内容：需要为本，组合供应

香港社会福利制度自创立之初就注重对社会问题和需要的积极响应，致力于“以有限资源来满足无限的需求”[②]。在福利供给上坚持以需为本，不搞“一刀切”，而是按照政策目标和服务对象类别确定相应的服务标准，提供“需求导向型”和“福利友好型”服务。以综援为例，综援金包含标准金额、补助金和特别津贴三类，其中补助金又细分为长期个案补助金、单亲补助金、社区生活补助金、交通补助金和院舍照顾补助金，标准金额旨在满足一般个案的基本需要，补助金和特别津贴旨在保障特别个案的特别需要，高龄、伤残、单亲、失业等不同类型的个案能根据其不同需要而获取个性化援助。一般而言，单身人士比非单身人士的救助金额高，老人、儿童和残障人士比健全成年人的救助金额高，以体现“特别照顾最不能自助者”的原则。[③] 在福利形式上，香港福利制度提供“收入支持＋实物救济＋服务支持＋资产支持”多元化支持结构，推行“补救性＋预防性＋发展性”组合式福利项目，在基本生活、教育、医疗卫生、住房和社会服务等方面建立了完善的社会安全网。通过公共财政支持，香港将公共援助、全民医疗卫生保健服务、免费基础教育、社会服务以及公共房屋等福利组合为广覆盖、多层次、全方位的“多重安全网”，不仅面向贫弱群体，而且覆盖各类有需要的公民；不仅保障受助人的生存性福利需求，还尽可能满足他们的安全性和发展性福利需求。

四　香港福利经验及其启示

伴随经济发展和民生需求不断增加，我国社会福利制度正面临从“剩余型”向“适度普惠型”的战略转变。超越传统剩余型福利格局，构建与经济社会发展水平相适应的适度普惠型社会福利制度，已成为当前我国民生建设的重要任务。由于我国普惠型福利建设起步较晚，没有现成经

① 黄黎若莲：《香港的社会福利模式、特征和功能》，《社会保障研究》2008 年第 1 期。

② 陈锦棠等：《香港社会服务评估与审核》，北京大学出版社 2008 年版，第 6 页。

③ 刘祖云、刘敏：《香港的贫困及救助：从理论到现实的探讨》，《中南民族大学学报》（人文社科版）2009 年第 4 期。

验可借鉴，基本上是“摸着石头过河”，因而香港的福利经验对于我国内地社会福利建设具有重要的启示意义。受篇幅所限，这里简要谈四点。

（一）正确处理经济发展与改善民生之间的关系

目前，我国 GDP 总量位居世界第二，人均 GDP 超过 6000 美元，总体经济水平迈入中等收入国家行列，但是，经济发展和社会民生“一条腿长、一条腿短”的问题依然比较突出。2011 年，我国内地社会支出占国家公共财政支出的 23.39%，除教育支出占公共财政支出的比重超过 10% 之外，医疗卫生支出占公共财政支出的比重不足 4%，住房支出所占比重不足 3%。[①] 上述社会支出水平尚不及香港水平的一半，甚至低于许多发展中国家。根据国务院发展研究中心课题组的计算，人均 GDP 为 3000—6000 美元的许多发展中国家，社会支出占公共财政支出的比重一般也达到 50% 的水平。[②] 社会福利建基于一定的经济发展水平，但经济发展不是决定社会福利水平的唯一因素。德国在 19 世纪 80 年代建立了现代社会保险制度，美国在 20 世纪 30 年代经济大萧条时期建立了现代社会保障制度，英国在“二战”的废墟上建立了现代福利国家。这说明，社会福利制度并非要等到经济足够发达时才建立，它可以成为经济发展和社会现代化的“助推器”，而非一定是经济发展的负担。[③] 内地可以借鉴香港的经验，建立社会支出与 GDP、公共支出联动增长的机制，构建以民生福利为导向的公共财政支出结构，适当增加社会保障和就业、教育、医疗卫生、住房等社会支出，逐步将社会支出占公共支出的比重提高到 40% 以上。近年来内地民生福利支出增长很快，但这种增长具有一定的随意性和偶发性，受经济增速、财政收入多寡乃至政府领导意志影响很大。要实现民生福利健康可持续发展，关键是构建制度化的民生支出增长机制，建立社会支出、公共支出与 GDP 增长的联动机制，根据经济增速动态调节福利支出水平，在经济效率与社会公平、经济发展与改善民生之间找到一个合理的平衡点。

（二）正确处理福利全球化与福利本土化之间的关系

根据国际货币基金组织（IMF）2014 年 4 月公布的数据，2013 年我

---

① 资料来源：国家统计局 2010—2011 年《中国统计年鉴》；国家财政部 2010—2011 年《全国公共财政支出决算表》。

② 贡森、葛延风等：《福利体制和社会政策的国际比较》，中国发展出版社 2012 年版，第 217—221 页。

③ 郑功成：《社会保障是经济发展的包袱吗》，《北京日报》2007 年 4 月 18 日。

国香港 GDP 为 2736.58 亿美元，人均 GDP 达到 37777 美元，在全球排名第 24 位，超过欧盟（人均 GDP 为 34060 美元，排名第 26 位）。根据联合国开发计划署（UNDP）公布的“2014 年度人类发展指数”报告，2014 年中国香港人类发展指数达到 0.891，在全球排名第 15 位，超过日本（人类发展指数为 0.890，排名第 17 位）。按照经济和社会发展水平，香港有能力建立一个高度普惠主义的福利社会，但香港却坚持福利本土化路线，发展适度普惠型福利制度，防止过高的福利水平影响经济发展和香港竞争力。在坚持福利本土化的同时，香港又广泛借鉴全球福利经验，形成了一套具有香港特色、在亚洲独树一帜的社会福利制度。目前，我国 GDP 总量位居世界第二，人均 GDP 超过 6000 美元，总体经济水平迈入中等收入国家行列，因此不能像过去那样长期忽视民生福利、压低福利水平，走福利补缺主义的老路。同时，我国尚属发展中国家，人口众多，经济发展水平还不高，也不能照搬西方福利国家高度普惠主义的经验。应当坚持“中国特色、世界水准、适度普惠、增量发展”的定位，坚定不移地走福利本土化路线，同时顺应全球化方向，采取循序渐进、量入为出的稳健主义福利策略，发展适度普惠主义福利，构建中国特色适度普惠型社会福利制度。实际上，“普惠”源自对全球福利有益经验的借鉴，代表了社会福利现代化的发展方向；“适度”则是基于我国基本国情的现实判断，有现实国情和经济效率的考量。在某种程度上，适度意味着要考量经济效率，普惠意味着要追求社会公平，如何在全球经验与中国特色、社会公平与经济效率之间找到一个合理的平衡点，是构建中国特色适度普惠型社会福利制度必须面对的重要课题。

（三）正确处理福利政治属性与社会属性之间的关系

一直以来香港力避福利政治化，以满足民众的福利需要为宗旨，彰显人性化和精细化，发展需求导向型和福利友好型福利。过去我国内地重福利的政治属性而忽视其社会属性，强调以国家为本，社会福利更多的是服务于国家政权建设需要而非民众需要，服务于经济发展需要而非社会民生需要。[①] 作为社会福利核心要义的“人民福祉”和“人的需要”在一定程度上被忽视，社会福利长期滞后于经济发展。社会福利具有政治与社会

① 彭华民：《论需要为本的中国社会福利转型的目标定位》，《南开学报》（哲社版）2010 年第 4 期。

双重属性，与意识形态和政治制度休戚相关，但无论何时何地，社会福利的核心宗旨都是满足人民的福祉需要，促进社会公平正义和人的全面发展。从福利宗旨的角度看，应当更好地发挥福利本义，顺应适度普惠需求，在福利制度设计中把满足人的需要摆在更加突出的位置，发展“需求导向型”（need - oriented）和“福利友好型”（welfare - friendly）福利。不仅保障贫弱群体的基本民生需要，还关注有需要者在教育、医疗卫生、住房、就业等方面的多元化需求。不仅保障受助人的基本生活，还通过配套服务改善其生活质素，促进人力发展与社会投资。不仅完善以社会救助为主的补救性福利项目，还拓展社会服务—社会保险—公共福利等预防性和发展性福利项目，实现福利主功能从被动补救到主动回应、从维持生存到促进发展的转变，从而更好地满足经济发展和民生改善的需要。①

（四）正确处理政府主导和福利社会化之间的关系

香港坚持政府主导与市场化相结合，建立了完善的福利责任分担机制，政府主要负责宏观监管，社会组织负责提供直接福利服务。相比之下，内地以政府行政供给为主，责任分担机制不健全，绝大部分福利服务由政府部门或官办机构承担，社会组织未能发挥应有作用。实现社会福利可持续发展，既不能靠政府大包大揽，也不能片面强调福利社会化，而要正确处理政府主导和福利社会化之间的关系，建立制度化的责任分担机制，该政府保障的归政府，该社会保障的归社会。政府在公共福利供给中发挥主导作用，其角色重心在制定政策、资金支持和服务监管；社会组织在直接福利服务中发挥主体作用，其角色重心在服务供给、利益表达和需求反馈。这方面可借鉴香港发展社会组织、培育社工队伍、倡导社会服务专业化、构建公私伙伴关系等经验，坚持福利服务专业化方向，加快社会组织和社会工作队伍发展，加快发展和完善服务购买、契约外包、特许经营和委托管理等形式的多元化福利供给模式。

（五）正确处理福利普惠化和福利适度性之间的关系

香港没有仿效西方福利国家片面追求福利普惠，而是重点发展公共援助，将大部分福利资源投向贫弱群体和中低收入群体，在弱者优先的前提下发展全民医疗卫生、教育和社会服务等适度普惠主义福利，防止过高的福利水平影响经济发展和香港竞争力。这种稳健主义福利策略表明，发展

---

① 刘敏：《构建普惠型社会福利制度：误区与路径》，《广西社会科学》2014 年第 3 期。

福利要坚持普惠化和阶梯化相结合，兼顾普惠和适度、公平与效率，优先照顾弱者又适度普惠全民，适当增加福利投入又要顾及经济可持续发展。近年来在改善民生福利的口号下，我国一些地方出现了两种不良倾向：一是福利冒进主义，大幅度增加福利投入，片面强调普惠，盲目推崇高福利；二是福利保守主义，人为压低福利投入，片面强调适度，固守传统补缺型福利。这两种倾向都偏离了适度普惠的要义，也背离了公平与效率兼顾的价值追求。可以借鉴香港福利制度"控制总量、兜住底线、动态调节"的经验，从总量上控制公共支出规模，从存量上盘活社会支出各项科目，优先保障基本生活和底线民生，优先发展公共救助和基本公共服务，兼顾弱者优先与适度普惠。坚持"增量式"福利发展策略，即以"存量福利"为基础，通过做大"经济蛋糕"，不断扩大"增量福利"。普惠化以需要为本、普惠全民为原则，亘在权利平等和机会均等；阶梯化以弱者优先、阶梯供给为原则，重在弱者照顾和底线公平。应坚持普惠化与阶梯化相结合，优先解决基本民生问题，在弱者优先的前提下推动全民普惠。一方面，将福利资源优先向农村、边远、贫困、民族地区倾斜，向薄弱环节和基础领域倾斜，向弱势群体和贫困群体倾斜，重点发展以基本保障为主的全民社会救助制度，夯实"最后的安全网"。另一方面，发展教育、医疗卫生、住房、社会服务等普惠主义福利，推动公共服务均等化，将福利覆盖面从贫弱群体拓展到更广泛的社会群体，完善应保尽保、覆盖全民的"多重安全网"。

第九章　结论与启示

在福利现代化的道路上，西方发达国家选择的是福利主义发展路线，而我国一直并将继续沿着中国特色民生主义的道路前进。由于所处的经济与社会发展阶段不同，西方发达国家福利建设的主要矛盾是福利分配，即分好“福利蛋糕”；我国福利建设的当务之急则是福利发展即做大“福利蛋糕”。推动社会福利事业健康可持续发展，除了从器物层面和制度层面加强福利建设、完善福利体系之外，应当从观念层面破除 GDP 主义发展观的束缚，为社会福利去污名化，通过合理的制度安排建构经济与福利、效率与公平之间的良性互动关系，最大化地发挥社会福利所蕴含的智力生产与社会投资的长期效应，努力建设“老有所养、病有所医、学有所教、劳有所得、居有其屋、贫有所助”的中国特色民生社会。

一　基本结论

本书从福利现代化的角度探讨我国构建适度普惠型社会福利制度的重要议题，在阐明中国特色适度普惠型社会福利要义的基础上，建立适度普惠型社会福利制度评价指标，提出阶梯式普惠型社会福利发展模式，以北京、上海、江苏、广东、深圳等沿海发达地区为例，对近年来我国探索适度普惠型社会福利制度的主要进展、经验成效、存在的问题与误区以及改进路径等重要议题进行比较系统的研究，探讨中国特色民生治理创新的经验样本。简言之，本书提出了攸关适度普惠型社会福利发展的五个问题并逐一作了回答，可谓“五问五答”。

一是为什么要构建适度普惠型社会福利制度？伴随我国经济规模跃居世界第二，迈入中等收入国家行列以后，建立与中等收入水平相适应的适度普惠型社会福利制度正当其时，大有可为。从必要性看，这是经济发展的必然结果，社会公平的现实需求，民生建设的重要任务，全面建成小康社会的应有之义。从可行性看，经济发展迈入中等收入国家水平，位居世界第二的财政收入规模，快速积累起来的民生基础条件，为建立中等水平的中国特色民生社会乃至福利社会提供了坚实的基础。20 世纪五六十年代，西方发达国家普遍在人均 GDP 为 1000—2000 美元的发展阶段就已经建成了高水平的福利国家，北欧福利国家更是成了全民普惠型社会福利制度的典范。目前我国经济总量接近 10 万亿美元，人均 GDP 接近 7000 美元，无论从总体经济水平还是人均国民收入水平看，我国都已经具备了建立与中等收入水平相适应的适度普惠型社会福利制度的经济条件。

二是构建什么样的适度普惠型社会福利制度？厘清我国适度普惠型社会福利模式与西方普惠型社会福利的不同含义，明确我国社会福利发展的模式选择与内涵要义，是构建中国特色适度普惠型社会福利制度的前提条件乃至理论基础。本研究表明，“普惠”一词在中西方社会福利制度中具有不同的含义，西方福利国家的“普惠”更多的是分享普惠主义福利服务以及无差异的公共服务，而我国福利制度的“普惠”更多的是分享平等的福利权、均等化的基本公共服务以及经济社会发展的成果，并非要吃“福利大锅饭”或者追求福利结果的平等。从这个角度来说，构建适度普惠型社会福利制度不是推行“福利主义”，更不是走西方福利国家的发展路线，而是要适应经济发展和福利现代化的需要，建立与中等发展水平相契合的中国特色适度普惠型社会福利制度。适度福利、弱者优先、基本保障、全民共享是“中国特色”的要义所在。弱者优先甚于全民普惠，基本保障甚于全面保障，机会均等甚于结果平等，兜底不保顶，兼顾经济效率与社会公平，这是中国适度普惠型社会福利路线迥异于西方全民福利国家的价值取向。

三是如何评估适度普惠型社会福利发展水平？社会福利评价指标是评估社会福利发展水平的标尺，构建可量化的社会福利指标体系，对于推动构建适度普惠型社会福利制度具有十分重要的导向意义。本书从覆盖面指标（coverage）、保障度指标（level）、规模性指标（size）、包容性指标（inclusiveness）四个方面设计了 25 个二级指标，以社会救助、社会保险、社会服务和公共福利四大类福利制度为评价项目，构建了适度普惠型社会福利制度评价指标，每个一级指标和二级指标都相应地赋予一定的权重，可以进行加总和比较分析，通过计算水平指数和发展指数来反映和评估适度普惠型社会福利发展水平。覆盖面指标主要反映福利可获得性及覆盖范围，福利保障度指标主要衡量福利标准及保障水平，福利规模性指标主要评价总体福利规模和结构，包容性指标主要反映福利资源分配公平性及基础公共服务均等化程度。

四是构建适度普惠型社会福利制度进展如何？对既有社会福利发展基本情况和最新状况进行“摸底盘点”，是下一步推动社会福利发展的重要前提。本书对近年来我国探索建立适度普惠型社会福利制度的主要进展、经验成效、面临的问题以及改进路径等重要议题进行了比较系统的研究，并以北京、上海、江苏、广东、深圳等沿海发达地区为例，探讨中国特色民生治理创新的经验样本，发现近年来我国社会福利总体水平不断提高，福利覆盖面、保障度、规模性和包容性等绝大部分指标值都处于上升态势；但整体而言，我国社会福利包容性、普惠化程度还不高，总体福利支出和保障水平偏低，偏向基本保障、底线保障，多数福利项目属于需要进行家庭资产、收入审查的救济性福利，或需要符合特定年龄、生理以及社会条件的定向性福利，或与就业情况和工作单位紧密相关的差别化福利。概言之，中国特色社会福利适度普惠化发展所取得的成绩令人瞩目，但面临的任务依然任重而道远。

五是中国特色适度普惠型社会福利发展路径何在？本书在盘点现状、分析问题、借鉴经验的基础上，提出改变粗放式福利发展策略，走以质量效益为主的增量式福利发展之路，融合公平与效率两种价值，追求福利理想又立足现实国情，构建阶梯式普惠型社会福利发展模式，将福利普惠化供给与阶梯化供给相结合，从“增支、扩面、提标”三个方面做大“福利蛋糕”，从“充权、均化、共享”三个方面分好“福利蛋糕”，依次照顾贫弱群体的生存性需求、工作人口的安全性需求和有需要公民的发展性需求，分阶段、分层次、分步骤，逐步构建层次有别、功能互补、相互支持、多重保障的阶梯式普惠型社会福利制度，实现福利主功能从事后补救到事前预防、从弱者优先到适度普惠、从维持生存到促进发展的转变，变被动式福利为积极型福利，变补救性福利为预防性福利，变传统型福利社会为社会投资型国家，最终达致福利善治，实现福利现代化。

二　福利主义抑或民生主义？

近十余年来持续高速的经济增长、大幅提高的人民生活水平、不断充实的国库收入、日益受到重视的民生建设，使得我国民生福利发展进入前所未有的“黄金期”，期间国家在社会救助、社会保险、教育、医疗卫生、住房、就业等领域先后实施了一系列新的社会政策，民生福利得以飞速发展，无论是福利投入、福利覆盖面还是保障水平都取得了历史性突破。对此，王绍光认为，“在过去10年中，中国出现了一次新跃进：社会保护力度的大大增强。这个新跃进已静悄悄地给中国社会带来翻天覆地的变化：一方面，它阻止了社会不公进一步恶化的趋势；另一方面，它为降低人类不安全创造了有利条件。”① 例如，我国已经基本建成了以低保制度为基础，涵盖医疗卫生、教育、住房等专项救助和临时救助的社会救助制度，仅城乡低保制度覆盖人数就突破8000万，超过意大利、英国、法国等国家的人口数，相当于德国人口总数；初步建立了以养老保险、医疗卫生保险、失业保险、工伤保险和生育保险为主要内容、参保人数超过10亿人的世界上规模最大的社会保障网，仅城乡基本医疗卫生保险制度的覆盖人数就达到13亿人，基本上实现了全员覆盖、应保尽保；用于社保和就业、教育、医疗卫生和住房方面的社会开支增势迅猛，社会福利规模已经蔚为可观，仅2012年的社会开支总数（含教育支出）就超过7300亿美元②，超过当年丹麦、挪威、瑞典、瑞士等西方发达国家的GDP规模。对于一个人口多、底子薄、发展不平衡的全球最大发展中国家来说，在民生福利建设方面能够取得这样的成绩实属不易，难能可贵。

---

① 王绍光：《中国仍然是低福利国家吗？——比较视角下的中国社会保护“新跃进”》，《人民论坛·学术前沿》2013年第22期。

② 根据笔者的测算，2012年我国用于社保和就业、教育、医疗卫生、住房四个方面的社会开支分别达到12741.08亿元、21834.12亿元、7245.11亿元、4643.9亿元，四项社会开支合计46464.21亿元，按2012年12月底人民币对美元汇率折算后为7355亿美元。说明：1. 原始数据来源于2012年《中国统计年鉴》、《全国公共财政支出决算表》、《全国政府性基金收入决算表》、《全国社会保险基金收支决算》；2. 这里所讲的社会支出是经过改进后的社会支出，其中包括了教育支出，具体计算方法参见贡森、葛延风等著《福利体制和社会政策的国际比较》，中国发展出版社2012年版，第217—218页。

当年孙中山先生在《民生主义》中说，“现在我们讲民生主义，就是要四万万人都有饭吃，并且要有很便宜的饭吃。要全国的个个人都有便宜饭吃，这才算是解决了民生问题”，“民生主义和资本主义根本不同的地方，就是资本主义是以赚钱为目的，民生主义是以养民为目的”，“我们现在要解决民生问题，并不是要解决安适问题，也不是要解决奢侈问题，只要解决需要问题。这个需要问题，就是要全国四万万人都可以得衣食的需要，要四万万人都是丰衣足食。”① 如今，我们在中国特色社会主义的康庄大道上，不仅解决了13亿人口的温饱问题，还实现了小康水平，正在朝着全面建成小康社会的宏伟目标阔步前进。按照党的十八大报告对“全面小康社会”的论述，全面小康社会将是“人民生活水平全面提高。基本公共服务均等化总体实现。全民受教育程度和创新人才培养水平明显提高，进入人才强国和人力资源强国行列，教育现代化基本实现。就业更加充分。收入分配差距缩小，中等收入群体持续扩大，扶贫对象大幅减少。社会保障全民覆盖，人人享有基本医疗卫生服务，住房保障体系基本形成，社会和谐稳定。”这段话所说的都是民生主义的核心内容——人民生活水平、基本公共服务、教育、就业、收入分配、社会保障、医疗卫生服务、住房保障等，这是对“民生中国”的形象论述，也是对中国特色民生社会的高度概括。在很大程度上，我国已经从“唯GDP时代”迈入“改善民生”的新时代，建立与社会主义市场经济体制相适应、与经济社会发展水平相适合的中国特色民生社会，不再是一个遥远的社会理想，而已成为民生“中国梦”的重要组成部分。从民生主义的角度看，全面小康社会就是中国特色“民生社会”，也是特色福利社会的中国表述。

道路决定命运。在社会福利现代化的道路上，如果说西方主要资本主义国家选择的是“高福利、高税收、高发展”的福利主义发展模式，那么中国一直并将继续坚定不移地走社会福利中国化之路。对于社会福利中国化的道路，学术界进行了热烈探讨，提出了不少富有启发性的理论观点，如“适度普惠型福利模式”、“组合式普惠型福利模式”、“底线公平福利模式”、“全民共享的发展型福利模式”、“中福利模式”、“公平、普惠、可持续福利模式”，等等。笔者认为，这条道路实际上就是中国特色民生主义发展之路，是经济效率与社会公平相互兼顾、经济增长与民生改

① 孙中山：《孙中山选集》，人民出版社1981年版，第593—605页。

善有机结合、人民共享经济社会发展成果之路，也是共同富裕之路。弱者优先甚于全民普惠，基本保障甚于全面保障，兜底不保顶，兼顾经济效率与社会公平，这是中国特色民生主义不同于西方福利主义的价值取向。这条民生主义发展之路，既要统一规划又要因地制宜，坚持增量式福利发展；既要“扩面”也要“提标”，实现“普”与“惠”协调发展；既要公平也要效率，推动社会福利可持续发展；既要福利规模也要福利质量，实现民生福利“有质量的增长”。

三　是福利过剩还是福利不足？

近年来，伴随我国民生建设快速发展以及福利水平快速提高，各种警告不要步西方福利国家后尘、要吸取西方福利国家教训以防范“福利病”和“福利陷阱”的声音不绝于耳。这似乎给人们一种印象：目前我国福利水平已经偏离了合理的轨道，以致真的面临“福利陷阱”和“福利病”的威胁。固然，对福利国家教训的善意提醒是必要的，但对福利主义及其负面效应的过度渲染则难免“杞人忧天”。在很大程度上，西方福利国家的形成是一种历史和社会的建构，是建立在一定的经济、政治、社会和历史文化条件的基础之上的。丹麦著名学者埃斯平－安德森在《福利资本主义的三个世界中》分析了福利国家体制的成因，他认为福利国家的形成有赖于一定的阶级动员（特别是工人阶级）、阶层政治联盟的结构以及历史文化因素，“历史上，福利国家的建设依赖于政治联盟的形成”，例如社会民主党、工人、农民与新中产阶层的联盟就对北欧福利国家的形成起到了至关重要的作用。[①] 英国学者贾森·安奈兹等认为，西方福利国家的诞生在很大程度上是特定历史时期劳工运动、民权运动和社会抗争的产物，例如，以争取公民福利权为重任的社会福利运动“是英国从1942年至1948年间建设福利国家过程中不可或缺的一部分。”[②] 韩国学者朴炳铉从文化视角分析了福利国家的历史成因，发现长期执政的社会民主党及其

① ［丹麦］哥斯塔·埃斯平－安德森：《福利资本主义的三个世界》，苗正民、滕玉英译，商务印书馆2010年版，第40—46页。

② ［英］贾森·安奈兹等：《解析社会福利运动》，王星译，格致出版社、上海人民出版社2011年版，第7—10页。

所推行的社会民主主义以及平等主义社会政策对瑞典福利国家的形成产生了深远的影响。[①] 无论是从经济发展水平、政治体制还是从社会结构乃至历史文化的角度看，当前我国既不具备建立福利国家的经济和政治条件，也完全没有必要重蹈福利国家的覆辙，因此我国既不会也没必要走福利主义的路线。

福利建设不能妄自菲薄，但也不能骄傲自满。从纵向比较的角度看，我国民生福利建设取得的成绩前所未有、令人瞩目；但从横向比较的角度看，我国民生福利发展水平还存在这样或那样的问题，与发达国家的福利差距依然很大，离社会福利现代化的目标还有很长的路要走。整体而言，我国民生福利保障水平还比较低，偏向基本保障、底线保障；除了教育支出之外，社保和就业、医疗卫生、住房等社会支出占公共财政支出的百分比都不高，不仅远低于西方发达国家，甚至落后于巴西、阿根廷、智利、墨西哥等发展中国家；城乡基本公共服务均等化水平有待提高，城乡养老保险参保率和失业保险参保率不高，社会福利总体支出水平和普惠化程度偏低，建立适度普惠型社会福利制度依然任重而道远。

正如本书所分析的那样，过去，我们在比较中国与西方发达国家的发展差距时，往往习惯于比较经济发展水平的差距，而忽视了福利发展水平的差距。实际上，相比经济发展水平的差距，福利发展水平的差距往往更为悬殊，也更为隐秘。例如，我国在经济规模上已经跃居世界第二，但福利规模却远落后于美国、日本、德国、英国等发达国家，社会支出规模与我国 GDP 规模并不相匹配。2010 年，我国 GDP 为 59303 亿美元，位居世界第二，当年我国社会支出为 3676 亿美元，世界其他主要经济体及其社会支出分别为美国 28482 亿美元、日本 12551 亿美元、德国 9002 亿美元、英国 5261 亿美元、意大利 5662 亿美元，我国社会支出远低于上述发达国家；当年，我国社会支出占 GDP 的百分比为 6.2%，美、日、德、英、意等国家社会支出占 GDP 的百分比分别为 19.6%、22.9%、27.4%、23.3%、27.5%，我国社会支出占 GDP 的比重也远低于上述发达国家。[②]

① ［韩］朴炳铉：《社会福利与文化——用文化解析社会福利的发展》，高春兰、金炳彻译，商务印书馆 2012 年版，第 190—215 页。

② 这里所谓的社会支出不包括教育支出，资料来源：OECD，Stat Exracts Social Expenditure - Aggregated data；GDP 资料来源：International Monetary Fund World Economic Outlook Database，April 2012。

由于我国人口基数大，既然福利支出总量远低于发达国家，那么人均福利水平的差距就更为悬殊了，这种人均福利水平的差距甚至比人均国民收入的差距更大。以人均 GDP 和人均社会支出两项指标为例，2011 年，我国人均 GDP 约 5414 美元，OECD 国家平均人均 GDP 为 35919 美元，是我国人均 GDP 的 6.6 倍；2009 年我国人均社会支出为 1605 元，OECD 国家人均社会支出折合人民币为 47866 元，是我国人均社会支出的 30 倍。

按照建立适度普惠型社会福利制度的目标要求，当前我国社会福利发展的最大问题不是福利过剩，而是福利短缺；不是“营养过剩”，而是“营养不足”；与西方发达国家经济发展水平的差距相比，我们福利发展水平的差距往往更为悬殊，也更为隐秘。从这个意义上讲，当前我国社会福利建设的主要任务是扩大福利规模和总量，解决福利短缺和福利不足的问题，而不是在福利建设上患得患失、缩手缩脚，担心患上“福利病”或者陷入“福利陷阱”。正如有学者所指出的那样，过多强调乃至夸大西方福利国家的“福利病”及其负面影响有失偏颇，如果说西方福利国家的福利发展已经相当发达，那么我国社会福利发展依然处于发展的初级阶段；如果说西方福利国家面临的最大问题是“福利过剩”甚至“福利病”，那么我们面临的主要问题依然是“福利短缺”和“福利贫困病”，因此我国当前福利发展的主要任务是提高福利水平，增进国民福利，而不是防止“福利病”。[①] 笔者认为，造成这种局面的一个重要原因是我国与西方发达国家所处的发展阶段不一样，西方主要资本主义国家早在半个世纪前就建成了福利国家，这些国家社会福利发展的主要矛盾是分好“福利蛋糕”，这主要属于福利的分配性问题；我国尚处于社会主义初级阶段，还是世界上最大的发展中国家，依然在通往现代化的道路上，因此福利发展面临的当务之急是做大“福利蛋糕”，这属于福利的发展性的问题。从这个意义上来说，我国完全可以将经济发展的成功经验复制到民生改善上，采取先做大“福利蛋糕”、再重点分好“福利蛋糕”的方法，做大“福利蛋糕”实际上就是要扩大福利总量，拓展福利覆盖面，增加福利支出及其占公共财政支出的比重，提高福利标准以及基本民生保障能力，从而更好地推动福利体系从“补救型”向“适度普惠型”的转变，

① 奂平清：《福利制度是西方国家危机的根源吗？——兼论中国社会福利研究的理论自觉》，《教学与研究》2014 年第 2 期。

最终实现福利现代化。

四　福利正功能与福利去污名化

过于人们习惯于将福利发展水平不高归因于经济发展水平所限，实际上，导致我国福利发展水平不高的原因很多，除了经济发展水平的限制之外，其中一个重要因素是传统发展观的影响，这种发展观推崇“GDP 主义”，重视经济发展而忽视社会发展，重视经济政策而忽视社会政策，习惯于用“最小化福利”思路来解决民生问题，对社会福利发展持消极态度，甚至将改善民生福利视为经济发展的包袱。更有甚者，对社会福利有一种“污名化”的认识，夸大福利的负面功能，忽视福利的正向功能；夸大福利国家的失败教训，忽视福利国家的有益经验，甚至导致“闻福色变”。例如，鼓吹“福利包袱论”，视社会福利为经济发展的包袱，甚至把福利当作可有可无、可多可少的经济附属品；不时发出“福利威胁论”，夸大福利发展对经济增长的负面影响，认为福利发展会损害国家竞争力，拖累经济发展；动辄警告不要步福利国家的后尘，渲染福利主义的弊病和危害。对此，郑功成认为，我国社会存在“福利恐惧症”，对福利国家的局部问题无限放大，“福利在中国的现实语境中似乎成了一个贬义词，福利国家与福利社会在一些场合几乎等同于‘福利病’，进而患上了‘福利恐惧症’”，“福利恐惧症”表现为夸大福利国家的负面效应、夸大福利的负面功能、动辄警告要警惕全民福利等论调和观点大行其道。[①]

在社会福利现代化的道路上，对福利主义的误区保持必要警醒，对西方福利国家的经验教训引以为戒，这是毋庸置疑的，也是必要而正当的，但是如果过度强调社会福利的负面功能，过于夸大福利国家的负面影响，则既有失公允，也会给社会福利的正常运行和健康发展带来不必要的干扰和困惑。现代社会福利理论和发达国家的发展经验都表明，社会福利具有很强的正功能，它是促进社会公平、维护社会稳定的重要政策工具，具有调节收入分配、缩小贫富差距、缓和社会矛盾的重要功能；适度的福利投入、合理的福利水平、积极的福利导向，可以成为有效的智力投资和社会

---

① 郑功成：《中国社会福利的现状与发展取向》，《中国人民大学学报》2013 年第 2 期。

投资，有助于提高国民的人力资本、劳动技能和社会资本，提升人们参与经济和社会活动的能力，从而促进经济可持续发展，提高社会发展质量和国家竞争力。虽然世人常抱怨福利国家身染“福利病”，但不可否认的是，福利国家制度为“二战”后西方资本主义国家数十年的经济快速发展和社会长期稳定发挥了不可替代的作用。对此，哈佛大学教授皮尔森认为，“对于社会保护的承诺加强了西方民主政体的合法性。”① 埃斯平－安德森则写道，“我们不应该忘记的是，战后福利制度背后的原动力超越了较为狭窄的社会政策所关注的范畴。作为促进社会整合、消除阶级差别，以及国家建设的一种有效机制，发达福利制度获得了巨大的成功。”②

盲目推崇西方福利国家的发展模式固然是思想谬误，但一味抗拒西方福利国家的有益经验也是观念误区。先发国家的经验表明，适度的社会福利不是经济发展的包袱，改善民生也未必会拉经济发展的后腿，发达的社会福利制度完全可以成为推动经济发展和社会现代化的“助推器”。③ 根据世界经济论坛发布的《2013—2014 年全球竞争力报告》，全球竞争力排名前十的国家和地区分别是瑞士、新加坡、芬兰、德国、美国、瑞典、中国香港、荷兰、日本、英国，这些国家和地区基本上都是社会福利制度完善、福利水平较高的经济体，特别是瑞典和芬兰等北欧国家更是福利国家的典范，被公认为全世界福利水平最高的地区。这些福利国家并未因为高福利而造成经济低效率，反而创造了其他国家难以比拟的高速发展和高效率，成为全球经济竞争力最强的国家之一。北欧福利国家为全世界提供了一种公平与效率兼顾的经济社会发展模式，“有着发达的资本主义经济，但没有其他资本主义国家中常见的贫富分化现象；以生产资料私有制为社会基础，但又为国民提供远远高于其他国家的公共福利。”④ 这些国家的经验说明，社会福利不完全是消费品，从长期来看是一种对经济和社会的投资，适当的社会福利投资，不仅不会降低经济效率，反而能够创造有效的消费需求，促进人力发展和社会投资，增强国民幸福指数和国家吸引

① 转引自周弘《福利国家向何处去?》，《中国社会科学》2001 年第 3 期。

② ［丹麦］戈斯塔·埃斯平－安德森：《转型中的福利国家——全球经济中的国家调整》，杨刚译，商务印书馆 2010 年版，第 42 页。

③ 郑功成：《社会保障是经济发展的包袱吗》，《北京日报》2007 年 4 月 18 日。

④ 周弘主编：《30 国（地区）社会保障制度报告》，中国劳动社会保障出版社 2011 年版，第 4 页。

力，促进经济和社会的可持续发展。正如加拿大学者 R. 米什拉所言，“控制经济的问题是把社会保障留在议程上。有必要再一次确认社会福利的重要性，并使它与经济发展一起成为发展和进步的有机部分。”①

综上所述，推动社会福利健康可持续发展，加快社会福利现代化，除了从器物层面和制度层面大力加强社会福利建设、完善社会福利体系之外，还应当从观念层面破除传统发展观对社会福利的片面认识，为社会福利“去污名化”，推广普及现代社会福利观，让更多的民众认识到：社会福利是公民社会权，也是国家责任；福利可以创造有效内需，促进经济可持续发展；福利是个人与家庭的社会保护机制，也是国家的社会保护机制，不仅可以提高个人与家庭抵抗风险的能力，也可以提高国家抵抗风险的能力。从这个意义上讲，改善民生福利，不仅是给个人与家庭“购买保险”，也是给国家“购买保险”，可以为经济可持续发展和社会长期稳定提供强大而可靠的社会保护机制。

五　经济发展与社会福利的关系

在经济发展与改善福利的关系上存在一种常见的认识，就是在处理经济与福利的关系时陷入简单线性的思维认识，遵循“先经济、后福利，重经济、轻福利”的惯性逻辑，习惯于假定经济发展到一定水平才能改善福利。更有甚者，总是把经济发展和福利改善看作是此消彼长的关系，似乎一方强则另一方必弱、一方多则另一方必寡。实际上，社会福利和经济发展并不必然是此消彼长的对立关系，而是可以成为相互促进的共生关系，在合理的制度安排下，二者具有内在的亲和性。合理的社会福利投入能够创造经济与福利之间积极良性的互动关系，产生智力生产与社会投资的长期效应，其中的原理在梅志里的发展型社会政策理论、古柏所倡导的新福利主义、吉登斯所提出的社会投资国家模式等福利理论中得到了比较系统的阐述，这里不再展开论述。“福利制度不仅仅是经济方案，它同时又是某种政治共同体的显现，是某种社会团结的表达，是消除贫困、降低

---

① ［加拿大］R. 米什拉：《社会政策与福利政策——全球化的视角》，郑秉文译，中国劳动社会保障出版社 2007 年版，第 112 页。

阶级差别、铸造富有凝聚力的稳定的社会共同体的某种尝试。"① 从福利投资的意义上来讲，发展福利绝不仅仅是单纯的福利问题，也是攸关经济发展的问题，福利现代化乃是经济和社会现代化整体工程中必不可少的一部分。

是不是一定要等到经济发展到一定水平才能开启社会福利发展的"按钮"？未必如此。这是因为，经济与福利之间并不是简单的线性对应关系，发达的社会福利制度也不是要等到经济足够发达的时候才建立。德国在19世纪80年代建立了现代社会保险制度，美国在20世纪30年代经济大萧条时期建立了现代社会保障制度，英国在"二战"的废墟上建立了现代福利国家。被称为"福利国家的橱窗"的瑞典，1960年人均GDP为1984美元，1967年人均GDP为2950美元，却在20世纪60年代建成了当时世界上最慷慨也最发达的普惠型社会福利体系。其他主要西方发达国家也基本上是在20世纪五六十年代人均GDP为1000—2000美元的发展阶段建成了高水平的福利国家。目前我国经济总量近10万亿美元，人均GDP近7000美元，无论从总体经济水平还是人均国民收入水平看，我国都已经到了加快社会福利现代化步伐的历史关口，不能像过去那样忽视民生福利、压低福利水平，走"低福利增长"和福利补缺主义的老路。

还有一种常见的观点，认为发展福利首先要把"经济蛋糕"做大，只有先做大"经济蛋糕"，才能发展福利，似乎经济增长可以自动推动福利改善。这种观点只说对了一半，经济决定论不等于"唯经济论"，发展经济是改善福利的必要条件而非充分条件，因为福利的改善不仅取决于"经济蛋糕"的生产，亦取决于"经济蛋糕"的分配。比如，经济发展和市场化的"涓滴效应"能够惠及普通民众，国民收入总量扩大也会带来民众经济福利的改善，但是，如果缺乏公正合理的收入分配格局，缺乏社会公平的调节机制，急剧扩大的国民收入总量也会陷入"马太效应"，最终伤害公共福利资源的公平分配。不少发展中国家在历史上曾经历过经济高速发展的时期，但经济增长并未同步惠及不同社会阶层，反而扩大贫富悬殊，滋生新的经济社会不平等，最终导致经济低效和社会动荡。② 英国

① ［丹麦］戈斯塔·埃斯平－安德森：《转型中的福利国家——全球经济中的国家调整》，杨刚译，商务印书馆2010年版，前言。

② ［美］詹姆斯·米奇利：《社会发展：社会福利视角下的发展观》，苗正民译，格致出版社、上海人民出版社2009年版，第149—152页。

著名经济学家庇古曾提出两个著名的福利命题：国民收入总量越大，社会经济福利就越大；国民收入分配越平等，社会经济福利就越大。[①] 这说明，国民经济福利的获得不仅取决于国民收入总量，亦取决于国民收入在社会成员之间的分配情况，没有公平的收入分配，仅单靠扩大国民收入总量，并不能够创造公正合理的国民收入分配格局。

有鉴于此，本书就适度普惠型社会福利发展提出了两条基本建议：一是福利规模建设，通过“增支、扩面、提标”做大“福利蛋糕”，破解“福利短缺”问题，解决福利支出水平不足、覆盖面不够广、保障标准不够高的问题；二是福利质量建设，通过“充权、均化、共享”分好“福利蛋糕”，破解“福利不平等”问题，解决福利权利保障不足、基本公共服务不均、福利资源分配不公的问题，从而实现福利主功能从事后补救到事前预防、从弱者优先到适度普惠、从维持生存到促进发展的转变，最终实现福利善治。近年来我国以规模速度为主要导向的粗放式福利发展策略取得了很大的成效，但随着福利投入的持续增加、福利改革的逐步深入，这种福利发展的边际成本递增，而产生的边际效益却递减，因而必须适时转变发展方式，改变粗放式福利发展策略，更加关注民生福利建设的绩效和质量。这就要求各级政府在民生福利建设时，坚持规模水平和质量结构相统一，逐渐调整粗放式福利发展策略，走以质量效益为主的内涵式福利发展之路，切实解决重福利投入而轻福利绩效、重福利规模而轻福利质量、泛民生化的倾向以及由此导致的福利分配不公、权利不等的问题。

六　通往中国特色民生社会

回到本书的初衷：如何建立中国特色适度普惠型社会福利制度？通往福利现代化的中国道路何在？我国地区经济社会发展很不平衡，各地经济发展和社会福利水平差距较大，在全国一步到位建成适度普惠型社会福利制度的难度较大，至少在短期内尚不具备可行性。考虑到社会发展阶段性、地区发展不平衡性以及福利需求层次性，本书提出了阶梯式普惠型社会福利发展模式，主张将社会福利普惠化供给与阶梯化供给相结合，分阶

① ［英］庇古：《福利经济学》，金镝译，华夏出版社 2007 年版。

段、分层次、分步骤，针对部分地区（东部沿海发达地区）、部分项目（底线民生、基础民生）、部分群体（贫困群体、弱势群体）率先推动“福利起飞”，通过“先福带后福”，逐渐从区域普惠到全国普惠，低度普惠到高度普惠，从弱者普惠到全民普惠，逐步构建层次有别、功能互补、相互支持、多重保障的阶梯式普惠型社会福利体系，最终建成中国特色民生社会。

在很大程度上，阶梯式普惠型社会福利体系符合詹姆斯·梅志里所谓“整体性社会政策”的要义，即不仅改善基本生活保障、社会保险、教育、医疗卫生、住房等基本社会服务，还致力于提升人力资本、消除社会排斥、增强人的发展能力；不仅优先照顾弱者、实现最低保障、夯实“最后的安全网”，还增进全民福利、获取可持续性生计、提供多重安全网，从而实现从传统补救性社会政策向整体性发展型社会政策的转型。①

从福利供给方式看，它力求普惠化供给和阶梯化供给的统一，前者追求应保尽保、全民覆盖的福利理想，后者关注弱者优先、适当倾斜的现实诉求。普惠化供给的核心是权利平等、机会均等、公平分配，保障全体国民能够公平、公正地享有均等的公共服务和基本福利，保障广大民众在基本生活、社会保障、教育、医疗卫生、住房、就业和文化体育等方面享有平等的权利和机会。阶梯化供给的核心是兜住底线、保障基本、弱者优先，夯实底线保障的“最后的安全网”，优先保障“老、弱、病、残、幼、贫、困”等弱势群体的基本民生需求，使他们可以维持最基本的生活水平，保证每一个社会成员“有尊严地生存下去”。

从福利供给次序看，它力求生存性福利、安全性福利和发展性福利的统一。生存性福利制度主要包括最低生活保障、专项救助、临时救助、紧急救助以及基础教育、基本医疗卫生等最基本的公共服务，属于底线民生、基本保障，目的是保证“老、弱、病、残、幼、贫、困”等弱势群体能够维持基本生活。安全性福利制度主要包括养老保险、医疗卫生保险、失业保险、工伤保险、生育保险等社会保险，属于基本民生、安全保障，目的是保障劳动就业人口在遭遇失业、丧失收入以及遭受各种意外风险的情况下能够维持正常生活。发展性福利制度主要包括个人与家庭服

① ［美］安东尼·哈尔、詹姆斯·梅志里：《发展型社会政策》，罗敏等译，社会科学文献出版社 2006 年版，第 51—52 页。

务、教育、医疗卫生保健、住房、权益保护等更高层次的公共福利，属于高级民生，目的是提高民众的自我发展能力，为他们提供更多、更好的发展机会。上述三个层面的福利制度依次满足贫弱群体的生存性需求、工作人口的安全性需求和有需要公民的发展性需求，共同组合为广覆盖、多层次、全方位的社会安全网。

总之，阶梯式普惠型社会福利体系完整跨越了底线民生、基本民生、重要民生、高级民生等多重民生，全程覆盖了贫弱群体、劳动就业人口、特定群体、有需要者以及普通公民等多重群体，依次满足了生存性福利、安全性福利、发展性福利等多重需求。这种社会福利模式融合了公平与效率两种价值，追求福利理想又立足现实国情，优先照顾弱者又兼顾普惠全民，满足个人需求又促进社会团结，惠及多重民生，合乎社会福利本义和中国特色民生社会的发展方向。

参考文献

一　中文文献

1.［美］安东尼·哈尔、詹姆斯·梅志里：《发展型社会政策》，罗敏等译，社会科学文献出版社 2006 年版。

2. 保罗·惠廷、侯雅文、陶黎宝华主编：《香港的社会政策》，中国社会科学出版社 2001 年版。

3.［美］保罗·乔伊斯：《公共服务战略管理》，张文礼、王达梅译，清华大学出版社 2008 年版。

4. 北京市民政局：《2012 年北京市民政事业发展统计公报》。

5. 北京市统计局、国家统计局北京调查总队：《北京统计年鉴 2012》、《北京统计年鉴 2013》。

6. 北京市统计局民生统计研究课题组：《北京市民生统计指标体系建设研究》，《数据》2010 年第 7 期。

7.［英］庇古：《福利经济学》，金镝译，华夏出版社 2007 年版。

8. 毕天云：《论普遍整合型社会福利体系》，《探索与争鸣》2011 年第 1 期。

9. 曹信邦：《政府社会保障绩效评估指标体系研究》，《中国行政管理》2006 年第 7 期。

10. 程刚：《世行报告称中国贫困线远低于国际标准》，《中国青年报》2009 年 4 月 9 日。

11. 陈锦棠等：《香港社会服务评估与审核》，北京大学出版社 2008 年版。

12. 陈圣莉：《重塑社保须从“碎片化”到“大一统”》，《经济参考报》2011 年 3 月 8 日。

13. 陈友华：《全面小康社会建设评价指标体系研究》，《社会学研究》2004 年第 1 期。

14. 褚福灵：《关于社会福利发展战略的若干理论问题》，人民网，http：//

society. people. com. cn/GB/15923077. html。

15. 褚福灵编著:《中国社会保障发展指数报告 2010》,经济科学出版社 2011 年版。
16. 褚福灵编著:《中国社会保障发展指数报告 2011》,经济科学出版社 2012 年版。
17. 褚福灵编著:《中国社会保障发展指数报告 2012》,经济科学出版社 2013 年版。
18. 代恒猛:《从"补缺型"到适度"普惠型"——社会转型与我国社会福利的目标定位》,《当代世界与社会主义》2009 年第 2 期。
19. 戴建兵:《构建与我国中等收入水平相适应的适度普惠型社会福利制度》,《华东经济管理》2012 年第 8 期。
20. 邓伟志、钱海梅:《中国社团发展的八大趋势》,《学术界》2004 年第 5 期。
21. 窦玉沛:《中国社会福利的改革与发展》,《社会福利》2006 年第 10 期。
22. 窦玉沛:《社会福利由补缺型向适度普惠型转变》,《公益时报》2007 年 10 月 23 日。
23. 窦玉沛:《民政部:着力推动社会福利转向适度普惠》,《社会福利》2011 年第 5 期。
24. [美] E. S. 萨瓦斯:《民营化与公私部门的伙伴关系》,周志忍等译,中国人民大学出版社 2002 年版。
25. 丰华琴:《从混合福利到公共治理——英国个人社会服务的源起与演变》,中国社会科学出版社 2010 年版。
26. 福建省社科联全面建设小康社会研究中心课题组:《福建省全面建设小康社会评估指标体系研究》,《东南学术》2004 年第 3 期。
27. [英] 弗兰克·韦尔什:《香港史》,王皖强、黄亚红译,中央编译出版社 2009 年版。
28. 高和荣:《社会福利分析视角的转型:从政治、经济到社会》,《南京大学学报》(哲学人文社科版) 2009 年第 6 期。
29. [丹麦] 哥斯塔·埃斯平 - 安德森:《福利资本主义的三个世界》,苗正民、滕玉英译,商务印书馆 2010 年版。
30. [丹麦] 戈斯塔·埃斯平 - 安德森:《转型中的福利国家——全球经

济中的国家调整》，杨刚译，商务印书馆 2010 年版。
31. 贡森、葛延风等：《福利体制和社会政策的国际比较》，中国发展出版社 2012 年版。
32. 顾昕：《贫困度量的国际探索与中国贫困线的确定》，《天津社会科学》2011 年第 1 期。
33. 关信平：《论我国社会保障制度一体化建设的意义及相关政策》，《东岳论丛》2011 年第 5 期。
34. 广东省人民政府：《印发幸福广东指标体系的通知》，http://zwgk.gd.gov.cn/006939748/201110/t20111012_285762.html。
35. 广东省统计局、国家统计局广东调查总队：《广东统计年鉴 2012》、《广东统计年鉴 2013》。
36. 广州市统计局：《广州统计年鉴 2012》。
37. 桂世勋、黄黎若莲主编：《上海与香港社会政策比较研究》，华东师范大学出版社 2003 年版。
38. 国家财政部：《全国公共财政支出决算表 2010—2011》。
39. 国家发改委宏观经济研究院课题组：《全面建设小康社会的目标与指标选择》，《经济学动态》2004 年第 7 期。
40. 国家统计局：2010—2012 年历年《中国统计年鉴》。
41. 国家卫生和计划生育委员会：《2013 中国卫生统计年鉴》。
42. 国务院发展研究中心发展战略和区域经济研究部“十一五”计划基本思路研究课题组：《详细解读全面建设小康社会指标体系的 16 项指标》，《经济参考报》2004 年 3 月 12 日。
43. 郭忠华、刘训练编：《公民身份与社会阶级》，江苏人民出版社 2007 年版。
44. [英] 哈特利·迪安：《社会政策学十讲》，岳经纶、温卓毅、庄文嘉译，格致出版社、上海人民出版社 2009 年版。
45. 胡鞍钢：《中国地区差距的变迁情况》，《人民论坛》2011 年第 22 期。
46. 胡伟、杨安华：《西方国家公共服务转向的最新进展与趋势》，《政治学研究》2009 年第 3 期。
47. 奂平清：《福利制度是西方国家危机的根源吗？——兼论中国社会福利研究的理论自觉》，《教学与研究》2014 年第 2 期。
48. 黄黎若莲：《香港的社会福利模式、特征和功能》，《社会保障研究》

2008 年第 1 期。
49. 霍侃、蓝方：《民生投入量力而行 讲求效率才能有公平》，财新网，2012 年 3 月 9 日。
50. I. P. 盖托碧、卡利德 · 山姆斯主编：《有效地摆脱贫困》，陈胜华等译，经济管理出版社 1996 年版。
51. ［英］贾森 · 安奈兹等：《解析社会福利运动》，王星译，格致出版社、上海人民出版社 2011 年版。
52. 江苏省统计局、国家统计局江苏调查总队：《江苏统计年鉴（2013）》。
53. 金相郁、武鹏：《中国区域经济发展差距的趋势及其特征——基于 GDP 修正后的数据》，《南开经济研究》2010 年第 1 期。
54. 景天魁：《底线公平与社会保障的柔性调节》，《社会学研究》2004 年第 6 期。
55. 景天魁：《底线公平：和谐社会的基础》，北京师范大学出版社 2009 年版。
56. 景天魁：《应对金融危机的“大福利构想”》，《探索与争鸣》2010 年第 1 期。
57. 景天魁：《追求适度、适应、适用、适当的福利模式》，《北京日报》2011 年 9 月 26 日。
58. 景天魁等：《当代中国社会福利思想与制度——从小福利迈向大福利》，中国社会出版社 2011 年版。
59. 景天魁：《社情人情与福利模式——对中国大陆社会福利模式探索历程的反思》，《探索与争鸣》2011 年第 6 期。
60. 景天魁：《底线公平福利模式》，中国社会科学出版社 2013 年版。
61. 景天魁、毕天云：《从小福利迈向大福利：中国特色福利制度的新阶段》，《理论前沿》2009 年第 11 期。
62. 景天魁、毕天云：《论底线公平福利模式》，《社会科学战线》2011 年第 5 期。
63. 敬乂嘉：《政府与社会组织公共服务合作机制研究——以上海市的实践为例》，《江西社会科学》2013 年第 4 期。
64. ［英］莱恩 · 多亚尔、伊恩 · 高夫：《人的需要理论》，汪淳波等译，商务印书馆 2008 年版。
65. ［美］莱斯特 · 萨拉蒙：《公共服务中的伙伴——现代福利国家中政

府与非营利组织的关系》，田凯译，商务印书馆2008年版。
66. 乐正、邱展开主编：《深圳社会发展报告（2009）》，社会科学文献出版社2009年版。
67. 乐正、祖玉琴主编：《深圳社会发展报告（2010）》，社会科学文献出版社2010年版。
68. ［英］理查德·蒂特马斯：《蒂特马斯社会政策十讲》，江绍康译，吉林出版集团有限责任公司2011年版。
69. 李春伟：《公益金支持社工薪酬的“深圳样本”》，《公益时报》2012年12月7日。
70. 李晶、郭立文：《中国人类发展的区域差距和空间格局分析》，《统计与决策》2013年第23期。
71. 李立国：《以更加务实的工作作风推动民政事业科学发展》，《人民论坛》2013年第6期。
72. 李林杰等：《民生质量评价指标体系研究》，《统计与决策》2012年第17期。
73. 李培林、朱庆芳、张其仔等：《中国小康社会》，社会科学文献出版社2003年版。
74. 李琼：《以福利普惠推进公民权利平等化》，《长江日报》2009年8月5日。
75. 黎昕等：《国民幸福指数指标体系的构建》，《东南学术》2011年第5期。
76. 梁祖彬：《香港的社会政策：社会保护与就业促进的平衡》，《二十一世纪》2007年6月号。
77. 林卡：《国际经验和中国社会福利体系的发展》，《浙江社会科学》2011年第5期。
78. 林闽钢：《我国进入社会保障城乡一体化推进时期》，《中国社会保障》2011年第1期。
79. 林闽钢：《中国适度普惠型社会福利体系发展战略》，《中共天津市委党校学报》2011年第4期。
80. 林毓铭：《社会保障政府绩效与评估指标体系》，《中南民族大学学报》（人文社会科学版）2007年第1期。
81. 刘继同：《社会福利制度战略升级与构建中国特色福利社会》，《东岳论丛》2009 年第 1 期。

82. 刘敏：《构建普惠型社会福利制度的误区与路径》，《广西社会科学》2014 年第 3 期。

83. 刘敏：《适度普惠理论视角下香港社会福利制度的经验与启示》，《澳门理工学报》2014 年第 3 期。

84. 刘敏、王芳：《深圳率先建设普惠型社会福利制度探讨》，《开放导报》2013 年第 4 期。

85. 刘敏、王芳：《普惠型社会福利建设的经验与问题——以广东、上海和北京为例》，《兰州学刊》2013 年第 10 期。

86. 刘祖云、刘敏：《香港的贫困及救助：从理论到现实的探讨》，《中南民族大学学报》（人文社科版）2009 年第 4 期。

87. 卢洪友、祁毓：《中国教育基本公共服务均等化进程研究报告》，《学习与实践》2013 年第 2 期。

88. 卢丽涛：《深圳人均 GDP 超过台湾地区　逼近韩国》，《第一财经日报》2014 年 4 月 30 日。

89. 罗观翠主编：《广东蓝皮书：广东社会工作发展报告（2014）》，社会科学文献出版社 2014 年版。

90. 马敏娜：《建立我国社会保障指标体系的设想》，《中国统计》2000 年第 11 期。

91. ［美］迈克尔·谢若登：《资产与穷人——一项新的美国福利政策》，高鉴国译，商务印书馆 2005 年版。

92. 苗艳梅等：《中国社会保障发展水平指标体系与实证分析》，《社会保障研究》2013 年第 3 期。

93. 缪青等：《社会保障指标体系的理论建构与指标设计》，《北京社会科学》1996 年第 2 期。

94. 莫家豪：《金融危机后的东亚“生产主义福利体制”——基于我国香港和澳门地区的个案研究》，《浙江大学学报》（人文社科版）2011 年第 1 期。

95. ［美］尼尔·吉尔伯特编：《社会福利的目标定位——全球发展趋势与展望》，郑秉文等译，中国劳动社会保障出版社 2004 年版。

96. ［英］诺尔曼·金斯伯格：《福利分化：比较社会政策批判导论》，姚俊、张丽译，浙江大学出版社 2010 年版。

97. 彭华民：《福利三角：一个社会政策分析的范式》，《社会学研究》2006 年第 4 期。
98. 彭华民：《福利三角中的社会排斥——对中国城市新贫穷社群的一个实证研究》，上海人民出版社 2007 年版。
99. 彭华民：《需要为本的中国本土社会工作模式研究》，《社会科学研究》2010 年第 3 期。
100. 彭华民：《论需要为本的中国社会福利转型的目标定位》，《南开学报》（哲学社会科学版）2010 年第 4 期。
101. 彭华民：《中国组合式普惠型社会福利制度的构建》，《学术月刊》2011 年第 10 期。
102. 彭华民、黄叶青：《福利多元主义：福利提供从国家到多元部门的转型》，《南开学报》（哲学社会科学版）2006 年第 6 期。
103. ［韩］朴炳铉：《社会福利与文化——用文化解析社会福利的发展》，高春兰、金炳彻译，商务印书馆 2012 年版。
104. ［英］Prter Taylor - Gooby：《社会福利与社会投资：福利国家的创新》，http：//e - sociology. cass. cn/pub/shxw/xstl/xstl27/P020060925365097815477. pdf。
105. 全国人大财经委课题组：《构建民生指数指标体系、初步发现及政策建议》，http：//www. cdrf. org. cn/uploads/soft/PDF/20120329/baogao96. pdf。
106. ［加拿大］R. 米什拉：《社会政策与福利政策——全球化的视角》，郑秉文译，中国劳动社会保障出版社 2007 年版。
107. ［英］沙琳编：《需要和权利资格：转型期中国社会政策研究的新视角》，中国劳动社会保障出版社 2007 年版。
108. 上海市民政局：《2013 年上海民政工作发展报告书》。
109. 上海市统计局、国家统计局上海调查总队：《上海统计年鉴 2012》、《上海统计年鉴 2013》。
110. 深圳市民政局：《深圳市民政事业发展第十二个五年规划》。
111. 深圳市民政局：《深圳市民政局 2014 年度公共服务白皮书》。
112. 深圳市人民政府：《深圳市国民经济和社会发展第十二个五年规划纲要》。
113. 深圳市统计局：《深圳统计年鉴 2011》、《深圳统计年鉴 2012》。
114. ［德］斯坦因·库勒：《福利社会与发展中的斯堪的纳维亚福利国

家》，罗志强译，《南京师大学报》（社会科学版）2007 年第 5 期。
115. 宋林飞：《中国小康社会指标体系及其评估》，《南京社会科学》2010 年第 1 期。
116. 宋士云：《中国社会福利制度的改革与转型》，《河南大学学报》（社会科学版）2010 年第 3 期。
117. 孙中山：《孙中山选集》，人民出版社 1981 年版。
118. 唐任伍：《跨越“民生陷阱”优化民生发展》，《中国教育报》2012 年 9 月 28 日。
119. ［丹麦］托尼·赛奇：《中国社会福利政策：迈向社会公民权》，周凤华译，《华中师范大学学报》（人文社会科学版）2012 年第 4 期。
120. 王浦劬、［美］萨拉蒙等：《政府向社会组织购买公共服务研究——中国与全球经验分析》，北京大学出版社 2010 年版。
121. 王绍光：《中国仍然是低福利国家吗？——比较视角下的中国社会保护“新跃进”》，《人民论坛·学术前沿》2013 年第 22 期。
122. 王思斌：《我国适度普惠型社会福利制度的建构》，《北京大学学报》（哲学社会科学版）2009 年第 3 期。
123. 王威海、陈康强：《社会学视角的民生指标体系研究》，《人文杂志》2011 年第 3 期。
124. 王新民、南锐：《基本公共服务均等化水平评价体系构建及应用——基于我国 31 个省域的实证研究》，《软科学》2011 年第 7 期。
125. 王延中主编：《社会保障绿皮书：中国社会保障发展报告（2012）No. 5——社会保障与收入再分配》，社会科学文献出版社 2012 年版。
126. 王延中主编：《中国社会保障收入再分配状况调查》，社会科学文献出版社 2013 年版。
127. 王卓祺主编：《东亚国家和地区福利制度——全球化、文化与政府角色》，中国社会出版社 2011 年版。
128. ［日］武川正吾：《福利国家的社会学：全球化、个体化与社会政策》，李莲花、李永晶、朱珉译，商务印书馆 2011 年版。
129. 吴世民：《“大民政”与适度普惠型社会福利制度》，《北京日报》2011 年 2 月 28 日。
130. 吴翌琳、谷彬：《中国基本公共服务均等化统计监测研究》，《管理现代化》2013 年第 3 期。

131. 吴忠、余智晟主编：《深圳社会发展报告（2011）》，社会科学文献出版社 2011 年版。
132. 吴忠民：《论共享社会发展的成果》，《中国党政干部论坛》2002 年第 4 期。
133. 吴忠民：《民生投入要三个“优先”》，《光明日报》2014 年 7 月 17 日。
134. 香港强积金管理局：《香港强积金管理局 2012—2013 年报》。
135. 香港社会福利署：《社会福利署回顾 2009—2010 & 2010—2011》。
136. 香港特别行政区政府统计处：《香港社会及经济趋势（2009 年版）》。
137. 香港特别行政区政府统计处：2001—2013 年历年《香港统计年刊》。
138. 香港医院管理局：《香港医院管理局统计年报 2011—2012》。
139. 肖庆平：《破冰“碎片化”，推动“一体化”——对贯彻〈社会救助暂行办法〉加强社会救助体系建设的思考》，《甘肃日报》2014 年 6 月 16 日。
140. 熊跃根：《中国福利体制建构与发展的社会基础：一种比较的观点》，《经济社会体制比较》2010 年第 5 期。
141. 薛凤旋主编：《香港蓝皮书：香港发展报告（2012）——香港回归祖国 15 周年专辑》，社会科学文献出版社 2012 年版。
142. 薛在兴：《中国社会保障水平评估指标体系研究》，《中国青年政治学院学报》2008 年第 2 期。
143. 杨艳东：《我国劳动者的福利差距与社会保障制度的公平性——基于就业所有制性质的视角》，《学术界》2013 年第 3 期。
144. 姚建平：《中国城市最低生活保障标准水平分析》，《中国软科学》2012 年第 11 期。
145. 岳经纶：《个人社会服务与福利国家：对我国社会保障制度的启示》，《学海》2010 年第 4 期。
146. ［美］詹姆斯·米奇利：《社会发展：社会福利视角下的发展观》，苗正民译，格致出版社、上海人民出版社 2009 年版。
147. 张建华等：《贫困测度与政策评估——基于中国转型时期城镇贫困问题的研究》，人民出版社 2010 年版。

148. 张立光、邱长溶：《社会保障综合评价指标体系和评价方法研究》，《管理评论》2003 年第 2 期。
149. 张平：《构建我国社会保障支出绩效评价指标体系》，《中国社会保障》2010 年第 7 期。
150. 张香云：《民生指标体系的构建及评价导向》，《中国统计》2010 年第 6 期。
151. 张骁儒主编：《深圳社会发展报告（2012—2013）》，社会科学文献出版社 2013 年版。
152. 张映芹：《构建中国特色普惠型社会福利制度的基础与路径选择》，《思想战线》2010 年第 5 期。
153. 郑秉文：《高福利适应中国？不能简单套用西方福利制度》，《人民日报》（海外版）2006 年 8 月 30 日。
154. 郑秉文主编：《中国养老金发展报告 2012》，经济管理出版社 2012 年版。
155. 郑功成：《社会保障是经济发展的包袱吗》，《北京日报》2007 年 4 月 18 日。
156. 郑功成主笔：《中国社会保障改革与发展战略——理念、目标与行动方案》，人民出版社 2008 年版。
157. 郑功成：《我国进入一个全面改善民生、共享发展成果的新时代》，《理论参考》2008 年第 1 期。
158. 郑功成：《从高增长低福利到国民经济与国民福利同步发展》，《天津社会科学》2010 年第 1 期。
159. 郑功成：《中国社会福利改革与发展战略：从照顾弱者到普惠全民》，《中国人民大学学报》2011 年第 2 期。
160. 郑功成：《中国社会福利的现状与发展取向》，《中国人民大学学报》2013 年第 2 期。
161. 郑霜、柳平生：《我国财政民生支出的结构分析及问题反思》，《财会研究》2014 年第 2 期。
162. 中国发展研究基金会：《中国发展报告 2008/09：构建全民共享的发展型社会福利体系》，中国发展出版社 2009 年版。
163. 《中国民政》编辑部：《福利社会：中国特色与路径》，《中国民政》2010 年第 2 期。

164. 周弘:《福利国家向何处去?》,《中国社会科学》2001 年第 3 期。
165. 周弘主编:《30 国（地区）社会保障制度报告》，中国劳动社会保障出版社 2011 年版。
166. 周永新:《社会保障和福利争议》，香港天地图书有限公司 1994 年版。
167. 周永新:《社会福利的观念和制度》，中华书局（香港）有限公司 1995 年版。
168. 周永新:《社会政策的观念和制度》，中华书局（香港）有限公司 2013 年版。
169. 朱庆芳:《我国社会保障指标体系综合评价》，《社会学研究》1995 年第 4 期。

二 英文文献

1. Andreas Bergh, "The Universal Welfare State: Theory and the Case of Sweden", *Political Studies*, 2004, Vol. 52.
2. Chow. N. W. S., "New Economy and New Social Policy in East and Southeast Asian Compact, Mature Economies: the Case of Hong Kong", Social Policy & Administration, 2003, 37 (4), pp. 411 – 422.
3. Christian Aspalter, "The East Asian Welfare Model", *Journal of Social Welfare*, 2006 (15), pp. 290 – 301.
4. Giddens, A., *The Third Way: The Renewal of Social Democracy*, Cambridge: Polity Press, 1998.
5. Holliday, Ian, "Productivist Welfare Capitalism: Social Policy in East Asia", *Political Study*, 2000, Vol. 48, pp. 706 – 723.
6. Hong Kong Government, *Help for Those Least Able to Help Themselves: A Program of Social Security Development*, Hong Kong: Government Printer, 1977.
7. Jones, C., "The Pacific Challenge: Confucian Welfare States", In C. Jones (Ed.), *New Perspectives on the Welfare State in Europe*, London: Routledge, 1993.
8. Maggie K. W. Lau, "Research for Policy: Mapping Poverty in Hong Kong and the Policy Implications", *Journal of Societal & Social Policy*, 2005, Vol. 4/3.

9. Mclaughlin, Eugene, "Hong Kong: A Residual Welfare Regime", In Cochrane, Allan and Clarke, John (Eds): *Comparing Welfare States: Britain in International Context*, London: Sage in Association with Open University, 1994.

10. OECD, *National Accounts at a Glance 2014*.

11. OECD, StatExtracts, http://stats.oecd.org/.

12. Mike Reddin, "Universality Versus Selectivity", The Political Quarterly, Volume 40 (1), 1969.

13. Rothstein, B., *Just Institutions Matter*, Cambridge: Cambridge University Press, 1998.

14. Sainsbury, D., "Analysing Welfare State Variations: The Merits and Limitations of Models Based on the Residual - Institutional Distinction", *Scandinavian Political Studies*, 1991, 14 (1), pp. 1-30.

15. Stephens, J. D., "The Scandinavian Welfare States: Achievements, Crisis, and Prospects", In G. Esping - Andersen (ed.), *Welfare States in Transition*, London: Sage, 1996, pp. 32-65.

16. Tang. S. H., "A Critical Review of the 1995 - 1996 Budget", in S. Y. L. Cheung and S. M. H. Sze, *the Other Hong Kong Report 1995*, Hong Kong: Chinese University Press, 1995.

17. T. H. Marshall, *Citizenship and Social Class*, Cambridge: Cambridge University Press, 1950.

18. Titmuss, R. M., *Commitment to Welfare*, London: Allen & Unwin, 1968.

19. Titmuss, R. M., *Social Policy: An Introduction*, London: Allen & Unwin, 1974.

20. UNDP, *Human Development Report 2014*, 2014.

21. Wilding, Paul, *Social Policy and Social Development in Hong Kong*, Public and Social Administration Working Paper Series, 1996, Vol. 3.

22. Wilensky, H. L. & C. N. Lebeaux, *Industrial Society and Social Welfare*, New York: The Free Press, 1965.

23. Wong C. K., "Squaring the Welfare Circle in Hong Kong—Lessons for Governance in Social Policy", *Asian Survey*, Volume XLVIII, No. 2, March/April, pp. 323-342.

后　记

社会福利普惠化是一个既新又旧的话题。其“新”在于进入我国社会福利政策制定与理论研究话语系统的历史不长，从2007年民政部明确提出推动我国社会福利体系从“补缺型”向“适度普惠型”转变，尔后学术界掀起一股研究普惠型社会福利问题的小热潮算起，至今也不过八载的时间。其“旧”在于西方主要发达国家早在20世纪五六十年代就建成了福利国家制度，福利普惠化成为彼时福利国家迅速崛起的重要标志，福利普惠主义进入西方理论与政策话语体系至今已逾半个世纪。翻阅现代社会福利的经典理论，或者回望福利国家的历史轨迹，皆可发现，福利普惠化往往是一个国家和地区福利现代化的先声，在此进程中，社会福利权得以确立并不断普及，福利供给体系从传统“补缺型”向现代“制度型”乃至“普惠型”演进，社会福利制度渐成为市场化、工业化后现代国家最重要的社会经济制度之一。

自20世纪90年代至今，中国在经济高速增长的背后，隐藏着一场大规模的社会保护运动，国家在社会救助、社会保险、教育、医疗卫生、住房、就业等领域先后推行了一系列新的社会政策，民生福利驶入历史快车道，与社会主义市场经济体制相适应的新型社会福利制度得以初步确立。近二十年来在这个全球最大发展中国家所上演的经济腾飞与福利飞腾的“双重剧本”，称得上是对波兰尼所谓“市场化与社会保护之间‘双向运动’”的精彩演绎。如果说，中国经济发展的目标是不断完善中国特色社会主义市场经济体制，解放和发展生产力，实现经济现代化，那么中国民生福利发展的目标就是建设中国特色民生社会乃至福利社会，实现福利现代化；经济现代化与福利现代化都是国家现代化的应有之义。

本书源于对中国特色福利现代化的思考。道路决定命运。常听人告诫，我们绝不步西方福利国家的后尘，绝不走福利主义道路。条条大路通罗马，那么，我们通往福利现代化的道路何在？民生治理的中国经验表明，就是沿着中国特色民生主义的康庄大道前进，最大化挖掘生产主义福利体制所蕴含的人力投资与社会投资的长期效应，努力建设中国特色民生社会。随着我国跨入中等偏上收入国家行列，稳步朝着全面建成小康社会的目标前进，可以说，我们离建设中国特色民生社会乃至福利社会的“中国梦”，从未如此之近。

本书是运用适度普惠视角对中国社会福利现代化问题所进行的一次知识探索。因何选取适度普惠视角？在很大程度上，“普惠”源自对全球福利发展经验的有益借鉴，代表了社会福利现代化的方向；“适度”则是基于我国现实国情的理性判断，有着经济效率与福利本土化的考量；二者相得益彰，为中国福利现代化指明了方向和路径。

本书得到“深圳职业技术学院学术著作出版基金”的出版资助，多年来基金为青年教师从事学术创作提供了源源不断的精神鼓励，在此对学校给予青年教师学术成长的关心和支持表示由衷的感谢！本书的出版离不开中国社会科学出版社的支持，特别要感谢责任编辑李庆红女士和经济与管理出版中心主任卢小生先生为本书出版所付出的辛劳和努力。

需要指出的是，书中部分章节内容是笔者所主持的部分课题的阶段性成果，曾以论文的形式公开发表，载入本书时做了较大幅度的补充、修改和完善，这在书中相应地方都做了标注。总而言之，这本书可算作近年来笔者对中国特色福利现代化若干问题思考和研究的一次小结，希望能起到抛砖引玉的作用，其有不当或错误之处，恳请方家指正。

刘　敏

2014 年 11 月于深圳